KB146709

원리로 쉽게 배우는

디지털
논리회로
설계

원리로 쉽게 배우는

디지털
논리회로
설계

한규필 지음

한규필

국립금오공과대학교 컴퓨터공학과 교수

────────

1999 경북대학교 전자공학과 박사

1995-1996 신도리코 기술연구소 근무

2000-현재 국립금오공과대학교 컴퓨터공학과 교수

2000-2003 LG전자 기술자문교수

2004-2005 University of California, Irvine 컴퓨터과학과 연구교수

원리로 쉽게 배우는

디지털 논리회로 설계

────────

발행일	2022년 6월 20일 초판 1쇄
저자 한규필 **발행인** 오성준 **발행처** 카오스북	
본문 디자인 김재석 **표지 디자인** 한지영	

등록번호 제2020-000074호

주소 서울특별시 은평구 통일로73길 31

전화 02-3144-8755, 8756 **팩스** 02-3144-8757

웹사이트 www.chaosbook.co.kr

ISBN 979-11-87486-38-1

정가 32,000원

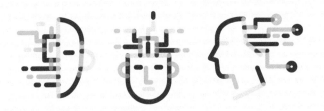

머리말

디지털 공학은 컴퓨터공학, 전자공학 등 IT 관련학과에서 디지털 시스템의 원리를 이해하고 설계 방법을 배우는 가장 기초적인 핵심 교과목이다. 이 교과목의 목적은 디지털 2진 논리 체계의 이해를 기반으로 컴퓨터와 같은 고차원 시스템의 구조와 동작을 파악하고 관련 심화 교과목 학습을 위한 기본 지식을 제공하는 데 있다. 하지만 대부분 대학의 커리큘럼상 이 과목이 저학년 과정으로 배치 운영됨에 따라 수강생들이 디지털 논리 게이트를 구성하는 BJT나 FET 같은 트랜지스터와 전자 회로에 대한 지식이 부족한 상태에서 논리 게이트 내부 구성과 동작을 완벽하게 이해하는 데는 실제로 어려움이 많다. 한 가지 다행인 점은 이런 전자 소자의 내부 구성에 대한 이해가 본 과목이 지향하는 디지털 논리 회로 설계에 대한 원리와는 어느 정도 계층적으로 분리되어 있어 큰 부담 없이 학습할 수 있다는 점이다. 또한 아날로그 회로 설계는 많은 경험적 노하우와 배워야 할 이론들이 상대적으로 많지만, 디지털 회로 설계는 논리적 사고에 바탕을 두므로 비교적 편안하게 접근할 수 있다는 장점도 있다.

　학문으로서의 〈디지털 공학〉은 1800년대 후반부터 그 수학적 기초 이론이 정립되어 1940년대에 반도체가 개발되면서 1950~1970년대 사이에 기본 설계 이론들이 완성되었다. 그 후 현재와 같은 디지털 시스템 설계를 위한 다양한 상용 IC들이 보급되기까지 약 150년 정도의 발전의 역사를 거쳐 왔다. 거의 모든 시스템이 현재 디지털화되어 있고 우리의 일상에서 접하는 모든 기기들이 디지털 시스템들이므로 〈디지털 공학〉은 IT 및 전기·전자 관련 전공 학습에 가장 기초가 되는 필수 교과목이다. 따라서 디지털 공학의 기초 이론에서 고급 응용 및 실험·실습에 이르기까지 관련 서적들이 많이 쏟아져 나왔으며, 최근의 수업 경향을 반영하듯 온라인 학습 콘텐츠도 넘쳐난다. 해외뿐 아니라 국내에서도 관련 도서는 수백 권이 넘을 정도로 많으며, 대부분 좋은 교재들임에 틀림없다. 이런 환경에서 또 하나의 교재를 만드는 일이 무모할 수도 있었지만, 현장에서의 디지털 회로 설계 업무와 25년간 강의를 통한 저자의 경험에 비추어, 하드웨어 지식을 미처 습득하지 못한 저학년 학생들의 기초 학습에 가장 적절한 내용을 추려 설명한 책이 필요하다는 생각에 집필에 나서게 되었다.

한 학기 동안 배우게 되는 디지털 논리 회로의 설계 기초 이론과 적용 예제 중 가장 핵심적인 내용만을 담으려고 하였으며, 원리에 기초해 쉽게 이해할 수 있도록 표현하는 데 집중하였다. 그리하여 학습자들이 체계적으로 디지털 시스템 설계 이론을 이해하고, 보다 고차원적 시스템 지식에 접목할 수 있으며, 연관된 교과목 학습에 도움을 주기 위해 최선을 다해 집필하였다.

이 책을 통해 디지털 공학, 논리 회로, 또는 디지털 시스템 설계라는 과목에 흥미를 느끼고 관련 분야에서 소중한 재원으로 성장하기를 기대한다.

한규필

이 책의 특징

||||||||||||||||||||||||||||||||||||||||||||||||||||||

집필 의도와 학습의 효율성을 위해 아래와 같이 구성하였다.

1. 형식적 특징

◆ 원리를 쉽게 파악할 수 있게 가능한 한 그림과 표를 이용해 설명하고 핵심 내용만 선별하여 주어진 시간에 기초 설계 이론에 활용되는 원리를 익힐 수 있도록 구성했다.

◆ 본문의 흐름을 깨지 않으면서 참조되는 내용을 편안하게 이해할 수 있다.

◆  다양한 회로 설계 과정을 직관적으로 이해할 수 있다.

◆ 원리에 기초한 다양한 회로 설계 과정을 실제적으로 익힐 수 있다.

◆  각 장의 학습 결과를 스스로 확인할 수 있다

◆ ▣ Feedback 각 장이 끝날 때마다 학습 내용을 강사와 공유함으로써 학습 효과 확인과 더불어 보충 학습 내용을 확인할 수 있다.

2. 내용적 특징

◆ **그림과 표를 이용한 직관적 이해:** 진법 변환, 가산과 감산, 카노맵 등의 원리 설명에 그림과 표를 도구로 활용하여 직관적으로 이해할 수 있으며 트랜지스터 등 전자 소자의 설명은 스위치 모델로 단순화하여 사전 전문 지식 없이도 쉽게 이해할 수 있다.

◆ **카노맵 중심의 논리식 간소화:** 5-변수 이하의 부울 함수 간소화 카노맵을 위주로 다루었다. 다변수 부울 함수의 간소화를 위한 콰인-맥클러스키 알고리즘 (QMC) 기법은 부록에 추가했다.

◆ **블록도 기반의 절차적인 설계:** 설계 시스템의 원리에 기초하여 동작을 완벽하게 이해하고 입력과 출력 변수를 유도하며, 시스템을 블록도로 도식적으로 모델링한 후 절차에 따라 체계적으로 모든 논리회로 설계를 다루었다.

◆ **다양한 설계 문제:** 코드 변환기, 가산기, 감산기, BCD 가산기, 캐리 사전 발생기, 곱셈기, 크기 비교기, 7-세그먼트 디코더, 디코더와 멀티플렉서를 이용한 조합 논리회로 설계를 다루었으며, 모든 F/F을 활용한 동기/비동기 카운터, 랜덤 카운터 및 특수(순환 및 존슨) 카운터 설계를 포함한 다양한 순차 논리회로 설계를 포함한다.

◆ **디지털 시스템 구조 이해를 위한 기초 지식:** 디지털 시스템 및 컴퓨터 구조를 쉽게 이해하도록 ROM과 RAM 메모리 종류와 구조, 2차원 어드레싱과 어드레스 다중화 및 메모리 확장을 다루어 이후 디지털 시스템 관련 학습을 위한 기초 지식 함양에 노력하였다.

◆ **PLD 기술 설명:** 현대 디지털 환경에서 가장 기본적이며 학습자들이 이후 현장에서 실제적으로 접하게 될 프로그래머블 논리 장치(PLD)에 대한 설명을 마지막 7장에 추가하여 이론과 실제의 접목을 꾀하였다.

교강사를 위한 자료

◆ 강의용 PPT 슬라이드
◆ 연습문제 해답
◆ Test-bank 및 해답
◆ 견본 강의계획서 hwp 파일

강의 계획서(예시)

※ 이 책을 교재로 한 학기 과정의 디지털공학/논리회로를 강의하는 경우 가장 적절한 강의계획서 예시입니다.

교과목명	**디지털공학/논리회로**	학점	3	강의 시간	3시간/주
개설 전공	전자공학과 및 컴퓨터공학과	이수학년	1, 2 학년		
선수 과목	없음	교과목핵심역량	도전력:50, 창의력:30, 글로벌 능력:10, 협동력:10		
교재명	원리로 쉽게 배우는 디지털 논리회로 설계, 한규필저, 카오스북				

1. 과목 개요

디지털 시스템의 동작 및 부울 대수를 이해하고 기본 논리게이트와 간소화를 이용해 조합논리회로를 설계한다. 또한, 플립플롭 저장 장치의 원리를 이해하여 순차논리회로를 설계하며 카운터와 레지스터, 프로그래머블 논리 및 메모리 구조 등에 대하여 학습한다.

2. 교육 목표

목표1	디지털 시스템의 개념, 수체계 및 부울 대수의 이해한다.
목표2	논리 함수의 간소화 방법과 다양한 논리회로 구현 형식을 설명할 수 있다.
목표3	설계 문제를 분석하고 조합회로를 설계할 수 있다.
목표4	플립플롭 저장 장치를 이해하고 다양한 카운터 순차회로를 설계할 수 있다.
목표5	프로그래머블 논리 장치 및 메모리의 구조를 이해한다.

3. 강의 계획

주차	강의주제	강의내용	Chapter	평가
1주차	디지털 시스템 개요	수체계, 진법 변환 및 보수 연산	1장	
2주차	기본 논리연산과 부울대수	기본 논리 게이트와 부울대수	2장	
3주차	부울 함수	최소항과 최대항 표현	2장	
4주차	논리식 간소화	카노맵 특성과 최소화	3장	과제 1
5주차	논리회로 구현 형식	4가지 2단계 논리회로 구현 형식	3장	
6주차	조합회로 설계 방법	문제 분석과 조합회로의 구현 절차	4장	
7주차	조합회로 설계 적용	코드 변환기 및 다양한 조합회로 구현	4장	
8주차	중간평가			이론시험
9주차	순차회로 개요 및 저장장치	래치와 플립플롭	5장	과제 2
10주차	순차회로 표현과 설계 방법	상태방정식, 상태표 및 상태도와 설계 절차	5장	
11주차	순차회로 설계1	동기식 순차회로 설계	6장	
12주차	순차회로 설계2	클럭 결정과 비동기식 순차회로 설계	6장	
13주차	메모리 구조와 PLD	ROM과 RAM의 구조와 PLD의 종류	7장	
14주차	프로그래머블 논리를 이용한 설계	PROM, PAL, PLA를 이용한 조합회로 구현	7장	과제 3
15주차	최종평가			이론시험

4. 수업방법

강의 슬라이드와 흑판을 이용한 강의식 수업

5. 과제물

매주차 각 장 연습 문제 중 선별 문제 풀이 제출

3.2 카노맵

- 필수 주항(essential prime implicant)
  - 한 번 포함되는 유일한 최소항을 가진 주항 → 간소화에서 반드시 포함

  ❖ 필수 주항 맛보기: $\Sigma(2,3,5,7)$과 $\Sigma(3,5,6,7)$
    - $F = x'y + yz + xz$로 모든 주항을 크게 묶어 표현 가능
    - 필수 주항만으로 부울 함수의 모든 최소항 포함 → $F = x'y + xz$이 최적임

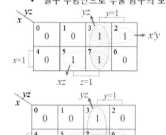

  - 주항: (2,3), (3,7), (5,7)
    - 3과 7: 2번씩 포함
    - 2와 5: 1번씩 포함 → 필수 주항: (2,3)과 (5,7)

  - 주항: (3,7), (5,7), (6,7)
    - 3, 5, 6: 1번씩 포함 → 필수 주항: 모두 해당

  ➤ 카노맵 간소화 → **필수 주항**의 논리식 표현

3.3 n-변수 카노맵

- 무관 항의 간소화
  - 사용하지 않는 진리표 항목
    - n개 변수(n-비트): 진리표 항목의 개수가 전체 2^n개

  ❖ 사용하지 않는 값의 예
    - 8421 BCD 코드: 4-비트 코드는 0000~1111까지 16(2^4)개를 표현 가능
      → 0000~1001까지 10개 코드만 사용하고 나머지 1010~1111까지 6개는 사용하지 않음
    - 사용하지 않는 상태 = 정의되지 않은 입력의 상태

  ❖ 무관 조건(don't care condition)/무관 항(don't care term)
    - 사용하지 않는 입력 조건에 대한 부울 함수 결과
    - 0과 1중 어느 것이 되어도 무관
      → 항으로 묶을 때, 편리한 대로 0 또는 1로 간주해도 됨
    - X로 표기
    - 크게 묶는 쪽으로 편입시켜 활용 → 더나은 간소화 결과

- AND-OR-NOT 구현 $F = \Sigma(2,3,4,5)$

  - 부울 함수 부정의 SOP 구현
  - 원 함수 0의 SOP 구현과 같음

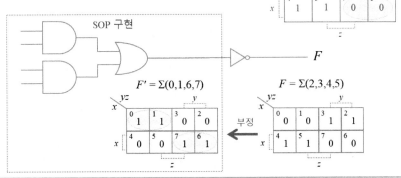

- AND-OR-NOT, AND-NOR, NAND-AND 구현

  1) 카노맵을 그리고 논리값 0 표기(NOT이 있어 0 사용)
  2) 각 리터럴이 1이 되는 구역 표시(SOP와 동일)
  3) 0을 SOP 방식으로 간소화 후 AND-OR-NOT 회로로 구현

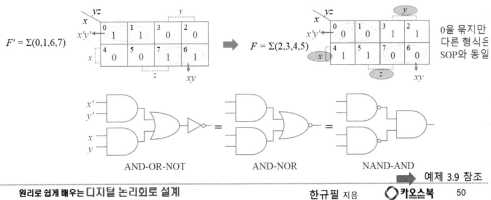

- 총 320여 페이지의 **PPT** 슬라이드 자료가 제공됩니다.
- 강의용 슬라이드 노트는 이 책을 교재로 사용하는 교강사에게 제공됩니다.

목차

원리로 쉽게 배우는 디지털 논리회로 설계

1장

디지털 시스템 개요

학습 목표

❖ 디지털 신호를 이해한다.

❖ 수 체계의 원리 및 진수 변환 방법을 이해한다.

❖ 보수를 구하고 연산할 수 있다.

❖ 다양한 2진 코드를 안다.

❖ 기본 논리 연산과 논리 게이트를 이해한다.

❖ 논리 게이트의 스위치 모델을 이해한다.

❖ 74-시리즈 IC의 구조를 이해한다.

1.1 디지털 시스템

현대 환경에서 인간 생활을 편리하게 돕거나 위험으로부터 보호하는 등의 목적으로 다양한 형태의 기계 및 전기 · 전자 시스템들이 사용되고 있다. 특히, 요즘과 같은 디지털 시대에는 컴퓨터, 통신 그리고 첨단 IT 기술을 활용하는 디지털 시스템에 대한 의존도가 매우 높다고 할 수 있다.

예컨대, 일상생활에서 가장 많이 사용되는 스마트 폰이 제공하는 기술을 한번 나열해보자. 음악 감상, 사진 촬영, DMB(digital multimedia broadcasting) 및 비디오를 플레이하는 음성과 영상 관련 미디어 기술, 사용자의 명령을 입출력하는 상호 처리(interaction) 기술, 무선 전화망을 이용하는 텔레커뮤니케이션(tele-communication)* 기술, 자료 검색 및 사용자 간 SNS(social network service) 의사소통과 정보 교류를 위한 인터넷 네트워크 기술 등 많은 디지털 기술이 활용되고 있으며, 이와 같은 기술이 구현될 수 있도록 하드웨어(hardware)적인 프로세서(processor), 각종 센서 및 저장 장치들과 소프트웨어(software)적인 프로그램(program)이 융합되어 하나의 통합 시스템으로 구현된다.

Tele

Tele는 **먼 거리로 전송한다**는 의미이다. Teletext(gram)는 text(gram)를 멀리 전송한다는 뜻이므로 전보, telephone은 음성(phone)을 전송하는 전화를 의미하며, television은 광경(vision)을 전송한다는 의미로 붙여진 이름이다.

신호 및 시스템의 분류

시스템이란 특정 입력을 원하는 형태의 출력으로 변환시키는 장치이다. 대부분의 기계 및 전기 · 전자 시스템에서는 온도, 습도, 힘 등과 같은 물리적 양을 센서를 이용해 전기 신호로 바꿔 입출력으로 사용한다.

시스템은 사용하는 신호의 종류에 따라 **아날로그(analog) 시스템**, **이산(dis-**

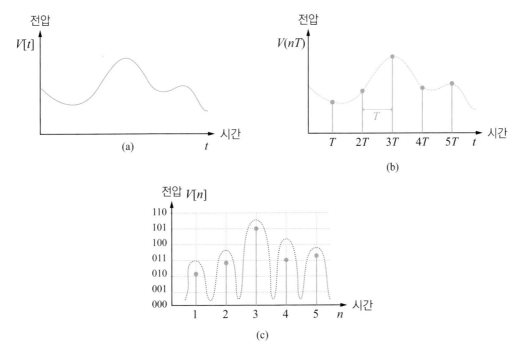

그림 1.1 신호의 종류: (a) 아날로그 신호, (b) 이산 신호, (c) 디지털 신호

crete) 시스템 그리고 **디지털(digital) 시스템**으로 나뉜다. 이들 시스템의 특징을 이해하기 위해서는 먼저 각 신호의 특성을 알아야 한다.

아날로그 신호는 연속(continuous) 신호라고도 한다. 그림 1.1(a)처럼 **신호의 값이 이웃과 연속**적이면서 아주 짧은 시간 동안 **인접 이웃 값과 유사(analogy)**해서 붙여진 이름이다. 아날로그 신호는 시간 축과 전압 축의 모든 값이 관측될 수 있고 끊어짐이 없는 특징이 있다. 그 결과 아날로그 신호를 사용하는 아날로그 시스템은 매 시간 표현된 전압 $V(t)$에 모든 정보가 포함되므로 전압 변화를 발생시키는 낙뢰와 같은 **외부 요인에 쉽게 영향**을 받을 수 있으며, 신호를 잠시 멈추게 하거나 저장하는 게 곤란하므로 처리에 제약과 어려움이 많다.

두 번째 신호 분류인 그림 1.1(b)는 이산 신호를 나타내는데, 시간 방향으로 주기적인 일정 간격(T) 동안 아날로그 신호를 **표본화(sampling)**하여 획득하기 때문에 신호의 분포가 이산적이라는 의미에서 붙여진 이름이다. 이 표본화 주기 (sampling period) T를 역수로 한 값을 표본화율(sampling rate) 또는 표본화 주파수(sampling frequency, Hz)라고 하며, 단위는 sample/second이다. 예를 들어 표본화 주기가 1ms이면 표본화 주파수는 1KHz이며 초당 1,000개의 표본을 샘플링한다는 뜻이다.

이산 신호는 **시간 방향으로 연속 신호의 표본을 일정 간격으로 추출하기 때문에 시간 축 방향으로 정수배의 T 간격에만 전압 값이 존재**하며 전압 값은 수직축 방향으로 모든 값이 관측될 수 있다. 이산 신호는 아날로그 신호를 디지털 신호로 변환하는 중간 단계의 형태이므로 활용 분야는 많지 않다.

마지막으로 그림 1.1(c)의 디지털 신호는 **수평 방향인 시간 축뿐 아니라 수직 방향인 전압 축까지 일정 간격(균일 또는 비균일)으로 나누어 이산 값을 할당하고 그 단계만큼 2진수(binary number)를 부여**한다. 그러므로 디지털 시스템은 2진수만을 사용하며 2진수의 한 자릿수 숫자(digit)를 정보의 최소 조각으로 본다. 이때 사용하는 2진수의 한 자리를 비트(bit)라고 한다. 'digit'은 숫자라는 의미로 가장 많이 쓰이지만 '손가락'이라는 의미로도 활용되는데, 디지털이라는 용어는 여기에서 왔다. 그러므로 **'digital'** 신호는 **'손가락 모양의'** 신호라는 뜻이다. 그림 1.1(c)에 수직 방향으로 간격을 나눈 후, 각 표본 값을 곡선으로 연결한 그래프의 모습이 마치 손가락에 마디가 그려진 모습과 닮아 붙여진 이름이다.

이산 신호의 표본으로부터 수직 방향의 간격을 나누어 **2진수를 할당하는 과정을 양자화(quantization)**라고 한다. 양자화 과정에서 나누는 단계의 개수에 따라 비트 수를 부여하는데, 이것을 양자화 비트(quantization bit)라고 한다. 그러나 그림 1.1(c)에서 보는 것과 같이 양자화 비트를 많이 부여하여 단계의 간격을 아무리 촘촘하게 하여도 **표본 값과 양자화 값(표본점과 격자의 교차점)이 일치하지 않는 경우가 많다.** 이 경우 가장 가까운 교차점을 표본의 디지털 값으로 결정하며 이 차이를 **양자화 오차(quantization error)**라고 한다.

모든 디지털 시스템에서 이 오차를 없앨 수는 없지만, 양자화 비트를 많이 부여하여 줄일 수는 있다. 현재 활용되는 디지털 오디오와 비디오 시스템에서는 사람이 인지할 수 없는 분해능 이상으로 **세밀하게 양자화 단계를 나누기 때문에 실용 환경에서는 문제가 되지 않는다.** 디지털 시스템의 데이터가 그림 1.2와 같이 높은 전압과 낮은 전압으로 구분되므로 큰 전압 변화가 발생될 때만 오류가 발생한다. 그 결과 **자료의 신뢰도가 높으며, 데이터의 편집 및 저장이 용이하다**는 장점이 있다. 또한, 디지털 시스템의 대표적 장치인 컴퓨터로 모든 작업이 가능하므로 현대의 시스템들은 대부분 디지털화되어 있다.

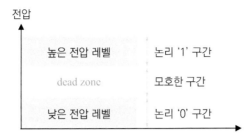

그림 1.2 **전압 레벨과 이진수 값**

디지털 시스템

디지털 시스템을 설계할 경우, 그림 1.2에 보인 것과 같이 전체 시스템을 구성하는 내부의 모든 전기적 장치의 출력이 정상적인 논리 값으로 인식되는 범위에 있도록 회로를 구성하는 것이 중요하다. 만약에 어느 하나의 내부 장치 출력이 모호한 레벨에 있다면, 그 값이 0과 1 중 어떤 값으로 인식될지 모르므로 전체 시스템 동작이 잘못될 수 있다. 이 원인은 저항이나 커패시터 등과 같은 전기 소자의 오차와 **열화(degradation)*** 및 동작 온도 때문이다. 일반적으로 초기 디지털 시스템의 높은 전압 레벨은 5V[volt]를 사용하였지만, 전기 에너지 소모와 발열을 줄이기 위해 최근에는 1V 근처 레벨을 높은 전압으로 사용하는 프로세서가 보편적이다.

열화(degradation)

전기적 소자의 열화는 오랜 사용으로 물리적 변성이 발생하여 나타나는 현상이다.

우리가 이용하는 자연계의 물리적 양 대부분은 아날로그 신호이므로 디지털 신호로 변환하여 처리한 후 다시 아날로그 신호로 변환하는 과정을 거친다. 그림 1.3은 앞서 설명한 **아날로그 신호를 디지털 신호로 변환하는 과정**을 나타내는데, **ADC(analog-to-digital converter)** 라는 소자로 만들어진다. 사용자가 표본화율 (T_S)과 양자화 비트(Q_B)를 입력으로 결정해주면 자동으로 변환이 이루어진다.

그림 1.3　디지털 신호 변환(ADC) 과정

그림 1.4　디지털 시스템의 적용 예

　　그림 1.4는 일반적 환경에서 적용되는 시스템의 블록도(block diagram)를 나타낸다. 디지털 공간에서 처리를 마친 신호는 다시 ADC의 역과정인 **DAC(digi-tal-to-analog converter)**를 통해 **아날로그 신호로 변환**된다. 양자화 오차 발생 문제는 실용 환경에서는 큰 문제가 없을 수 있지만 디지털 처리 시스템에서는 시간적 지연(delay)이라는 큰 문제가 발생한다. 실시간으로 입력되는 아날로그 신호를 디지털로 변환하는 시간과 디지털 공간에서의 처리 시간이 소요되기 때문이다. 실시간 시스템에서는 고속 프로세서와 고속 처리 기법을 사용하여 이 문제를 최소화할 수 있다. 디지털 시스템에서 이러한 문제가 발생함에도 디지털 시스템이 확장되는 이유는 더 많은 이점이 있기 때문이다.

1.2 수 체계

진법과 기수

계산을 위해서는 수 체계가 필요한데, 인간에게 가장 편리한 수 체계는 10진법(radix-10)이다. 디지털 시스템에서도 계산을 용이하게 수행하기 위해 특정 진법을 필요로 한다.

수 체계에 대해 먼저 살펴보자. 우리에게 익숙한 10진수를 예로 들어보자. **10진법의 수 표현은 10개의 기호(symbol)와 10개의 단계**를 사용한다. 인류사에서 지역과 시기에 따라 다양한 기호가 사용되었으나, 현재는 아라비아 숫자가 표준으로 보편화되어 0 ~ 9의 10개 기호로 숫자를 표현한다. 숫자 십에 해당하는 단일 기호는 없다. 해당 진법에 대응하는 수(10진법의 10, 2진법의 2)를 표현하려면, 자릿수를 높여 두 자릿수가 되어야만 한다. 다시 말해 십진법에서 9를 표현하고 그 다음 수(십)에 해당하는 단일 기호가 없으므로 자릿수를 하나 올리고 현재 이하의 자릿수를 초기화해 10(일과 영)으로 표현한다. 그러므로 숫자 십은 두 자릿수이고 10진법에 존재하는 수 1과 0으로 이루어진다. 두 자릿수의 가장 큰 수 99 다음은 세 자릿수 100, 세 자릿수 999 다음은 네 자릿수 1000으로 표현하는 것도 같은 이치이다.

이 과정을 쉽게 이해하기 위해 처음부터 자릿수가 고정된 두 자리 숫자를 가정해보자. 해당되는 숫자는 00, 01, 02, 03, … 09, 10이 될 것이다. 당연한 얘기 같지만 10진수에서는 통상적으로 제일 앞자리의 숫자(가장 높은 자리의 수)가 0이면 생략하므로 자릿수가 늘면서 증가한다고 생각될 수 있지만, 자릿수가 길게 고정되어 있다면 순서대로 증가되는 것으로 이해할 수 있을 것이다. 여기서 **진법에 해당하는 수를 기수(radix)**라 하고 r로 표현한다. 따라서 10진수의 $r = 10$이며, 한 자리 숫자를 표기하는 기호의 개수가 10개임을 의미한다.

수의 표준 표기법

디지털 시스템에서 주로 사용하는 2진수의 $r = 2$이며 진수를 표기하는 기호가 2개이므로 10진수에서 사용하는 숫자 기호 **0과 1을 차용**해 사용한다. 따라서 2진수에서 2를 표현하는 단일 기호가 없어 10으로 표현한다. 보편적으로 많이 사용되는 진법은 2진수, 8진수, 10진수, 16진수이다. 표 1.1에 각 진법과 명칭 및 기호를 표시하였다. 16진수를 표기하는 경우, 한 자리 표기 아라비아 숫자 기호가 10개뿐이므로 10 이상의 수를 표기하는 경우는 **영문자 A~F의 6개 기호를 차용**해 사용한다.

어떤 수의 자릿수를 n이라고 할 때, $n = 4$인 10진수 1,982의 표기법을 살펴

표 1.1 진법과 기호

진법(radix)	명칭(name)	기호(symbol)
2	binary	0,1
8	octal	0,1,2,3,4,5,6,7
10	decimal	0,1,2,3,4,5,6,7,8,9
16	hexa-decimal	0,1,2,3,4,5,6,7,8,9,A,B,C,D,E,F

보자. 1,982는 1,000이 1개, 100이 9개, 10이 8개, 1이 2개 더해진 수이다. 이것을 표준 표기법 수식으로 표현하면

$$1,982 = 1 \times 1,000 + 9 \times 100 + 8 \times 10 + 2 \times 1$$
$$= 1 \times 10^3 + 9 \times 10^2 + 8 \times 10^1 + 2 \times 10^0$$

으로 각 자리의 숫자와 기수의 멱승으로 표현된다. 전문적 표현으로는 "**수는 기수의 멱승(10^n)과 각 자리의 숫자를 계수(coefficient) 또는 가중치(weight)로 하여 선형 조합(linear combination)되어 있다**"고 말한다. 같은 방법으로 소수점 이하 자릿수가 4인 숫자 0.1234는 0.1이 1개, 0.01이 2개, 0.001이 3개 0.0001이 4개이므로 다음과 같이 표현된다.

$$0.1234 = 1 \times 0.1 + 2 \times 0.01 + 3 \times 0.001 + 4 \times 0.0001$$
$$= 1 \times 10^{-1} + 2 \times 10^{-2} + 3 \times 10^{-3} + 4 \times 10^{-4}$$

소수점 이상인 정수는 10의 0승에서 출발하기 때문에 최고 자릿수는 (정수 부분의 자릿수-1)승이 되고 소수점 이하인 소수는 -1승에서 시작하므로 $-($소수 부분의 자릿수)까지 변화된다. 그러므로 10진수 123.45를 각 자리의 숫자와 기수의 멱승으로 표현하면 다음과 같다.

$$123.45 = 1 \times 10^2 + 2 \times 10^1 + 3 \times 10^0 + 4 \times 10^{-1} + 5 \times 10^{-2}$$

10진수 체계를 기초로 모든 진법의 수를 일반화하면 아래와 같이 정리할 수 있다.

$$[d_n \cdots d_3 \, d_2 \, d_1 \, . \, d_{-1} \, d_{-2} \, d_{-3} \cdots d_{-m}]_r$$

여기서 r은 진법, 정수 부분의 자릿수는 n, 소수 부분의 자릿수는 m, d는 각 자리의 숫자, 아래 첨자는 자리의 위치를 뜻한다. 그러므로 이 수를 각 자리의 숫자와 기수로 표현하면 다음과 같다.

$$d_n \times r^{n-1} + \cdots + d_2 \times r^1 + d_1 \times r^0 + d_{-1} \times r^{-1} + d_{-2} \times r^{-2} + \cdots + d_{-m} \times r^{-m}$$

위의 표준 수 표기법으로 각 진수의 예를 들어보자. 간단한 표현을 위해 자리의 숫자가 0인 부분은 표기하지 않았다.

$$[1011.01]_2 = 1 \times 2^3 + 1 \times 2^1 + 1 \times 2^0 + 1 \times 2^{-2} = [11.25]_{10}$$
$$[27.1]_8 = 2 \times 8^1 + 7 \times 8^0 + 1 \times 8^{-1} = [23.125]_{10}$$
$$[F2D]_{16} = 15 \times 16^2 + 2 \times 16^1 + 13 \times 16^0 = [3,885]_{10}$$

위의 수 체계에 의한 표준 표기법으로 정리하여 계산하면, 각 진법의 수에 해당하는 10진수를 알 수 있다.

예제 1.1　아래의 수를 10진수로 변환하라.

$$[213.2]_4$$

풀이

$$2 \times 4^2 + 1 \times 4^1 + 3 \times 4^0 + 2 \times 4^{-1}$$

해답 39.5

1.3 기수 변환

기수는 특정 진법을 표현하는 수이므로 **기수 변환**은 곧 **진법 변환**이다. 디지털 시스템의 기본이 되는 수 체계가 2진수이므로 가장 먼저 10진수의 2진수 변환에 대해 알아보자. 기수 변환 방법의 이해를 돕기 위해 소수점을 기준으로 기수의 양의 멱승인 정수 부분과 음의 멱승인 소수 부분을 나누어 설명한다.

정수 변환과 원리

먼저 정수의 변환을 살펴보자. 아래의 10진수 11을 2진수 기수 형식의 표기법으로 표현하였을 때,

$$[1011]_2 = 1 \times 2^3 + 0 \times 2^2 + 1 \times 2^1 + 1 \times 2^0 = [11]_{10}$$

이며, 이 표기법에서 우리는 10진수 11은 2가 3번 곱해진 값, 2가 1번 곱해진 값, 그리고 2가 한 번도 곱해지지 않은 값이 더해져(선형 조합되어) 있다고 생각할 수 있다. 다시 말해, **2의 어떤 멱승 조합**으로 구성되는가로 판단할 수 있다. 그러므로 아래와 같이 역으로 변환하고자 하는 10진수 원수(original number)를 2로 나누어 연속적인 몫(quotient)과 나머지(remainder)를 분석하면, 기수의 곱하기로 표현되는 표준 표기법에 따른 기수 변환의 원리를 확인할 수 있다.

횟수	수/몫	연산	몫	나머지	자리 숫자	의미
1	11	11/2	5	1	d_1	기수 r로 원수를 n회 나누었을 때 나머지가 각 자릿수 d_n이 됨을 확인할 수 있다.
2	5	5/2	2	1	d_2	
3	2	2/2	1	0	d_3	
4	1	1/2	0	1	d_4	

이 연산을 기수로 나눈 횟수($n = 4$)와 각 자리 숫자인 나머지(d_n)로 다시 표현하면 다음과 같다.

$$[1011]_2 = d_4 \times r^{n-1} + d_3 \times r^{n-2} + d_2 \times r^{n-3} + d_1 \times r^{n-4}$$
$$= 1 \times 2^3 + 0 \times 2^2 + 1 \times 2^1 + 1 \times 2^0$$

위 표에 나타낸 방식에 따라 변환하고자 하는 수를 몫이 0이 나올 때까지 해당 기수로 반복해 나눈 나머지를 역순으로 정리하면 기수 변환된 수를 얻을 수 있다. 이 방법을 보다 쉽게 정리하여 그림으로 나타내면 그림 1.5와 같다.

기수	정수와 몫	나머지
2	11	
2	5	1 ← 하위 비트
2	2	1
2	1	0
	0	1 ← 상위 비트

그림 1.5 10진수의 2진수 변환 예

표준 표기 식에서의 정수 나눗셈 방식

위 예에서 3번 나누면 나머지가 1이 되어 더 이상 나눌 수 없다고 볼 수 있지만, 나머지로 각 자릿수를 만들기 위해 4번까지 나누었다. 그러므로 정수 부분의 표준 표기 식에서는 $n-1$까지 나눌 수 있다고 보는 것이다.

이번에는 이 변환을 다른 논리적 방법으로 접근해보자. 기수 변환이 기수 멱승들의 합으로 표현되므로 나눌 수 있는 최대의 기수 멱승을 찾아 순서대로 분배하는 과정으로 정리해보자. 다시 말해 위 예의 10진수 11은 나눌 수 있는 최대 2의 멱승이 $8(2^3)$이다. 왜냐하면 2의 멱승인 $16(2^4)$은 원수를 초과해 소수가 나오기 때문에 정수 환경에서는 나눌 수 없다고 본다. 그러므로 8로 나눈 후, 다음 나머지($11-2^3$)인 3은 다시 최대 $2(2^1)$로 나눌 수 있다. 마지막 결과의 나머지 ($3-2^1$)는 1로서 $1(2^0)$로 나누어진다. 이 과정을 순서대로 정리하면 아래 표와 같다. 여기서 나눈다는 의미는 뺀다는 의미와 같다. 왜냐하면 항상 나눌 수 있는 최대 수로 나누기 때문에 몫은 1이 되고 나머지는 곧 뺄셈의 결과이기 때문이다.

수/나머지	기수 승	연산	몫	나머지	자리 숫자	의미
11	$8(2^3)$	11/8	1	3	d_4	원수를 초과하지 않는 r의 최대 승수에서부터 차례대로 승수를 줄여서 나눈 몫이 d_n이 된다는 것을 알 수 있다.
3	$4(2^2)$	3/4	0	3	d_3	
3	$2(2^1)$	3/2	1	1	d_2	
1	$1(2^0)$	1/1	1	0	d_1	

표 1.2 2의 멱승

n	2^n	n	2^n	n	2^n	n	2^n
1	2	5	32	9	512	13	8,192
2	4	6	64	10	1,024	14	16,384
3	8	7	128	11	2,048	15	32,768
4	16	8	256	12	4,096	16	65,536

그러므로 이 예에서는 몫이 각 자리의 숫자가 되며, 앞의 방법과 동일한 결과를 가져온다. 이 두 번째 방법이 기수 변환을 이해하기에는 쉽지만 최대 자릿수(MSB)부터 결정하는 연산을 해야 하므로 초기에 대소를 비교해 최대로 나눌 수 있는 기수의 멱승을 결정해야 한다. 따라서 첫 번째 기법보다는 연산이 불편하다고 할 수 있다. 그러므로 여러분은 10진수의 정수 부분에 대한 **기수 변환 시 기수로 단순 반복적으로 나누면서 나머지를 기록**하는 첫 번째 방식을 사용하기 바란다. 또한 디지털 시스템을 공부하는 학습자는 가급적 표 1.2에 보인 2진수의 기수 멱승에 해당하는 정수를 2^{16}까지는 기억해야 한다.

최대 자릿수(MSB)와 최소 자릿수(LSB)

2진수의 최고 자릿수 값이 가장 크고 중요하므로 MSB(most significant bit)라고 하며, 반대로 가장 작은 1의 자릿수는 LSB(least significant bit)라고 한다.

다른 기수로의 변환 역시 2진수 변환과 동일한 방법으로 변환한다. 예를 들어 10진수 167을 5진수로 변환해보자.

기수	정수와 몫	나머지
5	167	
5	33	2
5	6	3
5	1	1
	0	1

$$[167]_{10} = [1132]_5 = 1 \times 5^3 + 1 \times 5^2 + 3 \times 5^1 + 2 \times 5^0$$

으로 되며, 표기법으로 확인하면 125 + 25 + 15 + 2 = 167이 나온다.

예제 1.2 10진수 167을 8진수로 변환하라.

풀이

기수	정수와 몫	나머지
8	167	
8	20	7
8	2	4
	0	2

해답 $[247]_8$

소수 변환과 원리

이제 소수 부분의 기수 변환을 살펴보자. 소수의 변환 역시 2진수 변환으로 원리를 이해한 후, 다른 기수 변환과 동일하게 적용하면 된다. 먼저 아래의 2진수 소수 표기법을 보자.

$$
\begin{aligned}
[0.1011]_2 &= 1 \times 2^{-1} + 0 \times 2^{-2} + 1 \times 2^{-3} + 1 \times 2^{-4} \\
&= 1 \times 0.5 + 0 \times 0.25 + 1 \times 0.125 + 1 \times 0.0625 \\
&= [0.6875]_{10}
\end{aligned}
$$

위의 표기에서 **1보다 작은 소수를 $0.5(2^{-1})$ + $0.25(2^{-2})$ + $0.125(2^{-3})$ + $\cdots$ 씩 기수 2의 음의 멱승으로 나누어 덧셈(선형 조합)으로 표현한다**는 것을 알 수 있다. 그러므로 앞서 설명한 정수 변환 중 우리가 이해하기 쉬운 두 번째 논리적 방식을 먼저 적용하여 10진수 0.6875를 덧셈의 역인 뺄셈으로 분리해보자.

수/나머지	기수 승 (감수)	감산 결과 (나머지)	감수의 기수 표현	자리 숫자	의미
0.6875	$0.5(2^{-1})$	0.1875	1×2^{-1}	d_{-1}	원수를 초과하지 않는 기수 r의 음의 멱승을 -1에서부터 차례대로 감산하며, 감산할 수 없을 때 자릿수 d_{-n}은 0이 된다.
0.1875	$0.25(2^{-2})$	0.1875	0×2^{-2}	d_{-2}	
0.1875	$0.125(2^{-3})$	0.0625	1×2^{-3}	d_{-3}	
0.0625	$0.0625(2^{-4})$	0	1×2^{-4}	d_{-4}	

여기서 두 번째 행에서는 첫 번째 행의 감산 결과보다 현재 자리의 기수 멱승 값이 크기 때문에 감산이 이루어지지 않아 자리 숫자가 0이 되었다. 이것을 소수점 아래 첫 자리에서 순서대로 정리하면 기수 변환 값은 아래와 같이 결정된다.

$$[0.6875]_{10} = [0.1011]_2$$

위의 방법은 소수의 2진 변환을 이해하는 데는 쉽지만, 변환 연산을 수행하기에는 다소 번거로운 일이다. 그러므로 정수의 첫 번째 방법과 상호 대응되는 다른 접근 방법을 생각해보자.

만약 원 소수의 값이 $[0.5, 1) = [1/2, 1)$ 사이의 값이라면 2를 한 번 곱하면 $1.x$가 되어 정수 부분에 1이 발생할 것이다. 이것은 2진수의 소수점 첫 자리($0.5 = 2^{-1}$) 숫자가 1이며, (원 소수-0.5)가 가능하다는 것을 뜻한다. 그리고 $[0.25, 0.5) = [1/4, 1/2)$ 사이의 값이면 2를 두 번(2^2) 곱하면 $1.x$가 되어 정수 부분으로 자리 올림(carry)이 발생할 것이다. 곱하기 연산을 활용하여 정수 부분의 캐리를 관찰해보자.

횟수	수/나머지	연산	결과	정수	나머지	자리 숫자	의미
1	0.6875	0.6875×2	1.3750	1	0.3750	d_{-1}	r로 n회 곱했을 때 정수 부분으로 자리 올림되는 것이 자릿수 d_{-n}이 됨을 확인할 수 있다.
2	0.3750	0.3750×2	0.7500	0	0.7500	d_{-2}	
3	0.7500	0.7500×2	1.5000	1	0.5000	d_{-3}	
4	0.5000	0.5000×2	1.0000	1	0.0000	d_{-4}	

관찰 결과, 소수 부분의 자리 숫자는 기수를 반복적으로 곱한 연산에서 발생되는 정수 부분의 캐리를 취득함으로써 손쉽게 소수 부분의 기수 변환을 수행할 수 있음을 알 수 있다. 이 방법이 소수 변환의 첫 번째 방법보다 편리하다. **정수의 기수 변환은 기수 나눗셈의 나머지를 역순으로 취득했고 소수의 기수 변환은 기수 곱셈의 정수 부분 캐리를 순서대로 취득**하므로 상호 대응적 기법이라고 할 수 있다. 앞으로 우리는 소수 변환의 두 번째 방법인 위의 기법을 사용하기로 하자. 같은 방법으로 10진수 0.425를 8진수로 변환해보자.

$$0.425 \times 8 = 3.400$$
$$0.400 \times 8 = 3.200$$
$$0.200 \times 8 = 1.600$$
$$0.600 \times 8 = 4.800$$
$$0.800 \times 8 = 6.400$$
$$0.400 \times 8 = 3.200$$
$$\cdots\cdots$$

$$[0.425]_{10} = [0.331463146\cdots]_8$$

예제 1.3 아래의 10진수를 2진수로 변환하라.

$$[15.5625]_{10}$$

 풀이

- 정수 부분

기수	정수와 몫	나머지
2	15	
2	7	1
2	3	1
2	1	1
	0	1

- 소수 부분

$$0.5625 \times 2 = 1.1250$$
$$0.0125 \times 2 = 0.2500$$
$$0.2500 \times 2 = 0.5000$$
$$0.5000 \times 2 = 1.0000$$

해답 $[1111.1001]_2$

2^n진수 간의 변환

진법 중에서 8진수와 16진수는 2진수와 밀접한 관계가 있다. 8은 2^3이고 16은 2^4이기 때문이다. 8진수는 한 자리에 표현 가능한 최고 숫자가 7이므로 2진수의 7인 3-비트 111을 한 자리에 표현할 수 있고, 16진수는 최고 15인 4-비트 1111까지 한 자릿수로 표현 가능하다. 그러므로 2진수를 8진수와 16진수로 표현하면 작은 자릿수로 큰 숫자를 표현할 수 있어 컴퓨터 환경에서 많이 활용된다.

2진수를 8진수와 16진수로 변환하는 방법을 알아보자. 8진수는 2진수를 3-비트씩 묶어 변환하면 되므로 소수점을 기준으로 세 자릿수씩 묶으면 된다. 정수의 최상위 비트와 소수의 최하위 비트에서 쌍이 맞지 않을 때는 나머지가 0이 있다고 가정한다. 이렇게 빈자리에 0을 추가하는 것을 'zero padding'이라고 한다.

$$[11010011.1011]_2 = [011\ 010\ 011\ .\ 101\ 100]_2 = [323.54]_8$$

동일한 기법으로 16진수로의 변환은 아래와 같이 4-비트씩 묶어 처리한다.

$$[11010011.1011]_2 = [1101\ 0011\ .\ 1011]_2 = [D3.B]_{16}$$

만약 8진수를 16진수로 변환하거나 그 반대인 경우에는 2진수로 먼저 변경하고 자릿수를 새롭게 묶어 처리한다.

$$[323.54]_8 = [\ 011\ 010\ 011\ .\ 101\ 100]_2 = [1101\ 0011\ .\ 1011]_2 = [D3.B]_{16}$$

예제 1.4 16진수 $[AF]_{16}$을 8진수로 변환하라.

풀이 및 해답

$$[AF]_{16} = [1010\ 1111]_2 = [010\ 101\ 111]_2 = [257]_8$$

1.4 보수

보수의 정의

수 체계에서 **보수(complement)는 r진법의 기저 보수(radix complement)**와 기저 보수에서 1이 감소된 **$r-1$ 감소 보수(diminished radix complement)**가 있다. 일반적으로 보수라고 하면 기저 보수를 뜻한다. 수의 자릿수가 n일 때 보수는 원수와 덧셈하여 그 진법 기수의 n승이 되는 수이다.

예를 들어, 10진법 1,234의 보수는 원수에 더해 10^n을 만드는 수이다. 보수의 자릿수 $n = 4$라고 하면,

$$1,234 + (1,234의\ 10진수\ 보수) = 10,000(10^4)$$
$$(1,234의\ 10진수\ 보수) = 10,000(10^4) - 1,234 = 8,766$$

이 되므로 1,234의 10진수 보수는 8,766이다. 두 수를 합하면 $1,234 + 8,766 = 10,000$이 되어 원수와 보수의 관계가 성립된다.

만약 $n = 5$이고 원수가 똑같이 1,234라고 한다면,

$$1,234 + (1,234의\ 10진수\ 보수) = 100,000(10^5)$$
$$(1,234의\ 10진수\ 보수) = 10,000(10^5) - 1,234 = 98,766$$

이 성립되어야 하므로 1,234의 보수는 98,766이고 $1,234 + 98,766 = 100,000$이 되어 보수 관계가 성립한다. 이와 같이 **보수는 자릿수에 따라 달라질 수 있으므로 자릿수가 중요하다.** 10진수 보수를 10의 보수(10's complement)라고 한다.

보수의 사용 목적

보수는 왜 필요할까? 보수를 사용하는 목적부터 먼저 간략히 이야기하고 이 절에 대한 설명을 이어간다. 첫째, 보수를 사용하면 **뺄셈을 덧셈으로 구현할 수 있다.**

컴퓨터 중앙처리장치(CPU: central processing unit)에는 대수 · 논리 연산을 담당하는 ALU(arithmetic logical unit)라는 유닛이 있다. 초기 컴퓨터 연산기로 덧셈기(가산기)가 개발되었는데, 이 덧셈 연산이 모든 컴퓨터 연산의 기본이다. 그러므로 보수를 이용하면 새롭게 뺄셈기(감산기)를 만들지 않고 가산기로 감산기를 구현할 수 있고 그 구현 또한 효율적이다.

보수를 사용하는 두 번째 목적은 **음수 표현**을 위한 것이다. 만약 컴퓨터와 같이 디지털 시스템의 2진수 체계에서 음수를 보수로 정의해 사용하면 매우 편리하고 처리가 간단해지는 장점이 있다. 예를 들어, 컴퓨터가 8-비트 시스템이라고 가정하면, 내부의 데이터 길이는 $n = 8$일 것이다. 임의의 2진수가 0000 0001(+1)이라면 2의 보수(2's complement)와 더했을 때 ($2^8 = 1\ 0000\ 0000$)이 되어야 하므로, 보수는

$$
\begin{array}{r}
1\ 0000\ 0000 \\
-\ 0000\ 0001 \\
\hline
=\ 1111\ 1111
\end{array}
$$

와 같이 2진수 1111 1111이 된다. 이 보수를 −1로 정의하면, 2진수 공간에서도 +1과 −1을 더했을 때 결과는 0이 될 것이다.

$$
\begin{array}{r}
0000\ 0001(+1) \\
+\quad 1111\ 1111(-1) \\
\hline
=\ 1\ 0000\ 0000
\end{array}
$$

*8-bit이므로 최상위 비트는 버려짐

여기서 9번째 비트에서 자리 올림 캐리가 발생하여 결과가 0이 아니라고 생각할 수 있지만, 우리는 앞서 초기 8-비트 컴퓨터를 가정하였기 때문에 자료의 크기가 8자리이며 9번 째 자리로 자리 올림한 1은 저장할 수 있는 공간이 없어 자동으로 버려진다. 그러므로 결과는 0이 성립한다. 다시 말해 **음수를 양수의 2의 보수로 정의하면 특별한 처리 없이 대수연산 법칙을 만족하는** 결과를 보여준다. 이 부분

은 수의 음수 표현과 보수를 이용한 감산에서 다시 설명하기로 하고, 이 절에서는 보수를 사용하는 두 가지 목적만 잘 기억하자.

기저 보수

기수 r을 사용하는 각 진법의 기저 보수 계산을 정리하면 다음과 같다.

$$r\text{진법의 기저 보수} = r^n - \text{수}$$

여기서 n은 수의 자릿수이다. 보수 계산에 익숙해지기 위해 자릿수를 모두 4라 가정하고 10진수와 2진수의 보수 계산 예를 한 가지씩 처리해보자.

수	$[6{,}789]_{10}$	$[0111]_2$
보수 계산	$10{,}000(10^4)$ $- \ 6{,}789$ $= 3{,}211$	$10000(2^4)$ $- \ 0111$ $= 1001$

위의 계산이 물론 어렵지는 않겠지만, 각 자릿수를 분리해 생각하면 10의 보수는 1의 자리(10^0)에서만 10에서 감산하고 나머지 자리에서는 자리 올림을 생각해 기수에서 1을 뺀 9($10 - 1$)에서 감산하면 된다고 쉽게 생각할 수 있다. 마찬가지로 2진수의 보수에서는 1의 자릿수(2^0)에서는 2에서 감산하고 나머지는 1에서 감산하면 다음과 같다.

수	$[6{,}789]_{10}$				$[0111]_2$			
자리 위치	10^3	10^2	10^1	10^0	2^3	2^2	2^1	2^0
피감수	9	9	9	10	1	1	1	2
감수/자릿수	6	7	8	9	0	1	1	1
결과	3	2	1	1	1	0	0	1

이제 보다 더 쉽게 보수를 계산할 수 있을 것이다. 그렇다면 다음 예를 한 번 더 생각해보자. 10진수 6,700의 보수를 위의 방식으로 계산하면 다음과 같다.

$$
\begin{array}{r}
9 \quad 9 \quad 9 \quad 10 \\
- \quad 6 \quad 7 \quad 0 \quad 0 \\
\hline
= \quad 3 \quad 2 \quad 9 \quad \underline{10}
\end{array}
$$

여기서 마지막 자리를 어떻게 처리해야 할지 고민될 것이다. 물론 결과의 끝 자릿수 10은 두 자리 숫자이기 때문에 자리 올림을 해야만 하고 최종적으로는 3,300을 얻게 될 것이다. 그러므로 이런 예외를 해결하기 위해 여러분은 머릿속에 이미 정리된 변환 알고리즘을 다음과 같이 수정할 것이다. '마지막 자리 쪽의 숫자가 연속해서 0이면, 0인 부분은 처리하지 않고 0이 아닌 최소 자리에서 10을 뺀다.' 이렇게 위의 예에 적용하면 다음과 같다.

$$
\begin{array}{r}
9 \quad 10 \quad 0 \quad 0 \\
- \quad 6 \quad 7 \quad 0 \quad 0 \\
\hline
= \quad 3 \quad 3 \quad 0 \quad 0
\end{array}
$$

마지막 부분은 처리하지 않기 위해 0에서 뺀다고 가정하였고 2진수의 보수에서도 동일한 기법을 적용하면 된다. 이렇게 어떤 처리를 할 때 예외가 발생하면 변환 기법에서 예외에 따른 특별한 처리를 해야 한다. 이러한 과정이 불편할 수 있으므로 우리에겐 단순하고 일관성(consistency) 있는 기법이 필요하다. 이런 이유로 **감소된 기저 보수**라는 개념이 나오게 되었다.

감소 보수

감소된 기저 보수는 **원수와 보수의 덧셈 결과가 기수의 자릿수 멱승에서 1 감소되었**다는 의미에서 붙여진 이름이다. 앞으로는 감소 보수라고 표현한다. 감소 보수에서 기저 보수를 계산하려면 다시 1을 더하면 된다.

$$
\begin{aligned}
\text{수} + r\text{진법의 감소 보수} &= r^n - 1 \\
r\text{진법의 감소 보수} &= (r^n - 1) - \text{수} \\
\text{기저 보수} &= \text{감소 보수} + 1
\end{aligned}
$$

10의 보수에 대한 감소 보수를 9의 보수(9's complement)라고 부르고 2의 보수에 대한 감소 보수를 1의 보수(1's complement)라고 한다. 이들 감소 보수에 기저 보수 계산에서 사용했던 값을 동일하게 적용해보자.

$$[6{,}789]_{10}\text{의 9의 보수} = (10^4 - 1) - 6{,}789 = 9{,}999 - 6{,}789 = 3{,}210$$

$$[6{,}789]_{10}\text{의 10의 보수} = \text{9의 보수} + 1 = 3{,}210 + 1 = 3{,}211$$

$$[0111]_2\text{의 1의 보수} = (2^4 - 1) - 0111 = 1111 - 0111 = 1000$$

$$[0111]_2\text{의 2의 보수} = \text{1의 보수} + 1 = 1000 + 1 = 1001$$

계산이 훨씬 더 수월해졌음을 느낄 수 있을 것이다. 9의 보수 계산에는 9가 자릿수 길이 n만큼, 1의 보수 계산에는 1이 자릿수 길이 n만큼 있다고 생각하면 된다. 즉, 자릿수별로 살펴보면 다음 표와 같다.

수	$[6{,}789]_{10}$				$[0111]_2$			
자릿수	10^3	10^2	10^1	10^0	2^3	2^2	2^1	2^0
피감수	9	9	9	9	1	1	1	1
감수/원수	6	7	8	9	0	1	1	1
감소 보수	3	2	1	0	1	0	0	0
기저 보수	3	2	1	1	1	0	0	1

이것을 끝자리 쪽이 0이었던 10진수 6,700에 적용하면 다음과 같다.

$$
\begin{array}{r}
9\ 9\ 9\ 9 \\
-\ 6\ 7\ 0\ 0 \\
\hline
=\ 3\ 2\ 9\ 9 + 1 = 3{,}300
\end{array}
$$

감소 보수의 결과에 1만 더했을 뿐, **감소 보수의 계산에 일관성**이 있음을 알 수 있다. **감소 보수 계산**은 모든 자리의 동일한 숫자에서 감산을 수행하여 **예외가 없으므로 프로그램 구현이 간단**하다. 여러분은 앞으로 어떤 수의 보수 계산이든 감소 보수를 이용해 기저 보수를 구할 수 있을 것이다. 참고로 2진수의 1의 보수 계산은 간단히 각 자리의 1과 0을 서로 반대로 변경하면 된다.

예제 1.5 아래 수의 보수를 각각 계산하라. 자릿수는 수의 길이를 사용하라.

$$(a)\ [32,768]_{10} \qquad (b)\ [1110\ 0011]_2 \qquad (c)\ [F0D8]_{16}$$

풀이

(a) $[32,768]_{10}$의 9의 보수 = $99,999 - 32,768 = 67,231$

$\qquad\qquad$ 10의 보수 = $67,232$

(b) $[1110\ 0011]_2$의 1의 보수 = $1111\ 1111 - 1110\ 0011 = 0001\ 1100$

$\qquad\qquad$ 2의 보수 = $0001\ 1101$

(c) $[F0D8]_{16}$의 15의 보수 = $FFFF - F0D8 = 0F27$

$\qquad\qquad$ 16의 보수 = $0F28$

해답 (a) $[67,232]_{10}$, (b) $[0001\ 1101]_2$, (c) $[0F28]_{16}$

1.5 음수 표현

디지털 시스템에서 2진수의 음수 표현은 2의 보수, 1의 보수 그리고 부호-크기 방식(signed magnitude method)의 세 가지 기법이 있다. 현재 **정수 표현에는 2의 보수 방식**, **소수가 포함된** 실수(real number)* 표현에는 **부호-크기 방식**을 많이 사용한다. 이 절에서는 정수의 2진수 표현에 대해 알아보자. 예를 들어, 자릿수가 4인 2진수로 정수를 표현하면 0000 ~ 1111까지 $16(2^4)$개의 값을 표현할 수 있고 10진수 양수는 0 ~ $15(0 \sim 2^4-1)$까지 표현할 수 있다.

실수의 표현

실수는 부동 소수점(floating point) 기법으로 표현하며 MSB가 1이면 음수이고 지수부와 가수부를 각각 나누어 2진수로 저장한다.

표 1.3 음수 표현 예

부호-크기		1의 보수		2의 보수	
2진수	10진수 값	2진수	10진수 값	2진수	10진수 값
0111	+7	0111	+7	0111	+7
0110	+6	0110	+6	0110	+6
0101	+5	0101	+5	0101	+5
0100	+4	0100	+4	0100	+4
0011	+3	0011	+3	0011	+3
0010	+2	0010	+2	0010	+2
0001	+1	0001	+1	0001	+1
0000	+0	0000	+0	0000	+0
1000	−0	1111	−0	1111	−1
1001	−1	1110	−1	1110	−2
1010	−2	1101	−2	1101	−3
1011	−3	1100	−3	1100	−4
1100	−4	1011	−4	1011	−5
1101	−5	1010	−5	1010	−6
1110	−6	1001	−6	1001	−7
1111	−7	1000	−7	1000	−8

여기서 최댓값이 2^n-1인 이유는 0이 양수에 포함되기 때문이다. 이것을 부호 없는 정수(unsigned integer) 표현법이라고 한다. 그런데, 음수를 표현하려면 부호를 기록할 수 있는 공간이 필요하다. 따라서 1-비트를 점유하므로 표현할 수 있는 값의 범위는 1/2로 줄어든다. 일반적으로 첫 번째 MSB를 부호 비트(sign bit)로 사용한다. 표 1.3은 4-비트 정수의 세 가지 음수 표현법 예이다.

첫 번째 부호-크기 방식은 부호와 크기 비트가 분리되어 처리되어야 하며, 1의 보수와 마찬가지로 0이 2개(+0과 −0) 존재하므로 1씩 증가하면서 영(0)이 교차(zero crossing) 되는 곳에서는 특별히 2단계를 변화시켜야 한다. 표 1.3에서 예를 들면, 2의 보수 방식에서는 +0이 하나 존재하고, 같은 크기의 숫자 $+N$과 $-N$으로 표현된 2진수를 더하면 (1 0000)이며 끝자리 올림은 자동 버림 되면서 0이 된다. 그러나 1의 보수 방식은 $N - N = -0(1111)$이 되고 만약 $N - N + 1$을 동시에 계산하면 결과가 +0이 되므로 −0이 되는 순간 +0으로 변환하는 처리가 필요하다.

부호-크기 방식에서는 부호를 보고 연산을 판단해야 하는 경우가 발생한다. 예를 들어 1 + (−1) = (0001) + (1001)을 보면 부호가 다르므로 뒤의 수를 부호를 제외하고 감산해야 한다. 그러므로 **음수 표현은 2의 보수** 방법이 가장 적합하다.

n-비트의 2진 보수를 사용하는 수 체계에서 **표현 가능한 부호 있는 정수 (signed integer)의 범위는 $(-2^{n-1} \sim 2^{n-1} - 1)$**이다. 여기서 지수의 $n-1$승은 부호 표시로 **1-비트를 할당**하므로 표현할 수 있는 수의 범위가 $1/2(2^{-1})$이 된 것이고, 최댓값에서 −1이 된 것은 **0이 양수 영역에 포함**되기 때문이다.

1.6 보수를 이용한 감산

10의 보수

앞서 보수 사용의 첫 번째 목적이 보수를 이용하면 덧셈으로 뺄셈을 구현할 수 있다고 하였다. 그러므로 먼저 이해를 돕기 위해 10진수의 감산을 예로 들어보자. 보수를 이용하는 감산에는 두 가지 경우가 있다. 하나는 큰 수에서 작은 수를 빼는 것이고 나머지는 작은 수에서 큰 수를 빼는 경우이다. 각 경우에 구현 기법이 다르므로 구분하여 예로 설명한 후 방법을 정리하기로 하자.

앞의 1.4절 보수 체계에서 자릿수가 중요하다는 언급을 떠올리며 자릿수가 4인 경우의 예를 살펴보자. 만약 두 수의 자릿수가 다르면 큰 수의 자릿수로 정의하여야 한다. 첫 번째 경우의 예로 피감수(minuend)가 감수(subtrahend)보다 큰 8,756에서 2,431을 빼는 계산을 해보자.

피감수가 감수보다 큰 경우의 10진 감산 방식

- 일반적인 10진 감산 방식

$$
\begin{array}{ll}
\text{피감수:} & 8{,}756 \\
\text{감수:} & -\ 2{,}431 \\
\hline
\text{결과:} & =\ 6{,}325
\end{array}
$$

- 보수를 이용한 가산으로 감산하는 방식

1) 감수의 10의 보수: $(9{,}999 - 2{,}431) + 1 = (7{,}568) + 1 = 7{,}569$

2) 피감수 + 보수:

$$
\begin{array}{ll}
& 8{,}756 \\
+ & 7{,}569 \\
\hline
= & 16{,}325
\end{array}
$$

3) 자릿수가 4이므로 5번째 자리의 올림이 발생하면 캐리를 버림: 6,325

위의 보수를 이용한 방식에서는 보수 계산과 덧셈만으로 위와 동일한 결과를 얻었으며, 자리 올림의 캐리를 버리는 것은 자릿수가 4라고 가정했기 때문에 취급할 수 있는 수의 길이가 4로 제한되는 것이다. 반대로 피감수와 감수를 바꾸면, 두 번째 경우인 작은 수에서 큰 수를 감산하는 경우이다.

피감수가 감수보다 작은 경우의 10진 감산 방식

- 일반적인 10진 감산 방식

$$
\begin{array}{ll}
\text{피감수:} & 2{,}431 \\
\text{감수:} & -\ 8{,}756 \\
\hline
\text{결과:} & =\ -\ 6{,}325
\end{array}
$$

- 보수를 이용한 가산으로 감산하는 방식

1) 감수의 10의 보수: $(9{,}999 - 8{,}756) + 1 = (1{,}243) + 1 = 1{,}244$

2) 피감수 + 보수:

$$2{,}431$$
$$+\ 1{,}244$$
$$=\ 3{,}675$$

3) 자리 올림이 발생하지 않으면,
   10의 보수를 계산하고 부호를 변경함: $(9{,}999 - 3{,}675) + 1 = -6{,}325$

보수를 이용한 감산 방식을 최종적으로 정리하면 다음과 같다.

10진수에서 보수를 이용한 감산 방법

---

1) 감수의 보수를 계산
2) 피감수와 보수를 덧셈
3) 자릿수를 초과하는 캐리가 발생하면 캐리를 버림
   그렇지 않으면, 결과의 보수를 계산하고 부호를 변경

2의 보수

2진수에 대해서도 동일한 방식을 적용하여 같은 결과를 얻을 수 있다. 예를 위해 두 개의 2진수 0011 1101(61)과 0011 0101(53)을 사용해보자. 여기서 두 수 모두 8-비트이므로 자릿수는 8이다.

피감수가 감수보다 큰 2진수의 감산 방식

일반적인 감산 방식

피감수:	0011 1101 (61)
감수:	$-$0011 0101 (53)
결과:	= 0000 1000 (+8)

보수를 이용한 가산으로 감산하는 방식
1) 감수의 2의 보수: $(1111\ 1111 - 0011\ 0101) + 1$
   $$= (1100\ 1010) + 1 = 1100\ 1011$$

2) 피감수 + 보수:

$$
\begin{array}{r}
0011\ 1101 \\
+\quad 1100\ 1011 \\
\hline
=\ 1\ 0000\ 1000
\end{array}
$$

3) 자리 올림이 발생하면 캐리를 버림: 0000 1000 (+8)

감수와 피감수가 반대인 경우에 대해 보수를 이용한 가산 방식으로 감산해
보자.

피감수가 감수보다 작은 2진수의 보수 감산 방식

$$0011\ 0101(53) - 0011\ 1101(61)$$

1) 감수의 2의 보수:
    $(1111\ 1111 - 0011\ 1101) + 1 = (1100\ 0010) + 1 = 1100\ 0011$

2) 피감수 + 보수:

$$
\begin{array}{r}
0011\ 0101 \\
+\ 1100\ 0011 \\
\hline
=\ 1111\ 1000
\end{array}
$$

3) 자리 올림이 발생하지 않으면 2의 보수를 계산하고 부호를 변경한다.

$$(1111\ 1111 - 1111\ 1000) + 1 = -(0000\ 1000)$$

위 2진수 감산의 두 번째 예에서는 $-(0000\ 1000) = -(8)$과 같이 크기에 부
호가 표기된 방식으로 결과가 나타난다. 그러나 **컴퓨터 시스템에서는 음수를 2의
보수로 표현하므로 마지막 단계 3)의 보수 변환이 필요 없다.** +8의 음수 표현인 2의
보수를 계산하면,

    0000 1000의 2의 보수: $(1111\ 1111 - 0000\ 1000) + 1 = 1111\ 1000$

이 되기 때문이다. 또한, 큰 수에서 작은 수를 빼는 2진수의 첫 번째 예에서도 캐리가 발생되지만, 8-비트인 경우 9번째 비트는 저장할 수 없으므로 자동으로 버려진다. **2진수에서 보수를 이용한 감산은 조건 없이 보수 연산과 덧셈으로 계산할 수 있으므로 매우 간단하고** 10진수의 보수 이용 감산 방법에서 3)번 처리를 수행하지 않아도 된다. 이는 **2의 보수로 음수를 표현하는 2진수에만 해당되는 특징**이므로 다른 진수에서는 10진수에서 사용하는 방법을 적용해야 한다.

2진수에서 보수를 이용한 감산 방법

1) 감수의 보수를 계산
2) 피감수와 보수를 덧셈(캐리가 발생하면 자동으로 버려지고
   그렇지 않으면, 결과 자체가 2의 보수로 표현된 음수임)

참고로 2의 보수에 대한 특징을 하나 더 설명한다. 우리는 2의 보수로 표현된 음수 값에 대응하는 양수를 확인하기 힘들므로 음수-양수 변환을 자주 수행한다. 양수-음수 변환 과정이 1의 보수를 먼저 구한 후 1을 더했으므로 음수-양수 변환은 그 역순으로 1을 먼저 빼고 1의 보수를 구해야 한다고 생각해 아래와 같이 수행할 것이다.

2진수 양수-음수의 변환

- 0000 1000(+8)의 양수-음수 변환 과정
    1의 보수: (1111 1111 − 0000 1000) = 1111 0111
    덧셈: 1111 0111 + 1 = 1111 1000(−8)

- 1111 1000(−8)의 변환 역과정
    뺄셈: 1111 1000 − 1 = 1111 0111
    1의 보수: (1111 1111 − 1111 0111) = 0000 1000(+8)

그러나 음수 −8에서 바로 2의 보수를 수행하면 아래와 같이 동일한 결과를 얻는다.

ㆍ 1111 1000(−8)의 2의 보수 변환 과정

   1의 보수: (1111 1111 − 1111 1000) = 0000 0111

   덧셈: 0000 0111 + 1 = 0000 1000(+8)

위의 과정이 2의 보수 체계의 특징으로 음수에 대한 양수 계산을 위해 역과정과 같이 연산의 순서를 바꿔 적용할 필요가 없다. **2의 보수 계산 기법 하나만으로 양수-음수 변환 및 음수-양수 변환이 가능**하다. 이런 장점들 때문에 디지털 시스템에서는 감산 계산과 음수 표기를 2의 보수 방식을 채택하여 사용한다.

예제 1.6 아래 수들에 대한 감산 A-B 및 B-A를 보수 이용 방법으로 계산하고 2진수로 표기된 결과 값은 10진수로 얼마인지 표시하라.

(a) A = $[72{,}689]_{10}$, B = $[5{,}284]_{10}$

(b) A = $[0100\ 0011]_2$, B = $[0010\ 0011]_2$

[풀이 및 해답]

(a) A − B(자릿수: 5)

ㆍ B의 보수: (99,999 − 5,284) + 1 = 94,716

ㆍ A + (B의 보수): 72,689 + 94,716 = 167,405

ㆍ A − B: 67,405

B − A

ㆍ A의 보수: (99,999 − 72,689) + 1 = 27,310

ㆍ B + (A의 보수): 5,284 + 27,310 = 32,594

ㆍ {B + (A의 보수)}의 보수: (99,999 − 32,594) + 1 = 67,405

ㆍ B − A: −67,405

(b) A − B(자릿수: 8), A = $[67]_{10}$, B = $[35]_{10}$

ㆍ B의 보수: (1111 1111 − 0010 0011) + 1 = 1101 1101

ㆍ A + (B의 보수): 0100 0011 + 1101 1101 = 1 0010 0000

ㆍ A − B: 0010 0000 (+32)

B − A

- A의 보수: $(1111\ 1111 - 0100\ 0011) + 1 = 1011\ 1101$
- B + (A의 보수): $0010\ 0011 + 1011\ 1101 = 1110\ 0000$
- B − A: $1110\ 0000$
- (B − A)에 대응하는 양수 값을 알기 위한 2의 보수 계산:

  $(1111\ 1111 - 1110\ 0000) + 1 = 0010\ 0000 = +[32]_{10}$

  그러므로 $1110\ 0000 = -[32]_{10}$임

 ## 1.7 다양한 2진 코드

모든 형태의 시스템은 입력 신호를 처리하여 출력 신호로 전달한다. 특히 디지털 시스템은 입출력을 2진수 비트 열(bit sequence)로 표현해 처리하므로 신호라는 표현보다 자료(data)라는 말을 주로 사용한다. 2진수로 이루어진 일련의 비트 열은 숫자와 문자 같은 기호와 소리, 빛, 온도 및 기압 등과 같은 물리적 상태가 전압의 형태로 변환된 값 등에 **특정 부호(code)를 부여**하였다고 해서 **2진 코드(binary code)**라고 일컫는다. 그러므로 코드를 할당하는 대상의 개수에 따라 다양한 길이 2진수 코드가 있으며, 4-, 8-, 16-bit 혹은 그 이상의 길이가 존재한다. 4-bit는 니블(nibble), 8-bit는 바이트(byte), 16-bit는 워드(word)라고 한다.

최근의 컴퓨터에선 64-비트 CPU가 보편화되었으므로 32-비트 이상의 길이인 경우 32-비트 또는 64-비트와 같이 숫자를 그대로 표현한다. 이 절에서는 전통적으로 많이 사용되는 2진 코드에 대해 알아보자.

BCD 코드

사람은 10진수에 익숙하지만 디지털 시스템은 2진수를 사용한다. 그러므로 10진수 체계를 2진수 시스템에서 취급하기 위해 **10진수 한 자리(1-digit) 숫자를 2진수로 표현한 2진 코드**를 주로 사용하였는데, 이를 BCD(binary code for decimal) 코

표 1.4 다양한 BCD 코드

10진수	8421	Excess-3	2421	84-2-1
0	0000	0011	0000	0000
1	0001	0100	0001	0111
2	0010	0101	0010	0110
3	0011	0110	0011	0101
4	0100	0111	0100	0100
5	0101	1000	1011	1011
6	0110	1001	1100	1010
7	0111	1010	1101	1001
8	1000	1011	1110	1000
9	1001	1100	1111	1111

드라고 한다.

10진수는 1.2절 수 체계에서 언급했듯 0 ~ 9까지 10개의 기호를 사용하므로 각 심볼에 부호를 1:1 사상(mapping)하려면 4-bit가 필요하다. 왜냐하면 3-bit는 $8(2^3)$개까지 표현 가능하므로 $16(2^4)$개까지 표현 가능한 4-bit를 사용해야 한다. 그 결과 4-bit로 표현할 수 있는 전체 16개 코드 중 10개만 이용하며, 불필요한 6개는 사용하지 않는다. 다시 정리하면, BCD 코드는 표 1.4에서 보인 것처럼 **10진수 한 숫자당 4-비트를 할당한 2진 코드**이다.

BCD의 가장 대표적인 코드가 8421 코드이다. 이 명칭은, 2진수 1010을 정수 표기법으로 정리할 때 다음과 같이 표현되며,

$$1010 = 1 \times 2^3 + 0 \times 2^2 + 1 \times 2^1 + 0 \times 2^0 = 1 \times 8 + 0 \times 4 + 1 \times 2 + 0 \times 1$$

각 비트 자리에 대한 기수의 멱승을 10진수로 나타내면 8421이 되기 때문에 붙여진 이름이다. 예를 들어 10진수 357을 BCD 8421 코드로 표현하면 (0011 0101 0111)이 된다.

두 번째 BCD 코드는 **3-초과(excess-3) 코드**로서 8421에 **3(0011)이 더해져 값이 초과**하였다는 것을 의미한다. 컴퓨터 환경에서는 코드 길이에 따라 다른 형식의 초과 코드도 사용되는데, 실수 표현 방식인 부동 소수점 방식의 지수부 표기에서는 127-초과 코드를 쓰고 있다. 이 3-초과 코드는 **0-9, 1-8, 2-7, 3-6, 4-5**가 각각

쌍으로 **1의 보수 관계**에 있다는 특징을 갖는다. 이 코드의 0111(4)에 1의 보수를 취하면 0과 1이 바뀌어 1000(5)가 된다. 3-초과 코드가 내부 코드들 간의 보수 연산으로 획득되기 때문에 이것을 **자기 보수(self complement)** 코드라고 한다.

세 번째 BCD 코드는 8421 코드를 자기 보수 코드로 만들기 위해 MSB인 $8(2^3)$의 자리 크기를 $2(2^1)$로 설정한 2421 코드이다. 이 코드는 크기 2인 비트 위치가 두 곳에 있으므로 0010(2), 1000(2), 0011(3), 1001(3), 0100(4), 1010(4) 등 2 ~ 7까지 하나의 크기 값이 여러 코드로 나타날 수 있지만, 0 ~ 4까지는 MSB가 0이고, 5 ~ 9까지는 MSB가 1이면서 자기 보수가 되도록 구성한 코드이다.

마지막 코드는 84-2-1 코드인데, 이 코드 또한 자기 보수 코드이고 2421처럼 MSB가 양분되도록 만들기 위해 하위 두 비트를 음수 크기인 −2와 −1로 할당한 코드이다. 그러므로 8421 코드를 제외하고는 모두 자기 보수 코드이다.

BCD 코드의 가산법

BCD 코드에서도 10진수처럼 덧셈이 가능한데, 가장 단순한 8421 코드를 사용하여 덧셈 연산을 해보자. 4-비트를 사용하는 2진 코드는 10 ~ 15까지 표현이 가능하지만 BCD 코드에서 이들은 자릿수가 2자리이므로 표 1.5의 '8421 표기'와 같이 각 숫자당 4-비트인 전체 8-비트로 표현되어야 한다. 이 8-비트 코드를 2진수로 환산하면 값이 순수 2진 코드와 6씩 차이가 나므로 **2진수 덧셈 연산에서 10이 초과되면 강제로 6(0110)을 더해주면 된다.**

표 1.5   8421 코드의 미사용 코드

2진 코드	10진수	8421 표기	8421 표기의 10진수 변환 값
1010	10	0001 0000	16
1011	11	0001 0001	17
1100	12	0001 0010	18
1101	13	0001 0011	19
1110	14	0001 0100	20
1111	15	0001 0101	21

아래의 예와 같이 10진수 357 + 264를 BCD 코드로 변환하고 자리 올림까지 고려하여 2진수 덧셈을 수행하면, 1의 자리와 10의 자리에서 1011과 1100으로 모두 9를 초과하는 값이 나오므로 추가로 6을 더해 최종 결과를 얻는다. 그런데 이 예에서 10진수 덧셈과 BCD 코드의 2진 덧셈에서의 한 가지 차이점이 캐리 발생 시기이다. 10진수 덧셈의 경우 1의 자리와 10의 자리에서 바로 캐리가 발생하지만, BCD 코드의 2진수 덧셈에서는 캐리가 발생하지 않았으나 9를 초과한 경우에 해당되어 추가로 6을 더하는 과정에서 캐리가 발생하였다.

	BCD				10진수		
캐리		1	1			1	1
피가수		0011	0101	0111		3	5	7
가수	+	0010	0110	0100	+	2	6	4
덧셈 결과	=	0101	1100	1011	=	6	2	1
9 초과 +6			0110	0110				
결과		0110	0010	0001		6	2	1

다른 예로 BCD 코드의 2진 덧셈에서 바로 캐리가 발생하는 경우를 살펴보자. 한 자리에서의 10진수 합이 15를 초과하면 4-비트 표현 범위를 넘게 되므로 10진수 99 + 99를 BCD 코드로 더해보자.

	BCD				10진수		
캐리		1	1			1	1
피가수			1001	1001			9	9
가수	+		1001	1001	+		9	9
덧셈 결과	=	0001	0011	0010	=	1	9	8
9초과 +6			0110	0110				
결과		0001	1001	1000		1	9	8

표에서 밑줄 표시된 1의 자리와 10의 자리의 결과만 보면 0010과 0011로 9를 초과하지 않은 것처럼 보여 추가로 +6 연산을 하지 않을 수도 있다. 그러나 이 경우는 1의 자릿수 2진 덧셈(9 + 9 = 18)이 15를 초과하여 1 0010으로 5-비트가 되면서 다음 자리의 캐리 1 0000(16)과 나머지 0010(2)으로 분리된 것이다. 마찬가지로 10의 자릿수도 2진 덧셈이 피가수 9, 가수 9 그리고 캐리 1이 합해져 19가 나온 것인데, 나음 사리의 캐리 1 0000(16)과 나머지 0011(3)로 나누어진 것이다. 그러므로 **BCD 코드의 덧셈**에서는 초기 피가수와 가수의 **2진 덧셈에서 발생된 캐리와 10(1010) ~ 15(1111)에 해당되어 추가로 +6 덧셈을 수행하면서 발생하는 캐리까지 고려**하여야 한다. 모두 합이 10이상인 경우이지만, 계산 중 캐리 발생 시점이 달라 실수할 가능성이 크다는 것이다.

그렇다면 8421 BCD 코드의 한 자리에서 나올 수 있는 덧셈 최고의 숫자는 얼마일까? 위 예제에서 본 피가수 9 + 가수 9 + 캐리 1인 경우로 최대 19까지이다. 표 1.6에는 BCD 덧셈의 결과에서 추가로 +6 연산이 필요한 경우를 10진수 값으로 표현하였다. 여기에는 10 ~ 19까지 해당되며, 2진 코드 결과가 0000 ~ 0011(0 ~ 3)이라 할지라도 캐리가 발생하였는지 확인하기 바란다.

표 1.6 8421 코드 덧셈에서 +6 연산이 필요한 경우

10진수	2진 덧셈 결과	캐리 발생 시기
10	0 1010	
11	0 1011	
12	0 1100	+6 추가 덧셈 시
13	0 1101	
14	0 1110	
15	0 1111	
16	1 0000	
17	1 0001	초기 2진 덧셈 시
18	1 0010	
19	1 0011	

예제 1.7 8421 BCD 코드로 798 + 672 연산을 수행하라.

`풀이 및 해답`

	BCD				10진수			
캐리		⎮	1	⎮		1	1	1
피가수		0111	1001	1000		7	9	8
가수	+	0110	0111	0010	+	6	7	2
덧셈 결과	=	1110	0000	1010	= 1	4	7	0
9초과 +6		0110	0110	0110				
결과	0001	0100	0111	0000		1	4	7	0

캐리의 연산

예제 1.7의 캐리 행에서 검은색 표기는 초기 덧셈에서 발생한 캐리이며 덧셈 결과에 캐리가 이미 반영되었으므로 추가 덧셈 결과 +6 연산만 수행하면 된다. 파란색 캐리는 추가 +6 연산에서 발생하였으므로 캐리 + 덧셈 결과 +6 연산을 모두 계산해야 한다.

ASCII 코드

BCD 코드는 10진 숫자 표기에만 사용된다. 문자를 표현하는 코드로는 1967년 **미국 표준협회**에서 전신/전보(electrical telegraph) 시스템의 상호 정보 교환을 위해 제정한 **ASCII(American standard code for information interchange) 코드**가 가장 대표적이다.

아스키코드는 현재 모든 시스템에서 문자를 표현하는 데 사용되고 있다. 제어 문자, 특수 문자 그리고 영문자 및 숫자(alphanumeric)를 포함하여 총 128개를 표현하므로 길이가 7-비트인 2진 코드이다. 그러나 컴퓨터와 같은 디지털 시스템에서는 **데이터 길이가 8-비트 단위**이므로 현재에는 세계표준기구 ISO(international standard organization)에서 개정한 **8-비트 256개의 확장 아스키(extended ASCII) 코드**를 사용하고 있다.

표 1.7 확장 ASCII 코드 표

| ASCII(7-bit) | | | | | | | | Extended ASCII(8-bit) | | | | | | | |
| 제어 문자 | | 인쇄 가능 문자 | | | | | | ISO 8895-1/ISO Latin-1 | | | | | | | |
번호	기호	번호	기호	번호	기호	번호	기호	번호	기호	번호	기호	번호	기호	번호	기호
0	NUL	32	SP	64	@	96	`	128	€	160	á	192	À	224	à
1	SOH	33	!	65	A	97	a	129	ü	161	¡	193	Á	225	á
2	STX	34	"	66	B	98	b	130	,	162	¢	194	Â	226	â
3	ETX	35	#	67	C	99	c	131	ƒ	163	£	195	Ã	227	ã
4	EOT	36	$	68	D	100	d	132	„	164	¤	196	Ä	228	ä
5	ENQ	37	%	69	E	101	e	133	…	165	¥	197	Å	229	å
6	ACK	38	&	70	F	102	f	134	†	166	¦	198	Æ	230	æ
7	BEL	39	'	71	G	103	g	135	‡	167	§	199	Ç	231	ç
8	BS	40	(	72	H	104	h	136	^	168	¨	200	È	232	è
9	HT	41	)	73	I	105	i	137	‰	169	©	201	É	233	é
10	LF	42	*	74	J	106	j	138	Š	170	ª	202	Ê	234	ê
11	VT	43	+	75	K	107	k	139	‹	171	«	203	Ë	235	ë
12	FF	44	,	76	L	108	l	140	Œ	172	¬	204	Ì	236	ì
13	CR	45	-	77	M	109	m	141	ì	173		205	Í	237	í
14	SO	46	.	78	N	110	n	142	Ž	174	®	206	Î	238	î
15	SI	47	/	79	O	111	o	143	Å	175	¯	207	Ï	239	ï
16	DLE	48	0	80	P	112	p	144	É	176	°	208	Ð	240	ð
17	DC1	49	1	81	Q	113	q	145	'	177	±	209	Ñ	241	ñ
18	DC2	50	2	82	R	114	r	146	'	178	²	210	Ò	242	ò
19	DC3	51	3	83	S	115	s	147	"	179	³	211	Ó	243	ó
20	DC4	52	4	84	T	116	t	148	"	180	´	212	Ô	244	ô
21	NAK	53	5	85	U	117	u	149	•	181	µ	213	Õ	245	õ
22	SYN	54	6	86	V	118	v	150	-	182	¶	214	Ö	246	ö
23	ETB	55	7	87	W	119	w	151	—	183	·	215	×	247	÷
24	CAN	56	8	88	X	120	x	152	~	184	¸	216	Ø	248	ø
25	EM	57	9	89	Y	121	y	153	™	185	¹	217	Ù	249	ù
26	SUB	58	:	90	Z	122	z	154	š	186	º	218	Ú	250	ú
27	ESC	59	;	91	[	123	{	155	›	187	»	219	Û	251	û
28	FS	60	<	92	₩	124	|	156	œ	188	¼	220	Ü	252	ü
29	GS	61	=	93	]	125	}	157	¥	189	½	221	Ý	253	ý
30	RS	62	>	94	^	126	~	158	ž	190	¾	222	Þ	254	þ
31	US	63	?	95	_	127	DEL	159	Ÿ	191	¿	223	ß	255	ÿ

표 1.7에 표시된 0 ~ 127번까지의 코드는 기존의 아스키코드, 128 ~ 255번까지는 확장 아스키코드이다. 편의상 코드 번호를 2진수로 표기하지 않고 10진수로 표시하였으며, 코드 0 ~ 31은 제어 문자로 주로 통신 프로토콜*에 사용된다. 32 ~ 127은 인쇄 가능한 문자들이며, 이 중 32번은 공백(space) 문자, 127번은 지움(delete) 문자이다. 나머지 128 ~ 255는 8-비트로 확장되면서 라틴 문자와 특수 문자가 많이 포함되었다.

통신 프로토콜

통신 프로토콜(protocol)이란 상호 통신 시 송신 측과 수신 측이 서로 약속한 규약/규칙이다.

그레이 코드

마지막으로 소개할 2진 코드는 그레이(gray) 코드로서 **통신의 효율성을 높이기 위해 고안된 코드**이다. 전압과 같은 아날로그 신호를 디지털 신호로 변환하여 전송할 경우, 인접 표본 값이 연속적으로 변화되므로 전송되는 이웃 값이 **1씩 차이 나는 경우**가 매우 빈번하게 발생한다. 그레이 코드는 특히 **디지털 병렬 전송 환경**에서의 효율성을 극대화한다.

그림 1.6과 같이 송신기(transmitter, Tx)와 수신기(receiver, Rx)가 병렬로 데이터를 전달한다고 할 때, 다수 위치의 비트 값이 변경된다면 많은 송신 선로의 값이 자주 변경되어 이를 제어해야만 한다. 그러나 인접한 값들이 1-비트씩만 변화된다면 변화율이 낮고 제어가 용이할 것이다.

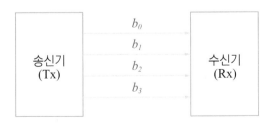

그림 1.6 **병렬 전송 환경**

표 1.8 2진 코드와 그레이 코드

10진수	2진 코드 $(b_3b_2b_1b_0)$	그레이 코드 $(g_3g_2g_1g_0)$	10진수	2진 코드 $(b_3b_2b_1b_0)$	그레이 코드 $(g_3g_2g_1g_0)$
0	0000	0000	8	1000	1100
1	0001	0001	9	1001	1101
2	0010	0011	10	1010	1111
3	0011	0010	11	1011	1110
4	0100	0110	12	1100	1010
5	0101	0111	13	1101	1011
6	0110	0101	14	1110	1001
7	0111	0100	15	1111	1000

표 1.8에 4-비트의 2진 코드와 그에 상응하는 그레이 코드를 나타내었다. 2진 코드와 달리 **그레이 코드는 인접한 수의 코드에서 반드시 1-비트의 변화만 발생**한다. 예를 들어, 2진 코드에서 1-2, 3-4, 7-8에서의 변화 비트를 고려해보자. 2진 코드로 보면 0001-0010(하위 2-비트 변화), 0011-0100(하위 3-비트 변화), 0111-1000(모든 비트 변화)에서 많은 변화가 발생한다. 특히, 2의 멱승인 수로 변화할 경우 가장 심하다.

그러나 같은 경우의 그레이 코드를 보면, 0001-0011(1-비트 변화), 0010-0110(1-비트 변화), 0100-1100(1-비트 변화)와 같이 항상 1-비트의 변화만 있다. 그러므로 1.1절 신호의 종류에서 봤듯 그림 1.1(a)와 같은 **아날로그 신호를 디지털로 변경**하여 전송하는 경우, **신호 값이 1씩 변화**되거나 유지되는 경우가 많으므로 그레이 코드를 사용하면 **전송 효율이 극대화**된다.

2진 코드와 그레이 코드 간 변환의 논리 연산(logic operation)에는 배타적 논리합(XOR)*이 사용된다.

배타적 논리합 XOR

XOR(exclusive logical OR)를 EOR라고도 부른다.

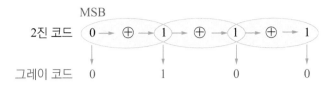

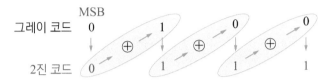

그림 1.7 2진 코드와 그레이 코드 변환 기법: (a) 그레이 코드 계산, (b) 2진 코드 계산

표 1.9에 나타낸 **XOR 연산은 두 개의 비트가 서로 다를 때 결과가 1**이 되므로 서로 다른 경우 배척한다는 의미의 논리 연산이며 기호로 ⊕을 사용한다. 그림 1.7에 각 코드 간 변환 기법을 도식적으로 표시하였다. MSB는 그대로 유지되지만 하위 비트 계산에 사용되는 비트는 서로 다르다. 예로써 2진수 7에 해당하는 0111이 그레이 코드 0100으로 계산되고 그 반대 연산으로 다시 0100에서 0111로 되돌아오는 것을 알 수 있다.

표 1.9 배타적 논리합 연산

x	y	XOR($x \oplus y$)
0	0	0
0	1	1
1	0	1
1	1	0

예제 1.8 2진 코드 1111을 그레이 코드로 변환하라.

풀이

2진 코드	1	→⊕→	1	→⊕→	1	→⊕→	1
	↓		↓		↓		↓
그레이 코드	1		0		0		0

해답 1000

1.8 논리 연산과 게이트

기본 논리 연산

디지털 시스템을 설계하려면 원하는 결과가 나오게 데이터를 처리하는 연산이 필요하다. 논리 연산에서는 디지털 값 **1과 0**으로 **참(true)과 거짓(false)**을 표현하므로 이 값을 **논리 값**이라고 한다. 이 논리 값을 처리하는 가장 **기본적인 논리 연산 (basic logic operation)**으로 **부정(NOT)**, **논리곱(logical AND)** 그리고 **논리합(logical OR)** 연산이 있다. 앞 절에 나왔던 XOR 연산도 많이 이용되므로 기본 논리 범주로 분류하는 경우도 있지만, 전통적으로는 기본 논리를 이용해 구성할 수 있으므로 **부수적(secondary) 논리 연산**으로 보는 것이 타당하다.

위의 세 가지 기본 연산을 이용하면 모든 디지털 시스템을 구현할 수 있으며, 각 연산의 결과 논리 값을 표 1.10에 나타내었다. 여기서 **논리 변수(logical variable)** x 또는 y를 논리 문자라는 개념의 **리터럴(literal)**이라고 표현한다.

리터럴이 0이면 거짓(false), 1이면 참(true)이므로 부정 연산은 0과 1이 바뀌는데, 1의 보수 연산과 같다는 의미에서 디지털 환경에서는 **부정**을 '**컴플리먼트 (complement)**'라고도 많이 부른다.

부정 연산자는 리터럴에 바(bar, ‾)나 프라임(prime, ′) 부호를 붙여 표기한다. 논리곱 연산은 x가 참이고(and) y도 참인 경우만 결과가 참이므로 AND 연산이라 하고 연산자 기호로 점(dot, ·)을 사용한다. 논리합 연산은 x가 참이거나(or) y가 참일 때, 다시 말해 두 리터럴 중 하나 이상이 참이면 전체가 참이므로 OR 연

표 1.10 기본 논리 연산의 진리표

x	NOT ($\bar{x}$ 또는 x')	x	y	AND ($x \cdot y$)	x	y	OR ($x+y$)
0	1	0	0	0	0	0	0
1	0	0	1	0	0	1	1
		1	0	0	1	0	1
		1	1	1	1	1	1

산이라 하고 연산자 기호는 +를 사용한다. 식으로 정리하면 아래와 같다.

$$x \cdot y = 1, \text{ where } x = 1 \text{ and } y = 1$$
$$x + y = 1, \text{ where } x = 1 \text{ or } y = 1$$

표 1.10과 같이 논리 변수의 모든 경우에 대해 참과 거짓을 표 형식으로 작성한 것을 **진리표(truth table)**라고 한다. 여기서 AND 연산을 다른 관점에서 분석하면, 두 입력(x, y) 중에서 최소(minimum)의 항(term)을 출력하는 특징이 있다. 다시 말해 0과 0 중 최소는 0($0 \cdot 0 = 0$), 0과 1중 최소는 0($0 \cdot 1 = 0$), 1과 1중 최소는 1($1 \cdot 1 = 1$)이다. 따라서 **AND 연산**을 **최소항(minterm) 연산자**라고 부른다. **OR 연산** 역시 같은 방식으로 보면 최대(maximum) 항을 출력하는 특징이 있으므로 **최대항(maxterm) 연산자**라고 부른다.

기본 논리 게이트의 기호

일반적으로 전자 시스템(electronic system)은 부품(component)에 대해 약속된 기호를 사용하여 회로(circuit)도로 표현한다. 이와 마찬가지로, 디지털 시스템을 논리 회로(logic circuit)로 표기하고 사용하기 위해서 각 논리 연산자에 맞는 기호가 정의되어야 한다. 그림 1.8은 각 기본 논리 연산자에 대한 기호이며, 이것을 **논리 게이트(logic gate)**라고 부른다.

각 게이트에 대해 전기적 파형으로 표현된 동작을 살펴보면 그림 1.9와 같고, 표 1.10의 진리표와 비교할 때 동일한 결과를 나타낸다. 디지털 논리 0과 1을 전기적 신호로 표현할 때, 보편적으로 낮은 전압은 0V, 높은 전압은 +5V 직류 전압을 사용하므로 일정 시간 전압이 유지되는 구형파(square wave)가 된다. 이 파형은 순간적으로 전압 및 전류가 맥파처럼 흐른다는 의미에서 펄스(pulse)라고 한다.

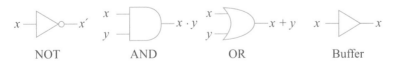

그림 1.8 **기본 논리 게이트와 버퍼의 기호**

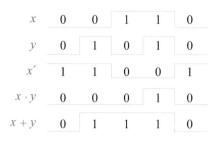

x	0	0	1	1	0
y	0	1	0	1	0
x'	1	1	0	0	1
$x \cdot y$	0	0	0	1	0
$x + y$	0	1	1	1	0

그림 1.9 **기본 논리 게이트의 신호적 동작**

먼저 NOT 게이트의 출력 파형은 입력 x의 논리 레벨을 반전시키는 결과를 가져오므로 **인버터(inverter)**라고도 한다. 출력 쪽의 원 기호가 부정의 의미를 가지며, 원기호가 없는 마지막 **버퍼(buffer)** 게이트는 인버터와 비교하기 위해 추가한 것으로, 입력 논리 값이 연산 작용 없이 그대로 출력되어 나오므로 **기본 논리 연산 게이트는 아니다.** 그러나 실제 디지털 회로에서 논리 '1'에 해당하는 높은 전압이 여러 전기 소자를 통과하면서 전압이 약해질 수 있고, 그림 1.2에 본 것과 같이 논리 '1'로 인식되는 구간 아래로 내려오면 오동작을 일으킬 수 있다. 이런 환경에서 버퍼를 사용하면, 같은 논리 '1' 구간이지만 낮아진 전압을 높게 유지시켜 줌으로써 시스템의 신뢰성을 높일 수 있다. 이 경우는 논리 값을 강하게 하면서 반복시키기 때문에 반복기(repeater)라고도 부른다. AND 게이트는 두 입력 모두 1인 경우 출력이 1이 되고, OR 게이트는 두 입력 모두 0인 경우 0이 된다.

1.9 게이트 구현 원리

스위치 모델

논리 게이트는 무엇으로 구현될까? 결론부터 이야기하면 **스위치(switch) 기능**을 하는 **전기 소자**로 만들어진다. 전기적 스위치는 기계식에서 진공관 형태로 변화되었고, 진공관 시대인 1946년에 ENIAC(electronic numerical integrator and calculator)이라는 인류 최초의 컴퓨터가 탄생하였다. 이후 반도체(semi-conductor)가 개발되면서 소형화된 전자 스위치 소자가 탄생했다. 반도체 스위치는 2-단자

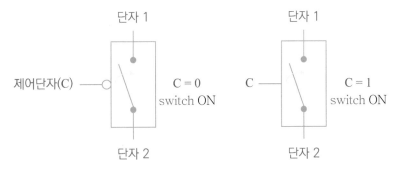

그림 1.10 　트랜지스터를 이용한 스위치 소자 개념도

를 갖는 다이오드(diode)와 3-단자를 갖는 트랜지스터(transistor) 소자가 있지만, 스위치의 ON/OFF를 별도의 제어 단자로 손쉽게 조작할 수 있는 트랜지스터 소자를 주로 사용한다.

　그림 1.10은 트랜지스터로 구현되는 스위치 개념도이다. 제어단의 전압이 낮을 때(논리 0일 때) ON 되는 것과 높을 때(논리 1일 때) ON 되는 두 가지 형태(type)가 있다. 제어 단자의 논리가 0일 때 스위치가 ON 되는 왼쪽 스위치에는 제어 단자에 원이 그려져 있다. 이는 높은 전압에서 ON 되는 스위치를 낮은 전압인 0인 경우에 스위치를 켜기 위해 전압을 1로 바꾼다는 의미이지만, 반전을 생각하지 않고 입력 신호 관점에서 보면 **입력 신호의 레벨이 낮을 때 동작**한다고 해서 **low enable 스위치**라고 한다. 실제 낮은 전압에서 켜지는 스위치는 전압 반전 없이 ON 된다.

반도체 스위치 소자

전기적 극성을 가지는 반도체는 양전하(+)인 정공(hole)을 많이 포함한 p-형(positive-type)과 음전하(−)인 전자(electron)를 많이 가진 n-형(negative-type)이 있다. 이 극성 반도체를 제조하는 방식에 따라 쌍극성 접합 트랜지스터(BJT: bipolar junction transistor)와 전계 효과 트랜지스터(FET: field effect transistor)로 만들 수 있다. FET가 성능이 뛰어나 더 많이 사용되며, 최근에는 FET의 개선된 다양한 트랜지스터가 개발되어 활용되고 있다.

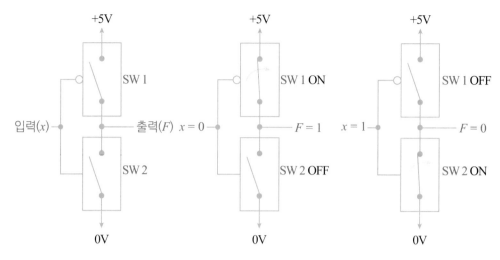

그림 1.11   NOT 게이트 스위칭 회로와 동작 예

기본 논리 게이트 스위치

앞서 설명한 스위치들을 이용해 논리 게이트를 구성하는 경우 그림 1.11처럼 동작 특성이 반대인 두 스위치의 제어 단자를 합치고 수직으로 쌓아 사용한다. 모든 전기적 시스템은 전원(power)을 연결해야 동작하므로 그림 1.11의 논리 게이트에 +5V(VCC)와 0V(접지, ground, GND)를 연결하면 동작 가능 상태가 되며, 이때 인가되는 전원을 바이어스(bias)라고 한다.

첫 번째 회로는 바이어스가 인가되어 준비(ready) 상태가 된 결선도이며, 제어 단의 입력에 의해 동작한다. SW1은 low enable 스위치이므로 두 번째 그림과 같이 입력(x)이 0(low)일 때 ON 되어 출력단(F)을 +5V(high) 전압과 연결되게 동작하여 출력을 $F = 1$로 만든다. 이때 SW2는 OFF 되어 회로에 영향을 미치지 못한다. 반대로 입력이 1일 때는 SW2가 ON 되고 출력단이 0V 접지와 연결되어 $F = 0$으로 만든다. 그러므로 이 논리 게이트는 입력을 인버팅하는 NOT 게이트이다.

다음으로 2-입력단을 가지는 AND 기본 논리 연산자를 구현해보자. 입력이 2개이므로 우리는 그림 1.11과 같은 스위치 쌍이 2개 필요하다는 것을 알 수 있다. 그렇다면 2개의 입력이 모두 1일 때 출력단이 +5V와 연결되어야 하므로 그림 1.12의 왼쪽과 같이 high enable 스위치들은 직렬연결(serial connection)되어

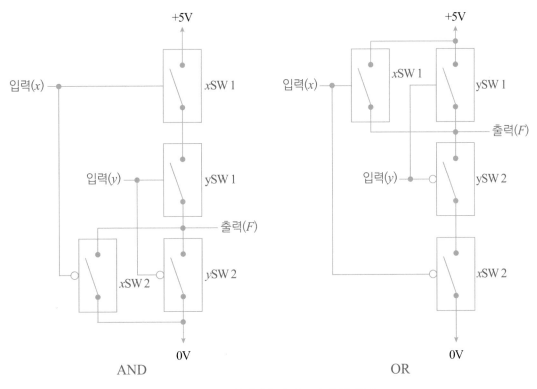

그림 1.12   AND와 OR 게이트 스위칭 회로

야 하고 low enable 스위치는 병렬 연결(parallel connection)되어야 한다. 이 경우 어느 하나의 입력이 0이면 +5V와의 연결은 끊어지고 0V와 연결되므로 출력은 0이 될 것이다.

그림 1.12의 두 번째 OR 게이트는 high enable 스위치가 병렬로 연결되어 있어 두 입력 중 하나만 1이라도 +5V와 연결되며, 두 입력 모두 0일 때만 아래의 직렬로 연결된 두 스위치가 ON이 되어 0V와 연결된다. 그러므로 그림 1.11과 그림 1.12와 같이 내부에 복잡한 트랜지스터 스위치로 결선되어 구현된 게이트를 우리는 간단히 그림 1.8의 게이트 기호로 표현해 사용한다.

1.10 논리 게이트 IC

하나의 논리 게이트를 만들려면 입출력의 개수에 따라 스위치 역할을 하는 트랜지스터가 많이 사용되며, 단일 게이트 하나를 만드는 것보다 반도체 기술로 여러 개의 게이트를 통합하여 **집적 회로(IC: integrated circuit)**로 제작하는 것이 효율적이다. 논리 IC는 74-계열(family)이 대표적이며 IC에 고유 번호를 붙여 구분한다. 일반적으로 74- 뒤에는 LS, ALS, HC, HCT, AHCT와 같은 영문자(최대 4개 문자)를 붙여 트랜지스터의 종류 및 특성 등의 세부 사항을 표기하고, 마지막에 2 ~ 5자리까지의 숫자 번호를 붙여 IC의 종류를 표시한다. 번호의 자릿수 차이는 입출력 개수와 범용 IC 기능의 차이를 나타낸다. 표 1.11에 많이 활용되는 단일 게이트 IC의 번호와 기능에 대한 예를 나타내었다.

IC의 외형은 그림 1.13(a)와 같은 인쇄 결선 기판(PWB)*에 관통해 양면으로 장착되는 이중 직렬 패키지(DIP:dual in-line package) 형식과 PWB 단면에 올려 납땜(soldering)되는 표면 실장 장치(SMD: surface mounte device) 형태 등 다양한 종류가 있지만, 내부 회로도는 동일하다. 참고로 그림 1.13(b)에 7404 NOT 게이트와 7408 AND 게이트의 내부 결선 연결을 보였다. IC 동작을 위해 제일 먼저

표 1.11 1-, 2-입력 74-계열 단일형 논리 게이트

부품 번호 (part number)	구분	논리 게이트	설명
74x34	Hex/1-input	Buffer	14-pin IC에 6개 내장
74x04		Inverter	
74x08	Quad/2-input	AND	14-pin IC에 4개 내장
74x32		OR	
74x00		NAND	
74x02		NOR	
74x86		XOR	
74x7266		XNOR	

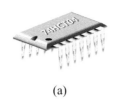

(a)

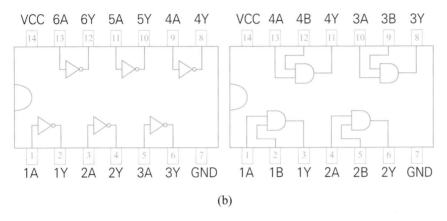

VCC	6A	6Y	5A	5Y	4A	4Y
14	13	12	11	10	9	8

1A	1Y	2A	2Y	3A	3Y	GND
1	2	3	4	5	6	7

VCC	4A	4B	4Y	3A	3B	3Y
14	13	12	11	10	9	8

1A	1B	1Y	2A	2B	2Y	GND
1	2	3	4	5	6	7

(b)

그림 1.13 74-계열 IC와 회로도: (a) DIP 형태 IC, (b) 7404와 7408 내부 결선

VCC 단에 +5V와 GND 단에 0V 바이어스를 인가해야 한다. 그 이후 결선에 따라 각 입력에 논리 값 전압을 인가해 사용하면 된다.

PWB와 PCB

인쇄 결선 기판(PWB: printed wire board)은 부품이 장착되지 않은 결선만 인쇄된 기판을 말하며, 부품이 부착되면 인쇄 회로 기판(PCB: printed circuit board)이라고 부른다.

하드웨어의 형태와 내부 결선도를 보았으니 논리 게이트를 사용할 수 있을 것이다. 그러므로 이제 설계 방법을 배운다면, 실제 IC로 논리 회로의 구현이 가능할 것이다. 2장부터 디지털 시스템을 설계할 수 있는 기본적인 수학 이론에서 출발하여, 문제를 표현하는 기법과 다양한 논리 회로의 구현 방법에 대해 학습한다.

원리로 쉽게 배우는 디지털 논리회로 설계

1. 신호의 종류와 변환 과정을 설명할 수 있다. ☐ ☐

2. 기수 변환을 할 수 있다. ☐ ☐

3. 기저 보수와 감소 보수를 계산할 수 있다. ☐ ☐

4. 보수를 이용한 감산을 할 수 있다. ☐ ☐

5. BCD 코드를 이해하고 8421, 3-초과, 2421, 84-2-1 원리를 ☐ ☐

   설명할 수 있다.

6. 10진수 가산을 8421 코드로 계산할 수 있다. ☐ ☐

7. 그레이 코드를 설명할 수 있고 변환할 수 있다. ☐ ☐

8. 기본 게이트 기호와 전기적 동작 파형을 그릴 수 있다. ☐ ☐

9. 스위치 모델로 구성된 기본 게이트의 동작을 설명할 수 있다. ☐ ☐

10. 74-시리즈 IC의 구조를 이해한다. ☐ ☐

절취선

학번		이름	

■ **Feedback**

※ 학습 내용 중 보충 설명이 필요하거나 학습 관련 문의 및 건의사항은 무엇인가요?

연습 문제

1.1 다음의 정수를 10진수로 변환하라.

    (a) $[2021]_3$

    (b) $[1143]_5$

    (c) $[126]_7$

    (d) $[157]_9$

1.2 10진수 254를 2진수, 8진수 및 16진수로 변환하라.

1.3 아래의 실수를 10진수로 변환하라.

    (a) $[1100\ 0010.011]_2$

    (b) $[173.24]_8$

    (c) $[FF.88]_{16}$

1.4 아래 두 10진수에 대해 다음 연산을 수행하라.

    $N = 76{,}483 \qquad M = 1{,}985$

    (a) 두 수의 감소 보수와 기저 보수

    (b) 보수를 이용한 감산: $N - M$

    (c) 보수를 이용한 감산: $M - N$

1.5 아래 두 5진수에 대해 다음 연산과 지시를 수행하라.

    $N = 423 \qquad M = 120$

    (a) 두 수의 감소 보수와 기저 보수

    (b) 보수를 이용한 감산: $N - M$

    (c) 보수를 이용한 감산: $M - N$

    (d) 두 수를 10진수로 변환하여 (b)와 (c)의 결과를 확인하라.

1.6 아래 두 2진수에 대해 다음 연산과 지시를 수행하라.

    $N = 0100\ 1101 \qquad M = 0010\ 0101$

    (a) 두 수의 감소 보수와 기저 보수

    (b) 보수를 이용한 감산: $N - M$

(c) 보수를 이용한 감산: $M - N$

(d) 두 수를 10진수로 변환하여 (b)와 (c)의 결과를 확인하라.

1.7 $[163475]_8$의 감소 보수와 기저 보수를 계산하라.

1.8 아래 두 10진수에 대해 다음 지시를 수행하라.

$$N = 6{,}989 \qquad M = 1{,}984$$

(a) 두 수를 BCD 8421 및 3-초과 코드로 표시하라.

(b) 8421 코드로 $N + M$을 수행하라.

참고 문헌

1. Alan V. Oppenheim, John R. Buck, Ronald W. Schafer, *Discrete-Time Signal Processing 2nd Edition*, Pearson Education, 1998.

2. Michael D. Ciletti, M. Morris R. Mano, *Digital Design 6th Edition*, Pearson Education Ltd., 2018.

3. Avtar Singh, S. Srinivasan, *Digital Signal Processing Implementations: Using DSP Microprocessors 1st Edition*, Thomson Learning, 2003.

4. Rao K. Venkata, Sudha K. Rama, Rao G. Manmadha, *Pulse and Digital Circuits*, Pearson Education, 2010.

5. ISO/IEC JTC 1-SC 2-WG 3, *Final Text of DIS 8859-1, 8-bit single-byte coded graphic character sets-Part 1: Latin alphabet No. 1*, 1998.

6. Bernard Sklar, *Digital Communications: Fundamentals and Applications 2nd Edition*, Pearson Education, 2009.

7. Jaakko T. AstolaRadomir S. Stanković, *Fundamentals of Switching Theory and Logic Design-A Hands on Approach*, Springer, 2006.

원리로 쉽게 배우는 디지털 논리회로 설계

2장

부울 대수와
부울 함수

2.1 부울 대수

대수 법칙

수학(mathematics)은 인류 역사와 함께 발전한 학문 분야로서 사회과학, 자연과학, 공학 등의 학문 분야에서 수, 양 및 공간의 개념을 공식화하고 연산을 가능케 하여 해결하고자 하는 문제를 보편성 있게 표현하고 체계적으로 해결할 수 있게 돕는 학문이다.

우리가 일반적으로 알고 있는 대수(algebra)는 자연수를 원소(element)로 주로 사칙 연산자(four fundamental operator)의 계산을 다루는 분야이며 여러 개의 공리와 정리*를 사용한다. 우리가 증명하고 싶은 가설을 문장이나 식으로 명확하게 표현한 것을 명제(proposition)라고 하는데, 이 명제의 참을 판단할 때 증명의 필요 유무에 따라 공리와 정리로 구분된다.

공리와 정리

공리(axiom)는 공준(postulate)이라고도 하며, 증명할 필요 없이 당연히 받아들여지는 명제를 뜻한다.
정리(theorem)는 증명이 필요하며, 공리를 이용한 증명을 거쳐 참으로 받아들여지는 명제를 말한다.

대수를 예를 들어 설명하자. 어떤 수 N에 대해 $N + 0 = N$이라는 명제가 있다고 가정해보자. 이것은 **증명 없이 참으로 인정**되므로 **공리**이다. 반대로 **정리는 가설로 세운 명제가 반드시 참으로 증명**되어 받아들여지는 것을 의미한다. 여러분에게 공리와 정리라는 용어가 어렵게 다가올 수 있지만, 결론적으로 두 개 모두 참인 법칙(law) 정도로 생각하면 무난할 것이다.

부울 대수(Boolean algebra)는 2진 논리에 대한 산술 연산을 다루는 대수 법칙으로 1847년 부울(George Boole)에 의해 처음 소개되었다. 부울 이전에도 비슷한 개념의 라이프니츠 대수(Leibniz's algebra)가 있었으며, 그 후 19세기 후반에 슈뢰더(Schröder)와 헌팅턴(Huntington) 등에 의해 완성되었다. 1930년대에는 섀넌(Claude Shannon)이 스위칭 회로(switching circuit)를 체계적으로 분석하고 설계하는 연구에서 회로의 동작이 완벽하게 부울 대수를 따른다는 것을 증명하여 스위칭 대수(switching algebra)라는 이름으로 발표하였다. 1장에서 살펴봤듯 디지털 시스템은 다수의 스위치로 구현되므로 부울 대수는 2진 논리식의 표현과 해석 및 연산에 필요한 대수학이다.

어떤 대수학에서 나타날 수 있는 모든 원소를 포함하는 집합(set) S와 다수의 연산자(*, # 등)가 있다고 할 때, 일반적인 대수학에서 사용되는 보편적인 공리와 정리에 대해 알아보자.

---

1. **닫힘(closure):** 모든 원소에 대해 해당 연산의 결과가 S에 포함되면, 그 연산에 대해 닫혀(closure)있다고 한다. 즉,

$$x * y = z, \text{ for all } x, y, z \in S$$
$$x \# y = z, \text{ for all } x, y, z \in S$$

이 성립하면 *와 #연산에 대해 닫혀 있다.

2. **결합법칙(associative law):** 하나의 연산에 대해 괄호(parenthesis)를 묶어 연산 우선순위(priority)를 변경해도 결과가 같다면, 그 연산은 결합법칙이 성립한다.

$$(x * y) * z = x * (y * z), \text{ for all } x, y, z \in S$$

3. **교환법칙(commutative law):** 하나의 연산에 대해 원소의 위치를 변경하여도 결과가 같다면, 그 연산은 교환법칙이 성립한다.

$$x * y = y * x, \text{ for all } x, y \in S$$

4. **항등원(identity element):** 하나의 연산에 대해 원소 자신의 값이 결과로 나오는 원소(e)가 S에 있으면, 원소(e)를 그 연산의 항등원이라고 한다. 만약 S에 없다면, 존재하지 않는다고 한다.

$$x * e = e * x = x, \text{ for all } x \in S$$

일반 대수에서 덧셈($+$) 연산의 항등원은 0이며, 곱셈($\times$) 연산의 항등원은 1이다.

---

5. 역원(inverse element): 하나의 연산에 대해 결과가 항등원(e)이면, 각 변수를 그 연산에서 서로의 역원이라고 한다.

$$x * y = e$$

여기서 x와 y 각각은 해당 연산의 역원이다.

일반 대수의 덧셈 항등원은 0이다. $x + (-x) = 0$이 성립되므로 x와 $-x$는 덧셈에 대해 서로 역원 관계이다. 곱셈에서의 항등원은 1이므로 $x \times (1/x) = 1$이 성립되고 x와 역수 $1/x$은 곱셈에서 역원 관계이다.

6. 분배법칙(distributive law): 두 개의 연산에 대해 아래의 법칙이 성립하면 분배법칙이 성립한다.

$$x * (y \# z) = (x * y) \# (x * z)$$

일반적인 대수에서 $x \times (y + z) = (x \times y) + (x \times z)$는 성립하지만, $x + (y \times z) = (x + y) \times (x + z)$는 성립하지 않는다.

부울 대수

현재 통용되는 부울 대수의 정의는 2개의 원소(0, 1)과 2개의 연산자($+$, $\cdot$)를 사용하며, 전체 공리와 정리를 위의 일반적인 대수학의 순서와 동일하게 정리하면 다음과 같다.

1. 닫힘(closure): 부울 대수는 두 연산 $+$ 및 $\cdot$에 대해 닫혀 있다.

2. 결합법칙(associative law): 부울 대수의 두 연산은 결합법칙이 성립한다.

$$(x + y) + z = x + (y + z)$$
$$(x \cdot y) \cdot z = x \cdot (y \cdot z)$$

3. 교환법칙(commutative law): 부울 대수의 두 연산은 교환법칙이 성립한다.

$$x + y = y + x$$
$$x \cdot y = y \cdot x$$

4. 항등원(identity element)

    + 연산의 항등원은 0이다. $x + 0 = 0 + x = x$

    · 연산의 항등원은 1이다. $x \cdot 1 = 1 \cdot x = x$

5. 보수(complement): 모든 원소에 대해 아래 식을 만족하는 x의 보수 x'이 존재한다.

$$x + x' = 1, \quad x \cdot x' = 0$$

부울 대수에서 역원은 존재하지 않고 보수가 정의되었다.

6. 분배법칙(distributive law): · 연산은 + 연산에 대해 분배 법칙이 성립한다.

$$x \cdot (y + z) = (x \cdot y) + (x \cdot z)$$

+ 연산은 · 연산에 대해 분배 법칙이 성립한다.

$$x + (y \cdot z) = (x + y) \cdot (x + z)$$

이 점이 부울 대수가 일반 대수와 가장 다른 차이점으로 부울 대수에서 분배법칙은 공리이다.

일반 대수와 부울 대수의 차이점은 두 가지는 다음과 같다. 첫 번째 차이는 보수가 정의되고, 두 번째는 논리 연산인 두 연산(논리곱과 논리합)이 분배법칙에서 동일한 역할로서 **논리합도 논리곱 연산에 대해 분배 가능**하다는 점이다. 이 두 번째 차이가 흔히 우리가 알고 있는 일반 대수 법칙과 가장 큰 차이점이라고 생각할 수 있다.

원칙적으로는 위의 법칙들을 공리와 정리로 구분하면, 정리는 공리들을 이용해 증명되어야 하지만 지나친 수학적 설명으로 본 절의 이해도와 흥미가 떨어질 수 있으므로 우리는 기본 논리 연산 AND, OR, NOT의 진리표를 이용해 위의 모든 법칙을 증명할 것이다.

1장의 표 1.10에서 기본 논리 연산자의 연산 결과를 나타내었지만, 편의상 한 번 더 나열하고 위의 부울 대수의 법칙을 하나씩 증명해보자.

부울 대수 법칙의 증명

다음의 연산에 대해

x	y	AND $(x \cdot y)$
0	0	0
0	1	0
1	0	0
1	1	1

x	y	OR $(x+y)$
0	0	0
0	1	1
1	0	1
1	1	1

x	NOT ($\overline{x}$ 또는 x')
0	1
1	0

1. AND 및 OR 연산의 결과가 모두 0, 1이고 전체 집합 $S = \{0, 1\}$에 속하므로 두 연산은 모두 닫혀 있다.

2-1. $(x + y) + z = x + (y + z)$이므로 논리합 연산에 결합법칙이 성립한다.

x	y	z	$x+y$	$y+z$	$(x+y)+z$	$x+(y+z)$
0	0	0	0	0	0	0
0	0	1	0	1	1	1
0	1	0	1	1	1	1
0	1	1	1	1	1	1
1	0	0	1	0	1	1
1	0	1	1	1	1	1
1	1	0	1	1	1	1
1	1	1	1	1	1	1

2-2. $(x \cdot y) \cdot z = x \cdot (y \cdot z)$이므로 논리곱 연산에 결합법칙이 성립한다.

x	y	z	$x \cdot y$	$y \cdot z$	$(x \cdot y) \cdot z$	$x \cdot (y \cdot z)$
0	0	0	0	0	0	0
0	0	1	0	0	0	0
0	1	0	0	0	0	0
0	1	1	0	1	0	0
1	0	0	0	0	0	0
1	0	1	0	0	0	0
1	1	0	1	0	0	0
1	1	1	1	1	1	1

3. 위의 기본 연산자 진리표에서 x와 y의 열을 바꿔도 동일한 결과를 가져오므로 교환법칙이 성립한다.

4-1. $x + 0 = 0 + x = x$가 성립하므로 논리합의 항등원은 0이다.

$$x = 0, \quad 0 + 0 = 0 + 0 = 0$$
$$x = 1, \quad 1 + 0 = 0 + 1 = 1$$

을 모두 논리합 진리표에서 확인할 수 있다.

4-2. $x \cdot 1 = 1 \cdot x = x$이 성립하므로 논리곱의 항등원은 1이다.

$$x = 0, \quad 0 \cdot 1 = 1 \cdot 0 = 0$$
$$x = 1, \quad 1 \cdot 1 = 1 \cdot 1 = 1$$

을 모두 논리곱 진리표에서 확인할 수 있다.

5-1. $x + x' = 1$이 성립하므로 모든 x에 보수가 존재한다.

$$x = 0, \quad 0 + 0' = 0 + 1 = 1$$
$$x = 1, \quad 1 + 1' = 1 + 0 = 1$$

을 모두 논리합 진리표에서 확인할 수 있다.

5-2. $x \cdot x' = 0$이 성립하므로 모든 x에 보수가 존재한다.

$$x = 0, \quad 0 \cdot 0' = 0 \cdot 1 = 0$$
$$x = 1, \quad 1 \cdot 1' = 1 \cdot 0 = 0$$

을 모두 논리곱 진리표에서 확인할 수 있다.

6-1. $x \cdot (y + z) = (x \cdot y) + (x \cdot z)$가 성립하므로 논리곱 연산은 논리합 연산에 대해 분배법칙이 성립한다.

x	y	z	$y+z$	$x \cdot y$	$x \cdot z$	$x \cdot (y+z)$	$(x \cdot y)+(x \cdot z)$
0	0	0	0	0	0	0	0
0	0	1	1	0	0	0	0
0	1	0	1	0	0	0	0
0	1	1	1	0	0	0	0
1	0	0	0	0	0	0	0
1	0	1	1	0	1	1	1
1	1	0	1	1	0	1	1
1	1	1	1	1	1	1	1

6-2. $x + (y \cdot z) = (x + y) \cdot (x + z)$가 성립하므로 논리합 연산은 논리곱 연산에 대해 분배법칙이 성립한다.

x	y	z	$y \cdot z$	$x+y$	$x+z$	$x+(y \cdot z)$	$(x+y) \cdot (x+z)$
0	0	0	0	0	0	0	0
0	0	1	0	0	1	0	0
0	1	0	0	1	0	0	0
0	1	1	1	1	1	1	1
1	0	0	0	1	1	1	1
1	0	1	0	1	1	1	1
1	1	0	0	1	1	1	1
1	1	1	1	1	1	1	1

2.2 부울 대수의 요약과 특징

이전 절에서 증명된 부울 대수의 공리와 정리 중 리터럴이 포함된 식을 차례대로 정리하면 표 2.1과 같다. 여기서 컬러 표시 부분은 많이 활용되는 정리들로서 기존 공리로 증명되는 확장된 정리들이다.

표 2.1 부울 대수의 공리와 정리 요약

구분	이원성(duality) 관계	
	논리합 기반	논리곱 기반
결합	$(x + y) + z = x + (y + z)$	$(x \cdot y) \cdot z = x \cdot (y \cdot z)$
교환	$x + y = y + x$	$x \cdot y = y \cdot x$
항등원	$x + 0 = x$	$x \cdot 1 = x$
항등원 확장1	$x + 1 = 1$	$x \cdot 0 = 0$
항등원 확장2	$x + x = x$	$x \cdot x = x$
보수	$x + x' = 1$	$x \cdot x' = 0$
분배	$x \cdot (y + z) = x \cdot y + x \cdot z$	$x + (y \cdot z) = (x + y) \cdot (x + z)$
흡수(absorption)	$x + x \cdot y = x$	$x \cdot (x + y) = x$
드모르간 법칙	$(x + y)' = x' \cdot y'$	$(x \cdot y)' = x' + y'$
보수 확장(이중보수)	$(x')' = x$	

이원성(duality)

표 2.1에서 논리합 기반의 식과 논리곱 기반의 식은 특별한 연관이 있어 보인다. 부울 대수에 특별한 성질이 하나 있는데, 논리식으로 표현된 명제가 참이면 리터럴은 그대로 유지하고, 연산자($+, \cdot$)와 2진 상수($0, 1$)을 서로 바꾸어 정리한 논리식 명제도 참이라는 것이다.

이 성질은 서로 대응을 이룬다는 의미에서 '**이원성(duality)' 원리**라고 한다. 부울 대수에서 연산자와 2진 상수는 각각 2개밖에 없어 서로 대응되는 쌍이 유일하므로 'pair'와 'dual'과 같이 '쌍 또는 대응'이라는 표현을 쓰는 것이다. 우리는 앞으로 **duality 성질**을 '**이원성 관계**'라고 표현할 것이다. 정리하면 다음과 같다.

이원성(duality) 원리

$A = B$로 표현된 명제가 참이라고 할 때, 각 A와 B의 논리식을
1) 리터럴은 그대로 유지
2) 연산자와 2진 상수는 서로 변경($+ \leftrightarrow \cdot, 0 \leftrightarrow 1$)하면, 변경된 명제도 참이다.

표 2.1은 결합법칙에서 흡수법칙까지 8개 항목 모두 이원 관계가 성립함을 보여준다. 음영으로 표시된 추가 부울 대수의 정리를 컬러 음영 표시되지 않은 기존 법칙(공리)으로 증명해보자.

부울 식: $x + 1 = 1$

항등원 적용(좌측 식): $1 \cdot (x + 1)$

보수 적용(좌측 식): $(x + x') \cdot (x + 1)$

분배 법칙의 역 적용: $x + x' = 1$

그러므로 위 정리의 부울 식이 참이고 $x \cdot 0 = 0$은 이원성 관계이므로 증명이 필요 없이 참이 성립한다. 새로 추가된 흡수 법칙을 추가로 증명해보자.

부울 식: $x + x \cdot y = x$

항등원 적용(좌측 식): $x \cdot 1 + x \cdot y$

분배 법칙의 역 적용: $x \cdot (1 + y) = x$

으로 참이며, 마찬가지 대응 관계로 $x \cdot (x + y) = x$ 또한 참이다.

드모르간(De Morgan) 법칙

마지막으로 표 2.1의 드모르간 법칙에 대해 이야기해보자. 단일 변수가 아닌 논리식에 부정(NOT 또는 complement) 연산을 수행하려면 어떻게 해야 할까?

수학자 드모르간(Augustus De Morgan)은 1847년 "형식적 논리학"이라는 논문에서 논리식의 부정 연산을 적용하는 법칙을 발표하였다. 먼저 외형적으로 드모르간 법칙의 적용은 아래에 보인 것과 같이 리터럴에 부정을 적용하는 것에만 차이가 있을 뿐 이원성 관계와 매우 유사하다. 그러므로 이원성 관계와 드모르간 법칙을 혼동하는 경우가 있는데, 목적과 개념이 완전히 다르다. 정리하면, **드모르간 법칙**은 논리식에 **부정 연산을 적용**하는 법칙이고, 이원성 관계는 식으로 표현된 명제(식1 = 식2)에서 각 논리식을 대응 변경해도 **등가(equivalence) 관계가 유지**된다는 원리이다.

드모르간(De Morgan) 법칙

논리식에 부정 연산을 적용하려면
1) 리터럴 부정
2) 연산자와 2진 상수를 서로 변경($+ \leftrightarrow \cdot , 0 \leftrightarrow 1$)하면 된다.

표 2.1의 드모르간 법칙 $(x + y)' = x' \cdot y'$을 진리표로 확인하면 다음과 같이 성립한다.

x	y	x'	y'	$x+y$	$(x+y)'$	$x' \cdot y'$
0	0	1	1	0	1	1
0	1	1	0	1	0	0
1	0	0	1	1	0	0
1	1	0	0	1	0	0

$(x \cdot y)' = x' + y'$은 위 논리식과 이원성 관계이므로 당연히 성립된다. 드모르간 법칙에 익숙해지기 위해 항이 많이 포함된 아래의 논리식에 적용하면,

$$[v \cdot (w + x) \cdot (y + z)]' = v' + (w + x)' + (y + z)' = v' + w' \cdot x' + y' \cdot z'$$

이 된다. 항이 많을 경우, 각 항을 하나의 변수로 생각하고 차례대로 한 단계씩 적용하면 된다. 이렇게 논리식이 많은 항으로 구성되면 연산자의 우선순위가 중요하다. 논리식에서 연산자의 우선순위는 다음과 같다.

논리식의 연산 우선순위

1) 괄호(parenthesis)
2) 부정(NOT)
3) 논리곱(AND)
4) 논리합(OR)

예제 2.1 아래의 논리식을 부울 대수의 공리와 정리를 이용하여 간단히 표현하라.

      (a) $xy'z + xy'z' + xyz' + xyz$ (b) $(x' + y')(x' + y)$

(a) $xy'z' + xy'z + xyz' + xyz$

$\quad = xy'(z' + z) + xy(z' + z)$

$\quad = xy' + xy$

$\quad = x(y' + y) = x$

(b) $(x' + y')(x' + y)$

$\quad x' + y'y = x'$(분배법칙의 역과정 적용)

$\quad$다른 방법으로 분배법칙을 적용하면

$\quad = x' + x'y + x'y' + y'y$

$\quad = x'(1 + y + y') = x'$

2.3 부울 함수

부울 함수의 구현과 간소화

부울 대수에서 논리식은 2진 상수, 변수인 리터럴 그리고 2개의 연산자로 표현된다. 일반적으로 **부울 함수(Boolean function)**는 2진 상수항이 없이 **리터럴과 연산자만으로 표현된 논리식**을 말하며, 2진 상수가 포함되면 그 논리식은 표 2.1에서 본 것과 같이 항등원과 보수 관련 공리 및 정리를 이용하여 간단히 정리될 수 있다. 그러므로 디지털 논리 회로를 구현할 때는 리터럴만을 입력으로 이용하여 원하는 결과를 출력하는 논리적 관계가 잘 표현된 부울 함수가 필요하다.

아래의 부울 함수를 분석하여 어떤 입력 상태일 때 결과가 1인지 예측해보자.

$$F = x'y + z$$

이 함수는 OR 연산으로 2개의 항이 구성되어 있어 첫 항 $x'y$가 1이거나 두 번째 항 z가 1이면 참이다. 그러므로 $z = 1$인 경우가 모두 해당되며, 첫 항이 1이 되려면 AND 연산이므로 $x' = 1$이고 $y = 1$이어야 한다. 최종적으로 정리하면 위의

표 2.2 $x'y + z$의 진리표

x	y	z	x'	$x'y$	$F=x'y+z$
0	0	0	1	0	0
0	0	1	1	0	1
0	1	0	1	1	1
0	1	1	1	1	1
1	0	0	0	0	0
1	0	1	0	0	1
1	1	0	0	0	0
1	1	1	0	0	1

부울 함수는 ($x = 0$ 이고 $y = 1$)인 경우이거나 $z = 1$인 경우에 참이 되는 것을 함축적 논리식으로 표현했다.

두 번째 표현 방법으로 부울 함수는 입력 리터럴의 모든 경우에 대한 진리표로도 표현할 수 있다. 표 2.2는 위의 부울 함수를 진리표로 나타낸 것으로 앞에서 우리가 예측한 경우에만 함수 결과가 1이 되는 것을 볼 수 있다.

진리표를 이용한 대수식 표현은 함수 표현보다 번거롭지만 모든 경우의 결과를 확인할 수 있다는 장점이 있고, 부울 함수적 표현은 함축적이고 가장 간단하며, 위의 함수식에서 그림 2.1의 논리 게이트를 구성하여 논리 회로를 곧바로 얻을 수 있다는 장점이 있다.

다른 부울 함수의 예를 살펴보자.

$$F(x, y, z) = x'z + xyz' + xyz$$

앞으로 부울 함수는 위의 함수 표기처럼 입력 리터럴 전체를 인자(argument)에 표시하기로 하며, 논리 회로 또한 그림 2.2와 같이 입력 변수와 인버터를 통과한 사용 가능한 모든 신호를 좌측에 생성한 후, 각 논리 게이트에 분기하는 형식으로 구성할 것이다.

그림 2.1 $F = x'y + z$의 구현 회로

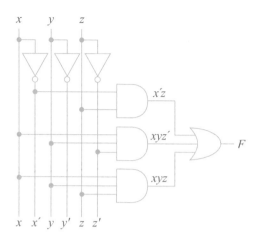

그림 2.2　$x'z + xyz' + xyz$의 구현 회로

이 회로는 인버터를 제외하고 2-입력 AND 게이트 1개, 3-입력 AND 게이트 2개, 그리고 3-입력 OR 게이트 1개로 구현되었다. 이 함수는 부울 대수의 공리를 이용해 다음처럼 더 간단히 표현할 수 있다.

$$F(x, y, z) = x'z + xyz' + xyz = x'z + xy(z' + z) = x'z + xy$$

논리 회로는 그림 2.3처럼 구현된다. 여기에 사용된 논리 게이트는 인버터 부분을 제외하고 2-입력 AND 게이트 2개와 OR 게이트 1개를 사용하여 그림 2.2 의 회로보다 훨씬 간단하고 효율적이다. 이 두 부울 함수를 비교해보면 간소화되기 전에는 8개의 리터럴이 있었지만, 간소화 후 4개의 리터럴로 축소되었음을 알

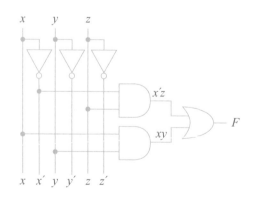

그림 2.3　$x'z + xy$의 구현 회로

표 2.3 $x'z + xyz' + xyz$와 $x'z + xy$의 진리표 비교

x	y	z	$x'z+xyz'+xyz$	$x'z+xy$
0	0	0	0	0
0	0	1	1	1
0	1	0	0	0
0	1	1	1	1
1	0	0	0	0
1	0	1	0	0
1	1	0	1	1
1	1	1	1	1

수 있다.

두 부울 함수를 표 2.3의 진리표로 비교해보자. 당연히 두 함수에 대한 진리표는 동일할 수밖에 없는데, 그 이유는 참인 공리와 정리를 이용하여 간소화했기 때문이다. 따라서 우리는 다음의 결론을 얻을 수 있다.

"진리표는 번거롭지만 나타날 수 있는 모든 입력 변수(리터럴)에 대해 결과가 유일하게 표로 표현된다."

즉, 진리표 표현 방식은 한 함수식에 대한 단 하나의 표현만 존재한다. 반면 구현에 쉽게 활용되는 부울 함수식은 함축적 표현이지만 동일한 진리표에 여러 개의 표현이 있을 수 있다. 그러므로 **부울 함수식**의 효과적인 구현을 위해 등가적인 다수의 표현들 중 **최소의 리터럴을 사용**하는 형태로 간소화할 필요가 있다.

예제 2.2 아래의 부울 함수를 최소의 리터럴로 간소화하고 논리 회로를 구현하라.

$$(a)\ x'y + xz + yz \qquad (b)\ (x' + y')(x + y)$$

`풀이 및 해답`

(a) $x'y + xz + yz$

　$= x'y + xz + yz(x' + x)$: 제거된 변수 추가를 위해 보수의 성질을 이용

　$= x'y + xz + x'yz + xyz$

　$= x'y(1 + z) + xz(1 + y)$

　$= x'y + xz$

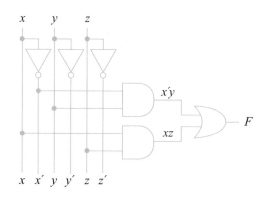

(b) $(x' + y')(x + y)$

$\quad = x'x + x'y + xy' + y'y$

$\quad = x'y + xy'$

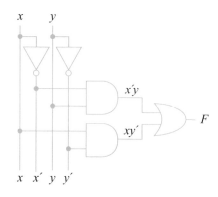

드모르간 법칙의 적용을 학습하기 위해 예제 2.2의 부울 함수에 대한 보수를
취한 후 간소화하여 구현해보자.

$$[F(x, y, z)]' = (x'y + xz + yz)'$$
$$= (x'y)' \cdot (xz)' \cdot (yz)'$$
$$= (x + y')(x' + z')(y' + z')$$

드모르간 법칙을 적용하면 위와 같이 각 항이 곱으로 이루어진 3항의 합$(x'y$
$+ xz + yz)$은 합으로 이루어진 3항의 곱$((x + y')(x' + z')(y' + z'))$으로 정리된다.

이 부울 함수를 간소화하는 데 두 가지 방법이 있다. 먼저 분배법칙을 적용하여 모두 합의 형태로 나열한 뒤 간소화하는 방법을 적용해보자.

$$(x + y')(x' + z')(y' + z') = (xx' + xz' + x'y' + y'z')(y' + z')$$
$$= (xz' + x'y' + y'z')(y' + z')$$
$$= xy'z' + x'y' + y'z' + xz' + x'y'z' + y'z'$$
$$= (x + x' + 1)y'z' + x'y'(1 + z') + xz'$$
$$= y'z' + x'y' + xz'$$

이제 분배법칙의 전개를 통해 중복을 제거하고 곱 항이 합해진 형태가 되었다. 이 함수는 예제 2.2 (a)와 같은 형식으로 더 간소화될 수 있으므로 최종적으로 다음과 같이 정리할 수 있으며 논리 회로는 그림 2.4와 같다.

$$= (x + x')y'z' + x'y' + xz'$$
$$= xy'z' + x'y'z' + x'y' + xz'$$
$$= xz'(y' + 1) + x'y'(z' + 1)$$
$$= xz' + x'y'$$

보수 처리를 하면서 $(x + y')(x' + z')(y' + z')$와 같이 곱의 형태로 변화된 부울 함수 형식을 다시 전개하고 간소화하는 데는 생각보다 많은 과정을 거치게 되므로 곱의 형태에서 간소화할 수 있는 두 번째 방법으로 정리해보자.

방법을 먼저 설명하면 예제 2.2에서 잠시 언급한 것과 같이 $y'z' + x'y' + xz'$

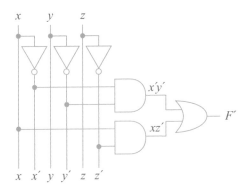

그림 2.4 $x'y' + xz'$의 논리 회로

처럼 **합의 형태로 표현된 부울 함수**의 각 항은 **리터럴들의 곱**으로 이루어져 있으므로 각 항의 값에는 변화가 없으면서 제거된 변수를 추가하기 위해 $(x + x') = 1$이란 **보수 성질을 이용**한다. 첫 항인 $y'z'$에는 x 변수가 없으므로, 이 항에 $(x + x')$을 곱해도 변화가 없다. 그러나 결과적으로 이 항을 정리하면 다른 항들과 쉽게 간소화가 이루어진다. 마찬가지 방법으로 **3항의 곱**으로 이루어진 $(x + y')(x' + z')(y' + z')$ 식에서는 $(y' + z')$에 x변수가 없으므로, 내부의 합이 영향을 받지 않게 $xx' = 0$인 **보수 성질을 이용**하여 리터럴을 추가한다. 그리고 분배 법칙을 적용하면

$$(x + y')(x' + z')(y' + z')$$
$$= (x + y')(x' + z')(y' + z' + x'x)$$
$$= (x + y')(x' + z')(y' + z' + x')(y' + z' + x): (y' + z')를 하나의 리터럴로 처리$$
$$= (x + y')(x + y' + z')(x' + z')(x' + z' + y'): 항과 리터럴의 위치 정리$$
$$= (x + y')(1 + z')(x' + z')(1 + y')$$
$$= (x + y')(x' + z')$$

와 같이 2개의 리터럴이 합으로 이루어진 2항의 곱 형태가 되고, 논리 회로로 정리하면 그림 2.5와 같다.

그림 2.4와 비교했을 때, AND와 OR 게이트의 위치가 변경되어 리터럴 연산이 바뀌었지만, 2-입력 게이트 3개가 사용되어 동일한 게이트 레벨로 간소화되었다. 그렇다면 두 부울 함수가 동일한 결과를 나타내는지 좌측 항을 정리해보자.

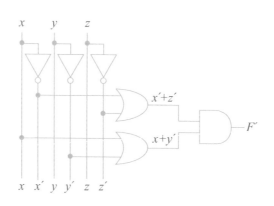

그림 2.5　$(x' + z')(x + y')$의 논리 회로

$$(x + y')(x' + z) = xz' + x'y'$$

$$= xx' + xz' + x'y' + y'z$$

$$= xz' + x'y' + y'z \text{ 이고, 마지막 항에 사라진 } x \text{리터럴을 추가하면}$$

$$= xz' + x'y' + y'z'(x + x')$$

$$= xz' + x'y' + xy'z' + x'y'z'$$

$$= xz'(1 + y') + x'y'(1 + z')$$

$$= xz' + x'y'$$

그러므로 그림 2.4와 2.5는 완전 등가적인 회로이다. 여기에서 본 것처럼, 논리 회로를 구현하는 데는 **AND-OR 게이트 형식**과 **OR-AND 게이트 형식**으로 구현하는 **두 가지 기본 접근 방식**이 있다. 부울 함수의 두 가지 표현법에 대해서는 다음 절에서 학습한다.

드모르간 법칙에 대한 하나의 예를 더 살펴보자. 예제 2.2 (b)에 대해 보수 연산을 적용하고 논리 회로로 구현해보자

$$[F(x, y)]' = ((x' + y')(x + y))'$$

$$= (x' + y')' + (x + y)'$$

$$= xy + x'y'$$

이 부울 함수 표현은 더 이상 간소화할 수 없으므로 논리 회로를 구현하면 그림 2.6과 같다.

이 부울 함수는 논리 회로 설계 환경에서 많이 활용되므로 드모르간 법칙을 적용하기 전 예제 2.2에서 간소화된 결과를 한 번 더 살펴보자.

$$F(x, y) = (x' + y')(x + y)$$

$$= x'x + x'y + xy' + y'y$$

$$= x'y + xy' = x \oplus y$$

$$[F(x, y)]' = (x'y + xy')' = xy + x'y' = x \odot y$$

드모르간 법칙을 적용하면 한 리터럴에 번갈아 있는 부정 연산($x'y + xy'$)이 한쪽 항으로 이동($xy + x'y'$)한다. 이것을 진리표로 표현해보자. 표 2.4의 부울 함수 $F = x'y + xy'$은 1장 그레이 코드 생성 시 보았던 배타적-OR(XOR) 연산이다.

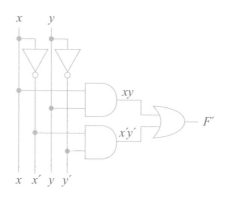

그림 2.6 $xy + x'y'$의 논리 회로

표 2.4 XOR와 XNOR의 진리표 비교

x	y	x'	y'	$F = (x' + y')(x + y)$ $= x'y + xy' = \mathbf{XOR}$	$F' = (x'y + xy')'$ $= xy + x'y' = \mathbf{XNOR}$
0	0	1	1	0	1
0	1	1	0	1	0
1	0	0	1	1	0
1	1	0	0	0	1

여기에 부정 연산을 적용한 $F' = xy + x'y'$은 XOR의 부정으로 $(x \oplus y)' = x \odot y$를 XNOR라고 한다.

XNOR 논리 회로는 그림 2.6과 같고, 그림 2.7의 XOR의 출력단에 인버터를 추가한 것과 같다. 1장의 기본 논리 연산에서 설명한 것과 같이 인버터의 삼각형 모양은 버퍼를 의미하고 원 모양은 부정을 뜻하므로 인버터를 주로 원으로 표시한다. 이 XOR와 XNOR 연산이 기본 게이트와 더불어 2차적 게이트로 많이 활용되므로 부울 함수식을 잘 기억하기 바란다.

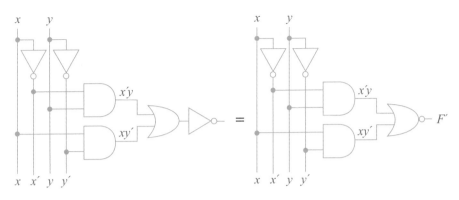

그림 2.7 XOR로 구현된 XNOR 논리 회로

 ## 2.4 부울 함수 표현 방식

최소항과 최대항의 표현 원리

부울 함수 표현 설명에 앞서 최소항과 최대항 개념을 다시 기억하자. 우리는 1장의 기본 논리 연산자에서 AND 연산은 입력 항들에서 최솟값을 출력하는 연산이라는 의미에서 최소항(minterm) 연산자, OR 연산은 최댓값을 찾아내는 연산이라는 의미에서 최대항(maxterm) 연산자라 부른다고 했다.

앞 2.3절에서 부울 함수를 표현할 때, 곱 항을 합 형식으로(AND-OR) 또는 합 항을 곱 형식(OR-AND)으로 표현하고 구현하는 예를 보았다. 이 관계를 심도 있게 이해하고 부울 함수의 표현법을 좀 더 체계적으로 수행하기 위해, 표 2.5의 3-변수에 대한 예로부터 시작해 최소항과 최대항 기반의 표기법, 그리고 그 원리를 알아보자.

먼저 하나의 곱 항으로 이루어진 부울 함수

$$F(A, B) = AB$$

가 있다고 가정하자. 이 함수에서 $F = 0$이 되려면 A와 B는 어떤 경우의 값이어야 하고, $F = 1$이 되려면 A와 B는 어떤 값이 되어야 할지 생각해보자. 두 변수의 곱

표 2.5 최소항과 최대항의 수식 표현과 표기 방식

번호	x	y	z	최소항(minterm)		최대항(maxterm)	
				수식	표기	수식	표기
0	0	0	0	$x'y'z'$	m_0	$x + y + z$	M_0
1	0	0	1	$x'y'z$	m_1	$x + y + z'$	M_1
2	0	1	0	$x'yz'$	m_2	$x + y' + z$	M_2
3	0	1	1	$x'yz$	m_3	$x + y' + z'$	M_3
4	1	0	0	$xy'z'$	m_4	$x' + y + z$	M_4
5	1	0	1	$xy'z$	m_5	$x' + y + z'$	M_5
6	1	1	0	xyz'	m_6	$x' + y' + z$	M_6
7	1	1	1	xyz	m_7	$x' + y' + z'$	M_7

으로 이루어진 F가 0이 되려면 두 변수 중 어느 하나가 0이거나 모두 0인 경우일 것이고, 1이 되려면 둘 다 1이어야 한다.

$$F = 0 \ (A = 0, B = 0) \ \text{또는} \ (A = 0, B = 1) \ \text{또는} \ (A = 1, B = 0)$$
$$F = 1 \ (A = 1, B = 1)$$

그러므로 곱으로 이루어진 항은 그 항을 1로 만드는 리터럴의 값을 유일(unique)하게 표현할 수 있는 특징(1로 만드는 경우가 유일하게 1개 존재)이 있다. 반대로 곱으로 이루어진 항의 결과가 0이라고 하면 위와 같이 세 가지 경우가 존재하여 각 변수들의 값이 어떤 조건에서 0을 만들었는지 단언할 수 없다. 이번에는 같은 방식으로 합으로 표현된 부울 함수

$$F(A, B) = A + B$$

에 대해 결과 값에 따른 리터럴 값의 경우를 유추해보면,

$$F = 0 \ (A = 0, B = 0)$$
$$F = 1 \ (A = 0, B = 1) \ \text{또는} \ (A = 1, B = 0) \ \text{또는} \ (A = 1, B = 1)$$

이 되므로 합으로 이루어진 항은 그 항을 0으로 만드는 리터럴의 값을 유일하게 지정할 수 있으며, 1을 만드는 경우는 여러 가지가 존재한다는 것을 알 수 있다.

표 2.5에서 $(x, y, z) = (0, 1, 1)$인 경우, 3-변수를 곱해 1이 되는 방법은 각 리

터럴이 모두 1이 되어야 하므로 $x = 0$은 보수 연산(x')을 취해서 곱하고, 나머지 리터럴 $y = 1, z = 1$이므로 그대로 곱하면 된다. 그 결과, $xyz = 011$일 때는 $x'yz$만 그 항을 유일하게 1로 만들므로 곱 항으로 표현된 최소항의 수식 표현이 왜 $x'yz$로 표현되는지 알 수 있을 것이다. 그러므로 **최소항 표기**는 특정 입력 상태에서 리터럴들이 **곱(AND) 형식/연산**으로 그 항을 **1이 되게 만드는 유일한 조건**을 수식으로 표현한 것이다.

같은 경우의 최대항을 보면 $(x, y, z) = (0, 1, 1)$일 때 3-변수의 합으로 0을 만드는 유일한 방법은 모든 리터럴이 0이 되어 더해져야 하므로 $x = 0$은 그대로 더해지고 나머지 리터럴 $y = 1, z = 1$은 보수 연산(y', z')을 수행한 후 0으로 만든 다음 더하면 된다. 그 결과, $xyz = 011$일 때는 최대항의 수식 표현이 $(x + y' + z')$으로 표현된다. 그러므로 **최대항 표기**는 어떤 입력 상태에서 리터럴들이 **합(OR) 형식/연산**으로 해당 항을 **0이 되게 만드는 유일한 조건을 수식으로 표현**한 것이다.

기본(canonical) 형식

이제 표 2.6과 같이 진리표로 정리된 임의의 부울 함수의 표현식을 도출해보자. 여기에서 우리는 최소항 표현과 최대항 표현 두 가지 방법으로 부울 함수를 유도할 수 있다.

수식으로 먼저 정리해 설명하면, 첫 번째 표현 방법은 함수 결과가 1인 항목의 최소항을 모두 논리합으로 묶어 아래와 같이 표현하는 것이다.

표 2.6   **임의의 3-변수 함수 진리표**

x	y	z	F
0	0	0	0
0	0	1	1
0	1	0	0
0	1	1	1
1	0	0	0
1	0	1	0
1	1	0	1
1	1	1	1

$$F(x, y, z) = x'y'z + x'yz + xyz' + xyz$$

표 2.6의 진리표 표현에서는 $xyz = 001, 011, 110, 111$일 때, $F = 1$이 되어야 하므로 합해진 위 4개의 최소항 중 하나만 1이 되어도 전체 함수 값을 1로 만들게 된다. 예를 들어, 입력이 001이라면 첫 번째 항이 1이 되어 전체를 1로 만들고, 110이라면 세 번째 항이 1이 되어 함수 결과를 1로 만든다. 최소항을 논리합으로 묶는 이유는 4개의 조건(항) 어디에 속하더라도 결과가 1이 되기 때문이다. 그 결과 진리표 표현을 모두 만족한다.

하나의 항이 곱(최소항)으로 표현된 이유는 앞서 설명했듯 3개의 리터럴이 4개의 각 조건에 부합될 때, 해당 곱 항을 1로 만들기 위해서다. 그렇다면 입력이 위의 네 가지 경우가 아닐 때는 어떨까? 예를 들어, 입력이 000, 010, 100, 101이라면 어느 곱 항도 1이 되지 못해 $F = 0$이 되므로 위치 0, 2, 4, 5의 진리표가 0인 것을 만족한다. 그러므로 진리표에서 1에 해당하는 최소항만 합으로 묶어 표현하면 진리표 형식을 부울 함수 형식으로 변환할 수 있다. 이 표현식을 간단하게 다음과 같이 표기하기도 한다.

$$F(x, y, z) = m_1 + m_3 + m_6 + m_7 = \sum(1, 3, 6, 7)$$

이번에는 두 번째 표현 방법에 대해 알아보자. 위 진리표의 값이 0인 항의 최대항을 논리곱으로 묶어 정리하면,

$$F(x, y, z) = (x + y + z)(x + y' + z)(x' + y + z)(x' + y + z')$$

이 된다. 이는 $xyz = 000, 010, 100, 101$일 때 해당 위치의 각 항을 0으로 만들어 전체 함수가 0이 되게 만든다. 그러므로 특정 입력에 대해 전체 함수를 0으로 만들려면 곱으로 묶어야 한다는 것을 알 수 있다.

만약 입력이 위 네 가지 경우에 포함되지 않는 001, 011, 110, 111을 대입하면 위의 4항은 모두 1이 되어 진리표에서 $F = 0$(위치 0, 2, 4, 5)과 $F = 1$(위치 1, 3, 6, 7)인 경우를 모두 만족한다. 따라서 진리표에서 0에 해당하는 최대항만을 곱으로 묶어 정리하면 해당 진리표를 함축적 수식 표현인 부울 함수로 변환할 수 있다. 이 표현식도 간단하게 다음과 같이 표기한다.

$$F(x, y, z) = M_0 M_2 M_4 M_5 = \Pi(0, 2, 4, 5)$$

이렇게 부울 함수를 표현하는 첫 번째 방식은 $x'y'z + x'yz + \cdots$ 와 같이 곱의 합(SOP: sum of product) 또는 최소항의 합(sum of minterm) 방식으로서 **canonical conjunctive normal form(연결적 기본 정규 형식)**이라고 한다. 여기서 conjunctive라는 용어는 한 항에 여러 리터럴이 곱으로 연결(즉, xyz와 같이 리터럴이 곱으로 연결)된다는 의미이다.

두 번째 방식은 $(x + y + z)(x + y' + z)\cdots$ 와 같이 합의 곱(POS: product of sum) 또는 최대항의 곱(product of maxterm)으로 표현하는 것으로서 **canonical disjunctive normal form(분리적 기본 정규 형식)**이라고 한다. 여기서 disjunctive란 용어는 한 항에 여러 리터럴이 하나씩 합으로 분리($x + y + z$와 같이 리터럴이 한 문자씩 합으로 분리)된다는 의미이다. 이 두 가지 방식의 용어를 줄여 **기본 형식(canonical form)**이라고 하는데, 부울 함수가 1을 묶은 SOP 형식과 0을 묶은 POS 형식 중 하나로만 표현되어야 기본 형식이라고 말한다. 만약 아래와 같이 최소항과 최대항이 혼재되어 있으면 기본 형식이라고 하지 않고 일반 부울 함수라고 하며, 기본 형식으로 재정리할 수 있다.

$F(x, y, z) = x + x'(y + z)$: Boolean function

$\quad\quad\quad\quad = x + x'y + x'z$: canonical form(canonical conjunctive normal form)

표준(standard) 형식

부울 함수를 표현하는 또 다른 용어로 **표준 형식(standard form)**이 있다. 여기에도 똑같이 SOP와 POS 두 가지 형식이 있으며, 기본 형식(canonical form)과 달리 표준 형식은 **모든 리터럴**이 제거되지 않고 **표현된 것**을 말한다. 다음의 두 기본 형식으로 표현된 부울 함수를 표준 형식으로 변환해보자. 이 변환 과정에는 2.3절의 부울 함수 간소화에서 배웠던 보수의 성질을 이용한다. 곱 항(최소항)에는 1을 곱해 변화가 없도록 $x + x' = 1$ 형식을 곱하고, 합 항(최대항)에는 0을 더해야 변화가 없으므로 $xx' = 0$ 형식을 더한다.

부울 함수 표현 방법의 정리

기본 형식과 표준 형식 표현에는 모두 SOP와 POS 형태가 있다.

- 기본 형식: 간소화된 표현
- 표준 형식: 불필요하여 제거된 리터럴을 모두 표현

그러므로 진리표에서 부울 함수를 표시하면, 모든 리터럴이 있는 표준 형식으로 표현되고 추후 간소화되면서 기본 형식이 된다.

$F(x, y, z)$

$= xy + x'z$: canonical form(SOP)

$= xy(z' + z) + x'z(y' + y)$: 제거된 리터럴 추가

$= xyz' + xyz + x'y'z + x'yz$: 중복 제거 및 순서 정리

$= x'y'z + x'yz + xyz' + xyz$: standard form(SOP)

$F(x, y, z)$

$= (x + y)(x' + z)$: canonical form(POS)

$= (x + y + z'z)(x' + z + y'y)$: 제거된 리터럴 추가

$= (x + y + z)(x + y + z')(x' + z + y)(x' + z + y')$: 중복 제거 및 순서 정리

$= (x + y + z)(x + y + z')(x' + y + z)(x' + y' + z)$: standard form(POS)

예제 2.3 아래의 부울 함수를 최소항의 곱 형태인 표준 형식으로 표현하라.

$$F(x, y, z) = x + y'z$$

풀이 및 해답

$F(x, y, z) = x + y'z$

첫 항: $x(y' + y) = xy' + xy$ [y 추가]

$xy'(z' + z) + xy(z' + z) = xy'z' + xy'z + xyz' + xyz$ [z 추가]

둘째 항: $y'z(x' + x) = x'y'z + xy'z$ [x 추가]

$= x'y'z + xy'z' + xy'z + xyz' + xyz$ [중복 제거 및 순서 정리]

$= m_1 + m_4 + m_5 + m_6 + m_7 = \sum(1, 4, 5, 6, 7)$

원리로 쉽게 배우는 디지털 논리회로 설계

예제 2.4 아래의 SOP 형태인 기본 형식을 POS 표준 형식으로 표현하라.

$$F(x, y, z) = xy + y'z$$

풀이 및 해답

SOP 형식을 POS형식으로 변경하려면 첫 항을 하나의 변수로 생각하고 분배법칙을 적용하면 편리하다.

$F(x, y, z)$

$= xy + y'z$

$= (xy + y')(xy + z)$[모든 변수가 분리될 때까지 곱항으로 분리함]

$= (x + y')(y + y')(x + z)(y + z)$

$= (x + y')(x + z)(y + z)$

$= (x + y' + zz')(x + z + yy')(y + z + xx')$[제거된 리터럴 추가]

$= (x + y' + z)(x + y' + z')(x + y + z)(x + y' + z)(x + y + z)(x' + y + z)$

$= (x + y + z)(x + y' + z)(x + y' + z')(x' + y + z)$[중복 제거 및 순서 정리]

$= M_0 M_2 M_3 M_4 = \Pi(0, 2, 3, 4)$

SOP와 POS의 관계

예제 2.4에서 SOP로 표현된 형식을 POS로 변환하였다. 이들 관계에는 어떤 성질이 있는지 진리표를 보면서 알아보자. 먼저 아래의 기본 형식 함수를 직관적으로 살펴보면, 첫 항 xy가 1이 되려면 $(xyz) = 110, 111(x = 1, y = 1$에 $z = $ 무관)이 해당되고, 두 번째 항 $y'z$가 1이 되는 경우는 $(xyz) = 001, 101(x = $ 무관, $y = 0, z = 1)$이라는 것을 안다. 그러나 이렇게 직관적으로 풀이하면 실수하기 쉬우므로 앞서 배운 제거된 변수를 추가해 표준 형식으로 변환한 후 진리표를 완성해보자. 여기서 표준 형식은 진리표 값을 1:1 방식으로 수식화한다는 것을 다시 기억하자.

$$F(x, y, z) = xy + y'z$$
$$= xy(z' + z) + y'z(x' + x)$$
$$= xyz' + xyz + x'y'z + xy'z$$

$$= x'y'z + xy'z + xyz' + xyz$$
$$= m_1 + m_5 + m_6 + m_7 = \sum(1, 5, 6, 7)$$

이므로 해당 위치의 함수 값이 1이며 나머지는 0인 표 2.7과 같이 정리된다.

위 함수의 표준 형식에 부정 연산을 적용해보자. 순서가 중요하므로 최소항을 순서대로 정리하면 다음과 같이 표현된다.

$$[F(x, y, z)]' = (x'y'z + xy'z + xyz' + xyz)' = (m_1 + m_5 + m_6 + m_7)'$$
$$= [\sum(1, 5, 6, 7)]'$$

여기서 부울 함수 부분에 드모르간 법칙을 적용하면,

$$[F(x, y, z)]' = (x + y + z')(x' + y + z')(x' + y' + z)(x' + y' + z')$$
$$= M_1 M_5 M_6 M_7$$
$$= \Pi(1, 5, 6, 7)$$

로 표현되므로 각각의 최소항을 부정하면 동일한 위치의 최대항이 됨을 알 수 있다. 위의 첫 번째 항에 대한 드모르간 법칙을 살펴보면,

$$m_1 = x'y'z \,, (m_1)' = (x'y'z)' = (x + y + z') = M_1$$

이다. 여기에 항의 순서 번호를 k라고 일반화하면,

$$m_k' = M_k \text{ 및 } M_k' = m_k$$

표 2.7 $F(x, y, z) = xy + y'z$의 진리표

x	y	z	F	F'
0	0	0	0	1
0	0	1	1	0
0	1	0	0	1
0	1	1	0	1
1	0	0	0	1
1	0	1	1	0
1	1	0	1	0
1	1	1	1	0

이 성립된다. 그리고 표 2.7의 진리표에서 F와 F'의 0과 1의 값으로 각각 SOP와 POS 형식으로 표현하면, 위의 부정 연산에 의한 최소항과 최대항의 변환 관계를 잘 알 수 있다.

$$F(x, y, z) = \sum(1, 5, 6, 7) = \prod(0, 2, 3, 4)$$
$$[F(x, y, z)]' = \prod(1, 5, 6, 7) = \sum(0, 2, 3, 4)$$

이렇게 SOP나 POS로 표현된 아래와 같은 기본 형식의 부울 함수를 논리 회로로 구현하면, 그림 2.8과 같이 항상 곱의 합과 합의 곱 형태의 2단계 게이트 군으로 형성된다. 이를 **2-단계 구현(2-level implementation)**이라고 부른다. SOP는 곱의 합 표현이므로 순서대로 1단이 AND 게이트, 2단이 OR 게이트로 구성되어 AND-OR가 구현되며, POS는 합의 곱 표현이므로 1단이 OR 게이트, 2단이 AND 게이트로 구성되어 OR-AND가 구현된다. 여기서 좌측에 있는 입력 변수와 그 입력의 반전은 기본적으로 제공된다고 보기 때문에 게이트 레벨 구분에는 일반적으로 포함하지 않는다.

$$F_1(x, y) = x'y + xy' : \text{canonical form(SOP)}$$
$$F_2(x, y) = (x + y)(x' + y') : \text{canonical form(POS)}$$

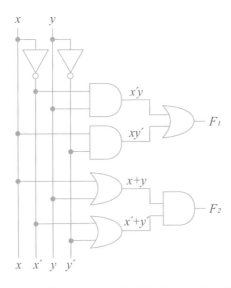

그림 2.8　**곱의 합(SOP) 및 합의 곱(POS)의 2-단계 구현 회로**

표 2.8　그림 2.8의 구현 함수 F_1과 F_2의 진리표

x	y	F_1	F_2
0	0	0	0
0	1	1	1
1	0	1	1
1	1	0	0

지금 구현된 그림 2.8의 두 함수 F_1과 F_2의 진리표를 위의 수식으로 작성해 보자. 이 함수는 진리표가 같고 모두 XOR이며 등가회로이다. 이 경우에는 모두 2-입력 게이트 3개를 사용하여 2-단계로 구현되었으며 회로의 복잡도가 같기 때문에 어떤 형식으로 구현해도 무방하다. 그러므로 앞으로 우리가 구현해야 할 논리 회로는 진리표에서 SOP나 POS 중 어느 한 형태의 기본 또는 표준 형식으로 부울 함수를 표현하여 사용한다. 경우에 따라 각 형태의 복잡도가 다르므로 더 간단한 방식을 선택하기 위해서는 두 부울 함수의 표현 방식 모두에 익숙해져야 한다.

2.5 2-변수 부울 함수와 부수적 연산

부수적 논리 연산자

기본 논리 연산자에는 NOT, AND, OR가 있지만, 앞에 소개된 XOR나 XNOR와 같이 많이 활용되는 부가적인 논리 연산자도 있다. 이들 연산은 기본 논리 연산으로 구현 가능하므로 2차적 또는 부수적 논리 연산이라고 부른다. 이 절에서는 2-변수 입력에 대해 나타날 수 있는 모든 부울 함수를 살펴보고 부수적인 연산 게이트의 표기에 대해 알아보자.

표 2.9와 같이 2-변수의 입력 가능한 모든 경우의 수는 $4(2^2)$개이고, 출력의 개수가 4개이므로 나타날 수 있는 부울 함수의 모든 경우는 $16(2^4)$개이다. 이들

표 2.9 2-변수의 모든 부울 함수에 대한 진리표

x	y	최소항	최대항	F_0	F_1	F_2	F_3	F_4	F_5	F_6	F_7	F_8	F_9	F_{10}	F_{11}	F_{12}	F_{13}	F_{14}	F_{15}
0	0	$x'y'$	$x+y$	0	1	0	1	0	1	0	1	0	1	0	1	0	1	0	1
0	1	$x'y$	$x+y'$	0	0	1	1	0	0	1	1	0	0	1	1	0	0	1	1
1	0	xy'	$x'+y$	0	0	0	0	1	1	1	1	0	0	0	0	1	1	1	1
1	1	xy	$x'+y'$	0	0	0	0	0	0	0	0	1	1	1	1	1	1	1	1

에 대해 하나씩 부울 함수로 표현해보자. 함수의 순서는 부울 함수 결과의 아랫부분을 MSB로 보고 0000 ~ 1111까지 번호를 부여하여 정리하였다.

1) F_0과 F_{15}

F_0은 모두 0으로 입력 변수에 영향받지 않고 항상 결과가 0이므로 logic-0이다. 그렇다면 우리는 이 함수를 어떻게 구현할 수 있을까? 전기전자 시스템에서 항상 0인 상태는 전원의 접지(ground 또는 earth)인 0V이다. 그러므로 이것을 구현하려면 함수의 출력단을 접지와 연결한다.

마찬가지로 F_{15}는 입력에 무관하게 모두 1이므로 항상 logic-1은 전원의 바이어스 (+) 전압이다. 보통 +5V를 사용하므로 구현 시 +전원에 연결한다. 이들 부울 함수 표현은 다음과 같다.

$$F_0 = 0 \text{과} \quad F_{15} = 1$$

2) F_1

F_1을 SOP로 표현하면,

$$F_1 = x'y' = (x + y)'$$

결과 $x'y'$에 드모르간 법칙을 적용하면 OR 연산에 NOT을 적용하였다고 해서 NOR라고 한다. 기호는 그림 2.9에서와 같다. 이번에는 F_1을 0인 값을 묶어 POS로 표현해 정리하면 SOP 형식과 같다.

$$F_1 = (x + y')(x' + y)(x' + y') = (xy + x'y')(x' + y') = x'y'$$

3) F_2와 F_4

각 진리표에 SOP를 적용하면 아래와 같다.

$$F_2 = x'y, \quad F_4 = xy'$$

이것을 금지(inhibition) 연산이라고 하며, F_2에서 x를 제어 입력으로 설정해 $x = 0$이면 $F_2 = y$가 되어 y를 통과시킨다. $x = 1$이면 y에 무관하게 출력을 0으로 만든다. 진리표에서 $x = 1$일 때 출력이 모두 0이 되고 $x = 0$이면 출력이 y와 같게 되는 것을 볼 수 있다.

F_2의 금지 연산은 y/x로 표현하기도 한다. 그리고 F_4는 y를 제어 입력으로 출력을 0으로 만들거나 x를 통과시키며, 이 금지 연산은 x/y로 표현한다. 금지 게이트의 기호는 그림 2.9에서와 같이 제어 입력단에 부정 표시가 있는 AND 게이트로 되어 있다.

4) F_3과 F_{12} 및 F_5과 F_{10}

이 함수들을 정리하면 다음과 같다.

$$F_3 = x'y' + x'y = x'(y' + y) = x'$$
$$F_{12} = xy' + xy = x(y' + y) = x$$
$$F_5 = x'y' + xy' = (x' + x)y' = y'$$
$$F_{10} = x'y + xy = (x' + x)y = y$$

이것은 각 변수의 보수 연산을 하는 인버터와 논리 값 그대로를 전달하는 버퍼이므로 설명은 생략한다.

5) F_6과 F_9

F_6과 F_9는 각각 XOR와 XNOR이다. 특히 XOR 연산은 통신에서 오류 발생 여부를 검사하는 패리티(parity)* 비트를 만들 때 많이 사용되며 사용 방법과 활용에 대해서는 다음 절에서 설명한다.

$$F_6 = x'y + xy' = x \oplus y$$
$$F_9 = x'y' + xy = x \odot y$$

패리티 비트

패리티 비트는 데이터 비트에 XOR 연산을 수행하여 나온 결과를 추가하는 비트로서 전송 오류를 검출하는 용도로 사용된다.

6) F_7

이 함수를 SOP로 표현하면,

$$F_7 = x'y' + x'y + xy' = x'(y' + y) + xy' = x' + xy'$$
$$= (x' + x)(x' + y') = (x' + y') = (xy)'$$

인데, 이 경우 POS로 정리하면 아래와 같이 간단히 정리할 수 있다.

$$F_7 = (x' + y') = (xy)'$$

그 이유는 함수 결과가 1인 최소항은 3개이고, 0인 최대항이 1개일 때는 3개의 항을 묶는 것보다 적은 개수의 항으로 표현하는 것이 더 간단하기 때문이다. 앞의 F_1 함수에서는 함수 결과가 1인 항이 1개이므로 최소항의 합인 SOP가 POS보다 간단한 것을 보았다. 그러므로 F_7에는 함수 결과가 0인 최대항이 1개이므로 POS가 더 간단하다. 이 연산은 AND에 NOT 연산을 하였기 때문에 NAND 연산이라고 한다.

7) F_8과 F_{14}

F_8은 함수 결과에서 1이 1개이므로 SOP로 표현하고 F_{14}는 함수 결과에서 0이 1개이므로 POS로 표현하면, 각각 기본 연산자인 AND와 OR 연산이 된다.

$$F_8 = xy, \quad F_{14} = x + y$$

| NAND | NOR | XOR | XNOR | Inhibition | Implication |

그림 2.9　부수적인 논리 게이트와 기호

8) F_{11}과 F_{13}

이 함수에는 0이 하나이므로 POS로 정리하면

$$F_{11} = x' + y, \quad F_{13} = x + y'$$

이다. 이 연산들은 함축 또는 함의(implication) 연산이라고 하며, F_{11}은 x를 제어 입력으로 설정해 $x = 0$이면 y와 무관하게 결과를 1로 만들고 $x = 1$이면 y값을 출력으로 전달한다. 위에서 본 금지와 비슷하지만 차이점은 금지의 출력은 0 또는 다른 입력이고 함의의 출력은 1 또는 다른 입력이다.

F_{11}은 $x \rightarrow y(x \supset y)$, F_{13}은 $y \rightarrow x(x \subset y)$와 같이 표시한다. 화살표/부분집합(subset) 앞의 변수를 선행자(antecedent)라고 한다. 선행자가 거짓이면 결과는 무조건 참이고, 선행자가 참이면 화살표/부분집합 뒤의 후행자(consequent) 값이 출력되므로 이 경우를 금지에서와 같이 조건부적으로 참과 거짓이 결정된다고 말한다. 그림 2.9는 위의 정리에서 새롭게 나온 논리 연산자의 기호를 나타낸다.

만능 게이트

NAND와 NOR 게이트는 AND, OR 및 XOR 게이트만큼 자주 사용되는 게이트이다. 그리고 NAND와 NOR만으로 모든 게이트를 구현 가능하므로 두 게이트를 만능 게이트(universal gate)라고 부른다. 여기서 이 두 게이트로 기본 게이트를 만들 수 있다는 사실을 증명하면 모든 게이트를 만들 수 있다고 단언할 수 있다. 먼저 NAND 게이트로 NOT 게이트인 인버터를 만들어보자.

인버터는 입력이 하나이므로 그림 2.10과 같이 두 입력을 연결하면, $x = y$가 되어 NAND 게이트의 입력이 표 2.10의 음영 부분과 같이 00과 11로 제한된다. 그러므로 자연스럽게 인버터가 된다.

표 2.10　NAND 게이트의 진리표

x	y	$F = (xy)'$
0	0	1
0	1	1
1	0	1
1	1	0

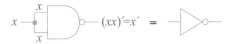

그림 2.10　NAND로 구현된 인버터

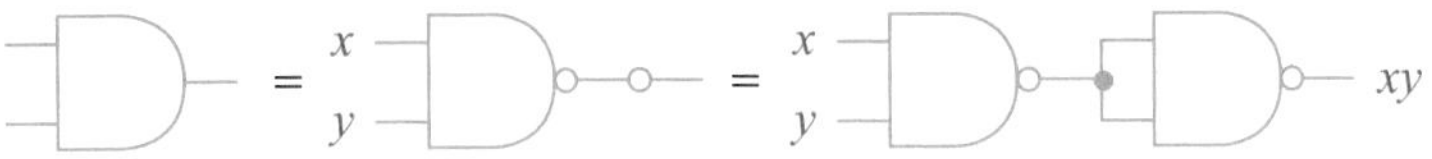

그림 2.11　NAND 게이트 2개로 구현된 AND 게이트

　이번에는 AND 게이트를 만들어보자. NAND는 $(xy)'$처럼 AND-NOT 연산이므로 이중 보수 $((xy)')'$을 취하면, AND-NOT-NOT이 되면서 부정 연산이 사라지고 xy가 되므로 조금 전에 만든 인버터를 뒤에 붙이면 그림 2.11처럼 AND 게이트가 된다.

　다음에는 OR 게이트를 만들기 위해 드모르간 법칙으로 아래의 NAND 함수의 수식을 정리하면 OR 연산이 나타났지만, 입력들에 NOT 연산이 있다. 입력에 각각 부정 연산을 수행하면 OR 게이트가 된다. 이 과정을 그림 2.12에 나타내었다.

$$F(x, y) = (xy)' = (x)' + (y)'$$

그러므로 NAND 게이트만으로 기본 논리 게이트 NOT, AND 및 OR를 모두

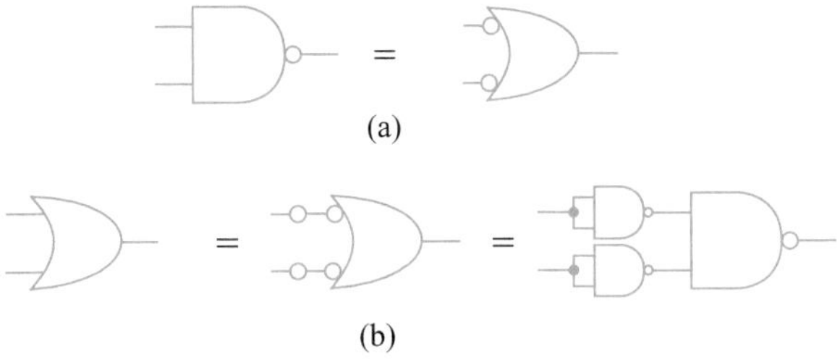

(a)

(b)

그림 2.12　NAND 게이트 3개로 구현된 OR 게이트:
(a) 드모르간 법칙의 게이트 변화, (b) OR 게이트

표 2.11   NOR 게이트의 진리표

x	y	$F = (x + y)'$
0	0	1
0	1	0
1	0	0
1	1	0

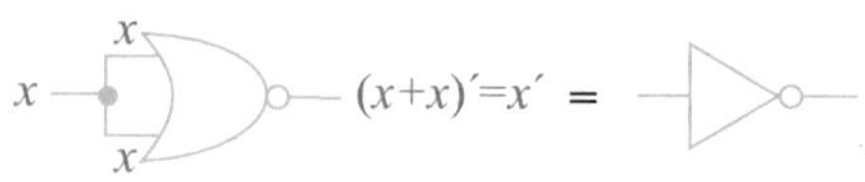

그림 2.13   NOR로 구현된 인버터

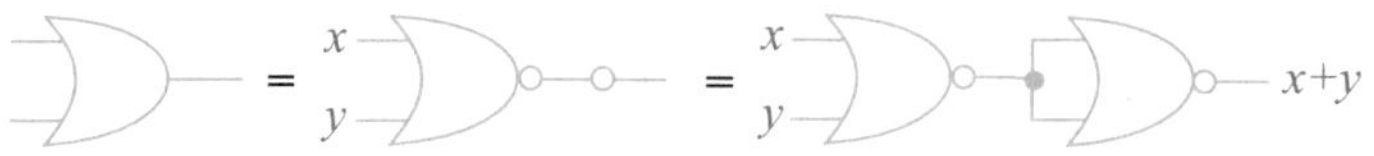

그림 2.14   NOR 게이트 2개로 구현된 OR 게이트

만들 수 있다는 것이 확인되었다.

다음으로 NOR 게이트를 이용하여 동일한 과정을 수행해보자. NOR 게이트 도 그림 2.13과 같이 두 입력을 연결하면 표 2.11의 음영 부분과 같이 입력 값이 00과 11로 제한되므로 인버터가 된다. 그리고 OR 게이트를 만들어보자. NAND 에서 사용했던 방법과 같이 NOR의 OR-NOT에 이중 보수 $((x + y)')'$를 취해 부 정 연산을 제거하고 $x + y$를 얻으면 그림 2.14처럼 OR 게이트가 된다.

마지막으로 AND 게이트는 아래의 수식처럼 드모르간 법칙을 적용해 합을 곱 형태로 변환 후 입력에 부정 연산을 수행하면 그림 2.15와 같다.

$$F(x, y) = (x + y)' = (x)'(y)'$$

이렇게 NAND/NOR 게이트만으로 기본 논리 게이트를 만들 수 있어 어떤

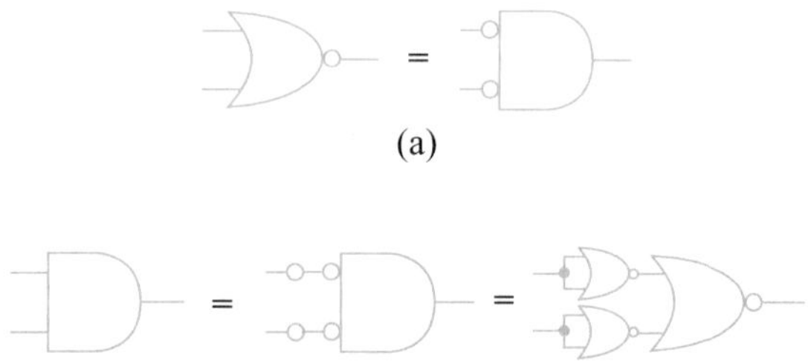

(a)

그림 2.15   NOR 게이트 3개로 구현된 AND 게이트:
(a) 드모르간 법칙의 게이트 변화, (b) AND 게이트

논리 회로라도 NAND나 NOR 게이트 한 가지만을 사용해 구현 가능하다. 그래서 이 두 게이트 각각을 만능 게이트라고 부른다.

게이트의 입력 확장

이제까지 우리는 2-입력 게이트에 대한 예만 보았는데, 3- 또는 4-입력 이상의 게이트가 필요할 때 2-입력 게이트를 단순 확장해 얻을 수 있는지 확인해보자. 만약 확장할 수 없다면 전용 3- 또는 4-입력 이상의 게이트를 사용해야 한다. 먼저 그림 2.16을 보면 AND 게이트는 2-입력 게이트를 계속 연결해 다중 입력 게이트로 확장할 수 있다.

마찬가지로 OR 게이트도 단순 확장으로 다중 입력 게이트를 만들 수 있는데, 입력 변수의 연산 순서를 변경해도 결과 값이 동일하기 때문이다. 즉, **결합 법칙과 교환 법칙이 성립하는 연산**은 **단순 확장으로 다중 입력 게이트 설계가 가능**함을 의미하며, 그 이유는 합과 곱으로만 표현된 연산은 결합과 교환법칙이 자동 성립되기 때문이다. 3-과 4-입력에 대해 부울 함수의 결합법칙을 정리하면 아래와 같다. 교환법칙의 경우는 예시에서 제외하였고 그림 2.16에 OR 게이트의 확장 그림은 AND와 동일하기 때문에 나타내지 않았다.

$$F_1 = (xy)z = x(yz) = xyz: \text{3-입력 AND}$$

$$F_2 = (wx)(yz) = wxyz: \text{4-입력 AND}$$

$$F_3 = (x + y) + z = x + (y + z) = x + y + z: \text{3-입력 OR}$$

$$F_2 = (w + x) + (y + z) = w + x + y + z: \text{4-입력 OR}$$

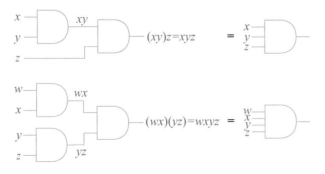

그림 2.16　2-입력 AND 게이트의 확장

표 2.12 XOR의 진리표

x	y	z	$x{\oplus}y$	$y{\oplus}z$	$(x{\oplus}y){\oplus}z$	$x{\oplus}(y{\oplus}z)$	$x{\oplus}y{\oplus}z$
0	0	0	0	0	0	0	0
0	0	1	0	1	1	1	1
0	1	0	1	1	1	1	1
0	1	1	1	0	0	0	0
1	0	0	1	0	1	1	1
1	0	1	1	1	0	0	0
1	1	0	0	1	0	0	0
1	1	1	0	0	1	1	1

그림 2.17   XOR 게이트의 다중 입력 확장

다음은 XOR 게이트에 확장을 적용하기 위해 3-입력의 진리표를 작성하여 $x \oplus y \oplus z$, $(x \oplus y) \oplus z$ 그리고 $x \oplus (y \oplus z)$의 결과를 표 2.12에서 비교해보자. 이제까지 2-입력에 대한 XOR 연산을 보았으므로 3-입력에는 생소하게 느껴질 것이다. 여러 입력 변수들에 대한 XOR 연산을 쉽게 설명하자면, 입력 변수에서 1의 개수가 홀수 개일 때 반응하여 결과가 1이 되는 연산이다. 그러므로 기함수 (odd function)라고 부른다.

예를 들어, $0 \oplus 1$은 1의 개수가 1개이므로 결과가 $0 \oplus 1 = 1$이 된다는 뜻이며, 결과 비트까지 포함하면 $(0 \oplus 1 = 1)$에서는 1이 2개 있어 전체 수식을 한 번에 작성했을 때는 1의 개수를 짝수 개로 만든다. 그러므로 3-입력을 예로 들면, $0 \oplus 1 \oplus 1 = 0$(전체 1이 2개), $1 \oplus 1 \oplus 1 = 1$(전체 1이 4개)이 된다. 결론적으로 XOR 연산은 결합과 교환법칙이 성립하므로 2-입력 게이트로 다중 입력 게이트를 그림 2.17과 같이 만들 수 있다. 참고로 XNOR 연산은 입력 변수에서 1의 개수가 짝수 개일 때 결과가 1이 되므로 우함수(even function)라고 하며, 결과 비트까지 포함하면 입력 + 결과 비트들에서 1의 개수는 홀수 개가 된다.

그렇다면, 표 2.12의 진리표에서 표준 형식의 부울 함수를 유도해 3-입력

XOR의 수식을 한 번 살펴보자. 앞에서 XOR와 XNOR의 표현식을 자주 보았으므로 첫 번째 정리에서 $(y \oplus z)$로 정리가 어렵지 않을 것이다. 마지막 단계에서 $(y \oplus z)$를 하나의 변수로 치환하면 3-변수의 XOR가 정리된다. 우측 예에서 다른 변수를 먼저 정리하여도 교환법칙이 성립하므로 같은 결과를 얻을 수 있다.

3-input XOR

$$= F(x, y, z) = \sum(1, 2, 4, 7) \qquad\qquad = x'y'z + x'yz' + xy'z' + xyz$$
$$= x'(y'z + yz') + x(y'z' + yz) \qquad = y'(x'z + xz') + y(x'z' + xz)$$
$$= x'(y \oplus z) + x(y \odot z) \qquad\qquad = y'(x \oplus z) + y(x \odot z)$$
$$= x'(y \oplus z) + x(y \oplus z)' \qquad\qquad = y'(x \oplus z) + y(x \oplus z)'$$
$$= x \oplus (y \oplus z) = x \oplus y \oplus z \qquad = y \oplus (x \oplus z) = y \oplus x \oplus z$$

마지막으로 많이 활용되는 NAND와 NOR 게이트도 2-입력에서 3-입력으로 확장해보자. 그림 2.18과 같이 단순 확장된 회로에서 부울 식을 정리하면,

NAND 확장 회로:

$$((xy)'z)' = xy + z' \neq (xyz)' = x' + y' + z' : \text{NAND 3-입력}$$

NOR 확장 회로:

$$((x+y)' + z)' = (x + y)z' = xz' + yz' \neq (x + y + z)' = x'y'z' : \text{NOR 3-입력}$$

와 같이 성립하지 않는다. 그러므로 NAND는 다중 입력으로 동작하는 단일 NAND 게이트를 설계하거나 AND 게이트로 입력 변수를 확장한 후, 마지막에 인버터를 추가하여 만든다.

마찬가지로 NOR 게이트도 다중 입력이 가능한 OR 게이트로 입력 변수의

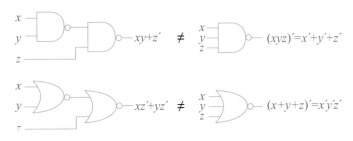

그림 2.18 NAND와 NOR 게이트의 다중 입력 성질

개수를 확장한 다음 인버터를 추가해야 한다. 여러분이 설계 환경에서 하나의 5-입력 NAND/NOR 게이트가 필요한데 없는 경우, 2- 또는 3-입력의 NAND/NOR 게이트를 단순 확장하면 부울 대수 법칙에 위배되므로 **AND/OR를 확장한 후 인버터를 추가해 구현**하기 바란다.

예제 2.5 $F(x, y, z) = xy + y'z$를 다음 게이트를 사용하여 구현하라.

(a) NAND   (b) NOR

풀이 및 해답

NAND와 NOR 게이트는 부정 연산이 포함되어 있으므로 부울 함수에 부정 연산을 적용해 곱이나 합의 형태로 변환하여 구현한다(각 변수의 부정을 고려하지 않음).

(a) $[F(x, y, z)]' = (xy + y'z)'$ [NAND는 SOP 형식에서 부정을 취함]

$\qquad = (xy)'\,(y'z)'$ [식을 곱 항의 부정 연산으로만 표현함]

$\quad F(x, y, z) = ((xy)'\,(y'z)')'$

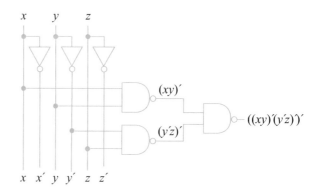

(b) $F(x, y, z) = xy + y'z = (xy + y')(xy + z)$

$\qquad = (x + y')(y + y')(x + z)(y + z) = (x + y')(x + z)(y + z)$

$\quad [F(x, y, z)]' = ((x + y')(x + z)(y + z))'$ [NOR는 POS 형식에서 부정을 취함]

$\qquad = (x + y')' + (x + z)' + (y + z)'$

$\qquad\qquad\qquad\qquad\qquad$ [식을 합 항의 부정 연산으로만 표현함]

$\quad F(x, y, z) = ((x + y')' + (x + z)' + (y + z)')'$

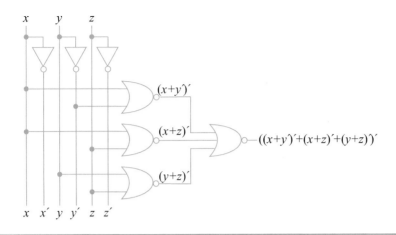

$$((x+y')' + (x+z)' + (y+z)')'$$

2.6 XOR 연산의 활용

패리티 검사

2진 비트로 이루어진 데이터를 전송하는 환경에서 종종 발생하는 비트 오류를 검사하기 위해 송수신 간에 일정의 통신 약속을 정해 오류 처리를 수행한다. 일반적으로 가까운 거리에서는 재전송이 쉬우므로 통신 오류 발생 여부를 검사하는 **오류 검출(error detection)** 기능만 사용하고, 오류가 발견되면 재전송을 요청한다. 반면 원거리에서는 재전송에 시간이 많이 소요되므로 발생 오류 교정 기능인 **오류 수정(error correction)**을 수행하는 것이 효율적일 수 있다.

오류 검출은 전송할 메시지 외에 추가되는 비트가 작아도 수행 가능하지만, 수정은 많은 추가 비트를 요구한다. 이렇게 전송 메시지 오류를 감지하거나 수정하기 위해 추가되는 비트를 **패리티 비트**라고 부르며, 이 비트들을 검사하는 것이 **패리티 검사(parity check)**이다.

패리티 비트의 간단한 예를 보자. 만약 전송할 메시지가 아래와 같이 8-비트라고 할 때, 오류 발생 체크를 위해 모든 메시지를 XOR 연산한 뒤 결과 P를 추가해 보낼 수 있다. 여기서 $P = 0 \oplus 0 \oplus 1 \oplus 0 \oplus 1 \oplus 0 \oplus 1 \oplus 1$이므로 결과 $P = 0$이다. 왜냐하면, XOR는 1의 개수가 홀수 개일 때 반응해 P를 포함한 전체 비트열에서 1의 개수를 짝수 개로 만들기 때문이다. 현재 메시지에서 1의 개수가

4개이므로 결과는 0이 된다.

$$\text{Message: } 0010\ 1011$$

$$\text{Tx data: } 0010\ 1011 + P = 0010\ 1011\ 0$$

그 결과 9-비트인 0010 1011 0이 전송된다. 수신단에서 받은 데이터의 MSB 3번째 비트에서 오류가 발생하였다고 가정해보자. 서로 정한 통신 규칙(protocol)에 따라 수신단에서는 전체 1의 개수가 짝수인데, 수신 데이터의 전체 비트에 대해 아래와 같이 XOR 연산으로 패리티 검사를 수행하면 검출 비트(detection bit) $D = 1$이 된다. 만약 오류가 발생하지 않았다면 수신단의 검출 비트 $D = 0$이 된다.

Rx data: 0000 1011 0: 오류

$$D = 0 \oplus 0 \oplus 0 \oplus 0 \oplus 1 \oplus 0 \oplus 1 \oplus 1 \oplus 0 = 1\text{: 오류 발생 감지}$$

Rx data: 0010 1011 0: 오류 없음

$$D = 0 \oplus 0 \oplus 1 \oplus 0 \oplus 1 \oplus 0 \oplus 1 \oplus 1 \oplus 0 = 0\text{: 오류 없음}$$

이렇게 간단히 1-비트만 추가해도 1-비트 오류를 검출할 수 있다. 그러나 1-비트만으로는 어느 위치에서 오류가 발생하였는지 판단할 수 없으며, 또한 두 비트에서 오류가 발생하면 오류 자체를 감지할 수도 없다.

오류를 수정하기 위해 다음 예를 보자. 16-비트의 메시지를 전송하는 경우로 아래와 같이 4-비트씩 나누어 2차원으로 많은 패리티를 붙인다고 가정하자.

$$\text{Message: } 0010\ 1001\ 1101\ 0110$$

패리티 추가 형태

0	0	1	0	P_1		0	0	1	0	1		0	0	1	0	1
1	0	0	1	P_2		1	0	0	1	0		1	1	0	1	0
1	1	0	1	P_3	➡	1	1	0	1	1	➡	1	1	0	1	1
0	1	1	0	P_4		0	1	1	0	1		0	1	1	0	1
P_5	P_6	P_7	P_8			0	0	0	0			0	0	0	0	

| 패리티 구성 | 전송 데이터 | 수신 데이터 |

두 번째 표에서처럼 8개의 패리티가 2차원으로 자신의 열과 행의 메시지에

대한 XOR 연산 수행 결과를 추가해 전송한다. 만약 수신된 데이터인 세 번째 표에서 2행 2열에서 오류가 발생하였다면, P_2와 P_6에서 XOR 연산 결과가 다르게 나오므로 오류가 검출되고 만나는 교점에서 오류가 발생되었다는 것을 알 수 있다. 그러나 이 예에서도 마찬가지로 두 비트 이상 오류가 발생하거나 패리티 비트에서 오류가 발생하면 수정할 수는 없고 오류 발생만 감지할 수 있다.

　근거리의 내부 통신에서는 1-비트 오류가 95% 이상을 차지한다고 하지만, 보편적인 통신 환경에서는 인접한 여러 비트에서 동시에 오류가 발생하는 다발성 오류(burst error)가 흔하게 나타나므로 다수 비트의 오류를 검출하기 위한 순환 중복 검사(CRC)* 기법이 많이 쓰인다. 이 절에서는 XOR 연산의 간단한 활용을 다루기 때문에 1-비트 오류를 수정할 수 있는 내용을 살펴보기로 하자.

순환 중복 검사

순환 중복 검사(CRC: cyclic redundancy check) 기법은 통신 환경에서 데이터 무결성(integrity)을 검증하기 위한 방식이다. 송수신 측이 다항식으로 표현된 동일한 2진수 열을 나누어 가지며, 송신 측이 데이터를 다항식으로 나눈 나머지를 패리티로 붙여서 보내면, 수신 측이 동일한 다항식으로 나누어 나머지가 같은지를 검사하는 방식으로 오류를 검증한다. 이 검사 기법에서도 XOR 연산이 사용된다.

해밍 코드

가장 효율적인 1-비트 오류 수정 기능을 가진 패리티 비트 추가 방식이 해밍 코드(Hamming code)이다. 이 코드는 해밍(Richard W. Hamming)에 의해 1950년에 개발된 것으로 초기에 펀칭 카드 방식의 4-비트 데이터 입력 오류를 자동으로 수정하기 위해 패리티 비트를 3-비트 추가하는 방식으로 고안되었지만, 메시지가 4-비트 이상으로 늘어도 알고리즘 수정 없이 적용할 수 있다. 이 기법에서 사용되는 연산은 모두 XOR 연산이므로 관련 연산에 친숙해지도록 하자. 원리는 표 2.13과 그림 2.19에 정리하였다.

　자세히 설명하자면, 패리티 비트는 2^n 자리 위치에 배치한다. 그 이유는 2^n을 2진수로 바꾸면 항상 1이 유일하게 한 개 있는 수이므로 해당 자리에 1이 있는 메

표 2.13 해밍 코드 생성 원리 정리

Parity-bit			Message-bit		
위치		설명	위치		설명
10진수	2진수		10진수	2진수	
$1(2^0)$	1	2^n의 위치에는 패리티 비트가 배치되며, 해딩 자리에 1인 메시시 비트를 XOR로 관리함(2진수 표기에서 1이 하나인 값들임)	3	11	메시지 비트의 위치는 2진수 표기에서 1이 2개 이상인 값이므로 각 자리의 비트가 1인 자리의 패리티에 영향을 줌
$2(2^1)$	10		5	101	
$4(2^2)$	100		6	110	
$8(2^3)$	1000		7	111	
$16(2^4)$	10000		9	1001	
$\vdots$	$\vdots$		$\vdots$	$\vdots$	

번호	1	2	3	4	5	6	7	8	9	10	11	12
2진수	0001	0010	0011	0100	0101	0110	0111	1000	1001	1010	1011	1100
비트	P_1	P_2	M_3	P_4	M_5	M_6	M_7	P_8	M_9	M_{10}	M_{11}	M_{12}

$$P_1 = M_3 \oplus M_5 \oplus M_7 \oplus M_9 \oplus M_{11}$$
$$P_2 = M_3 \oplus M_6 \oplus M_7 \oplus M_{10} \oplus M_{11}$$
$$P_4 = M_5 \oplus M_6 \oplus M_7 \oplus M_{12}$$
$$P_8 = M_9 \oplus M_{10} \oplus M_{11} \oplus M_{12}$$

그림 2.19 해밍 코드 생성 원리

시지 비트를 관리하기 위함이다.

예를 들어 10진수 1의 위치에 있는 패리티 비트 P_1은 이진수로 LSB 위치에 1이 있다. 그러므로 2진수로 끝자리가 1인 모든 메시지 비트를 관리하므로 3, 5, 7, 9, …와 같이 모든 홀수 자리 위치의 메시지를 XOR로 확인하는 역할을 담당한다. 다음 P_2는 LSB에서 두 번째 위치가 1인 메시지 비트를 관리하므로 3, 6, 7, 10, 12, …를 관리한다. 그러므로 메시지 비트는 최소 2개 이상의 1이 존재하므로 최소 2개 이상의 패리티 비트에 의해 관리된다. 이런 규칙으로 그림 2.19와 같이 전송 데이터를 생성해 송신한다.

초기에 사용된 해밍 코드는 메시지가 4-비트(위치: 3, 5, 6, 7)이므로 패리티가 3개(위치: 1,2,4) 추가되어 메시지 대비 패리티가 과도하게 사용되는 것처럼 보인다. 하지만 패리티 위치가 2^n 위치에 있어 그 다음 위치가 8, 16, 32, 64로 변하므로 메시지의 양이 점차 급격히 늘어나는 구조여서 상대적으로 패리티 비트 증가는 작은 편이다. 전송 데이터는 메시지를 모두 포함하는 위치까지 데이터를 생성하면 된다. 예를 들어 메시지가 10-비트라 할지라도 패리티는 P_8까지만 있으면 되는데, 13과 14의 위치에 메시지가 들어갈 수 있는 비트이기 때문이다.

그림 2.19의 해밍 코드 생성 원리로 8-비트의 메시지를 전송한다고 가정하고 데이터를 만들어보자. 패리티와 메시지가 아래와 같은 순서로 배치된다.

Message: 0010 1011

Tx data: $P_1P_2M_3P_4M_5M_6M_7P_8M_9M_{10}M_{11}M_{12} = P_1P_20P_4010P_81011$
$$= 0000010\lvert1011$$

$P_1 = M_3 \oplus M_5 \oplus M_7 \oplus M_9 \oplus M_{11} = 0 \oplus 0 \oplus 0 \oplus 1 \oplus 1 = 0$

$P_2 = M_3 \oplus M_6 \oplus M_7 \oplus M_{10} \oplus M_{11} = 0 \oplus 1 \oplus 0 \oplus 0 \oplus 1 = 0$

$P_4 = M_5 \oplus M_6 \oplus M_7 \oplus M_{12} = 0 \oplus 1 \oplus 0 \oplus 1 = 0$

$P_8 = M_9 \oplus M_{10} \oplus M_{11} \oplus M_{12} = 1 \oplus 0 \oplus 1 \oplus 1 = 1$

수신된 데이터에서 오류 검사는 코드 생성 원리를 알고 있으므로 각 패리티에 대한 오류 유무를 판단하며, 오류가 없다면 모두 0이 발생할 것이다.

$C_1 = P_1 \oplus M_3 \oplus M_5 \oplus M_7 \oplus M_9 \oplus M_{11} = 0 \oplus 0 \oplus 0 \oplus 0 \oplus 1 \oplus 1 = 0$

$C_2 = P_2 \oplus M_3 \oplus M_6 \oplus M_7 \oplus M_{10} \oplus M_{11} = 0 \oplus 0 \oplus 1 \oplus 0 \oplus 0 \oplus 1 = 0$

$C_4 = P_4 \oplus M_5 \oplus M_6 \oplus M_7 \oplus M_{12} = 0 \oplus 0 \oplus 1 \oplus 0 \oplus 1 = 0$

$C_8 = P_8 \oplus M_9 \oplus M_{10} \oplus M_{11} \oplus M_{12} = 1 \oplus 1 \oplus 0 \oplus 1 \oplus 1 = 0$

만약 수신된 데이터의 7번째 비트에 오류가 발생되었다고 가정하고 수신 단의 패리티 검사를 수행해보자.

Rx data: 000001\lvert11011

$C_1 = P_1 \oplus M_3 \oplus M_5 \oplus M_7 \oplus M_9 \oplus M_{11} = 0 \oplus 0 \oplus 0 \oplus 1 \oplus 1 \oplus 1 = 1$

$C_2 = P_2 \oplus M_3 \oplus M_6 \oplus M_7 \oplus M_{10} \oplus M_{11} = 0 \oplus 0 \oplus 1 \oplus 1 \oplus 0 \oplus 1 = 1$

$$C_4 = P_4 \oplus M_5 \oplus M_6 \oplus M_7 \oplus M_{12} = 0 \oplus 0 \oplus 1 \oplus 1 \oplus 1 = 1$$
$$C_8 = P_8 \oplus M_9 \oplus M_{10} \oplus M_{11} \oplus M_{12} = 1 \oplus 1 \oplus 0 \oplus 1 \oplus 1 = 0$$

그 결과 M_7이 포함된 곳에서만 1이 발생된다. 그러므로 수정을 위한 위치 (correction position)는 $C_8 C_4 C_2 C_1 = 0111$을 2진수 그대로 읽으면 7이 된다. 7번째 비트는 오류이므로 반전시키면 수정이 완료된다. 패리티 검사의 위치가 오류의 위치인 이유는 패리티기 2^n 위치에 삽입되어 숫자를 2진수로 변환하는 원리와 같기 때문이다.

Rx data: 000001111011 → corrected data: 000001011011

예제 2.6 4-비트 메시지 1101로 해밍 코드를 생성하고 생성된 해밍 코드에서 4번째 비트에 강제로 오류를 발생시켜 해당 위치가 오류 위치로 검사되는지 확인하라.

풀이 및 해답

메시지가 4-비트이므로 패리티는 $P_1 P_2 P_4$가 필요함

Message: 1101

Tx data: $P_1 P_2 M_3 P_4 M_5 M_6 M_7 = P_1 P_2 1 P_4 101 = \underline{1010101}$

$$P_1 = M_3 \oplus M_5 \oplus M_7 = 1 \oplus 1 \oplus 1 = 1$$
$$P_2 = M_3 \oplus M_6 \oplus M_7 = 1 \oplus 0 \oplus 1 = 0$$
$$P_4 = M_5 \oplus M_6 \oplus M_7 = 1 \oplus 0 \oplus 1 = 0$$

Rx data: $P_1 P_2 M_3 P_4 M_5 M_6 M_7 = 101\mathbf{1}101$(4번째 비트 P_4 오류)
$$C_1 = P_1 \oplus M_3 \oplus M_5 \oplus M_7 = 1 \oplus 1 \oplus 1 \oplus 1 = 0$$
$$C_2 = P_2 \oplus M_3 \oplus M_6 \oplus M_7 = 0 \oplus 1 \oplus 0 \oplus 1 = 0$$
$$C_4 = P_4 \oplus M_5 \oplus M_6 \oplus M_7 = 1 \oplus 1 \oplus 0 \oplus 1 = 1$$

따라서 오류 위치는 $C_4 C_2 C_1 = 100$이므로 4번째 위치에서 오류 발생 확인

Rx data: 1011101 → corrected data: 1010101

해밍 코드는 패리티 비트에서 오류가 발생해도 검출 가능하다.

원리로 쉽게 배우는 디지털 논리회로 설계

self-check

※ 아래 항목을 체크하고 뒷 면의 피드백을 작성하여 제출하시오.　　　YES | NO

1. 부울 대수를 이해하고 보수와 항등원을 설명할 수 있다. □ □

2. 이원성 원리를 설명할 수 있고 명제를 이원성 관계의 명제로 □ □
   변환할 수 있다.

3. 드모르간 법칙을 설명하고 논리식의 보수를 계산할 수 있다. □ □

4. 논리식을 논리 회로로 그릴 수 있다. □ □

5. 최소항과 최대항 표기 방법과 원리를 설명할 수 있다. □ □

6. 진리표에서 SOP 및 POS 형식의 부울 함수로 표현할 수 있다. □ □

7. 기본 형식과 표준 형식을 이해하고 차이점을 설명할 수 있다. □ □

8. 기본 형식으로 표현된 부울 함수를 표준 형식으로 변환할 수 있다. □ □

9. 최소항과 최대항의 관계를 설명할 수 있다. □ □

10. 최소항의 곱(SOP) 형식의 부울 함수를 최대항의 합(POS) 형식으로 □ □
    변환할 수 있다.

11. NAND, NOR, XOR, XNOR, 금지 및 함의 연산을 설명할 수 있다. □ □

12. 부수적인 연산 게이트를 그릴 수 있다. □ □

13. NAND/NOR 게이트로 기본 논리 게이트를 구현할 수 있다. □ □

14. 2-입력 게이트로 다중 입력 게이트를 만들 수 있는 연산자를 □ □
    설명할 수 있다.

15. 부울 함수를 NAND 및 NOR 게이트 형식으로 표현할 수 있다. □ □

16. 해밍 코드의 원리를 설명할 수 있다. □ □

학번		이름	

절취선

■ Feedback

※ 학습 내용 중 보충 설명이 필요하거나 학습 관련 문의 및 건의사항은 무엇인가요?

절
취
선

연습 문제

2.1 다음 논리식에 보수 연산을 적용하라.

(a) $a'b'c' + abc$ (b) $(x' + y')(y' + z)(x + z')$

2.2 다음 부울 함수식을 간소화하라.

(a) $ab' + ab$ (b) $(a + b')(a + b)$

(c) $x'yz' + x'yz + xy'z' + xyz'$ (d) $(x' + y' + z)(xy + z')$

2.3 다음 부울 함수식을 표준 형식으로 표현하고 진리표를 작성하라.

(a) $F(a,b,c) = ab' + ab$ (b) $F(x,y,z) = (x' + y)(y + z')$

2.4 다음 함수의 진리표를 작성하고 최소항의 합 및 최대항의 곱으로 표현하라.

$F(a,b,c,d) = a'b + bc + cd$

2.5 아래 부울 함수의 진리표를 작성하고 SOP 및 POS 기본 형식으로 각각 간소화한 뒤, AND-OR 및 OR-AND 형식의 2-단계 논리 회로도를 각각 그려라.

$F(x,y,z) = \sum(0, 1, 5, 7)$

2.6 아래 부울 함수의 진리표를 작성하고 부수적 논리 게이트를 이용하여 논리 회로도를 그려라.

(a) $((x \oplus y) + z)'$ (b) $((x \odot y)'z')'$

2.7 부울 함수 $F(x, y, z) = x'y + y'z$를 아래의 게이트로 구현하라.

(a) NAND   (b) NOR

2.8 아래의 메시지를 이용해 해밍 코드를 생성하고, 생성된 코드의 9번째 비트에 오류를 발생시켜 수신된 데이터를 수정하라.

Message: 11011 01010

참고 문헌

1. George Boole, *An Investigation of the Laws of Thought*[1854], Prometheus Books, 2003.

2. Edward V. Huntington, "Sets of independent postulates for the algebra of logic," *Transactions on Amer. Math. Soc.*, vol. 5, pp. 288-309, 1904.

3. E. V. Huntington, "New sets of independent postulates for the algebra of logic, with special reference to Whitehead and Russell's Principia mathematica," *Transactions on Amer. Math. Soc.*, vol. 35, pp. 274-304, 1933.

4. Claude E. Shannon, "A Symbolic Analysis of Relay and Switching Circuits," *Master's Thesis*, Massachusetts Institute of Technology, 1937.

5. J. Eldon Whitesitt, *Boolean Algebra and Its Applications*, Dover Publications, Inc., 2012.

6. Michael D. Ciletti, M. Morris R. Mano, *Digital Design 6th Edition*, Pearson Education Ltd., 2018.

7. Steven Givant, Paul Halmos, *Introduction to Boolean Algebras*, Springer, 2009.

8. Norman Balabanian, Bradley Carlson, *Digital Logic Design Principles*, John Wiley, 2001.

9. V. Rajaraman, T. Radhakrishnan, *Introduction to Digital Computer Design*, PHI Learning Pvt. Ltd., 2008.

10. Noel M. Morris, *Electrical Circuit Analysis and Design*, Springer, 1993.

11. J. J. Liou, A. Ortiz-Conde, F. Garcia-Sanchez, *Analysis and Design of MOSFETs-Modeling, Simulation and Parameter Extraction*, Springer, 1998.

12. Richard Wesley Hamming, "Error detecting and error correcting codes," *Bell System Technical Journal*, Vol. 29, No. 2, pp.147-160, 1950.

3장

논리식
간소화와 구현

3.1 논리식 간소화

부울 함수가 논리식으로 표현되면 곧바로 논리 게이트 회로를 구현할 수 있다. 논리식이 최대한 간소하게 표현되어야 최소 부품을 이용해 가장 효과적으로 회로를 구현할 수 있다. 그러나 앞 장에서 보았듯 입력 리터럴 수를 줄이기 위해 전개(expansion)와 인수분해(factorization)를 사용하면, 최적의 간소화(minimization)가 이루어졌는지 판단하기 힘들고 개인 역량에 따라 결과도 다르게 나타날 수 있다. 그러므로 우리에게는 간소화를 위한 간단하면서 일관되고 체계적인 방법이 필요하다.

1953년 카노(Maurice Karnaugh)는 1952년에 베치(Edward W. Veitch)가 발표한 챠트(chart) 이용 진리표 단순화(simplification) 기법을 개선한 **카노맵(Karnaugh-map)**이라는 **도식적 기법(graphical method)**을 소개하여 오늘날까지 논리식 간소화에 널리 이용되고 있다. 한편 1952년에 콰인(Willard V. Quine)에 의해 개발되고, 이후 1956년 맥클러스키(Edward J. McCluskey)에 의해 확장된 간소화 기법인 콰인-맥클러스키(Quine-McCluskey, QMC) 알고리즘이 있다. 이 콰인-맥클러스키 방법은 카노맵과 등가적이며, 6-변수 이상 많은 변수의 부울 함수를 컴퓨터 프로그래밍으로 간소화하기에 적합한 방식이지만, 5-변수 이하에서는 카노맵보다 번거로운 점이 있으므로 본문에서는 다루지 않고 부록에 소개한다.

간소화의 원리

간소화 방법의 원리를 이해하기 위해 3-변수 논리식을 예로 들어 설명한다. 최소항의 합인 SOP로 전개된 논리식에 대해 먼저 간소화 원리를 살펴본 뒤 최대항의 곱인 POS에 대한 내용을 다루기로 한다.

아래의 예와 같이 최소항의 합으로 전개된 두 항을 묶으려면(분배법칙의 역) 동일한 리터럴이 존재해야 하고, 값이 다른 리터럴은 보수 성질에 의해 합이 1이 되면서 제거된다.

$$m_0 + m_1 = x'y'z' + x'y'z = x'y'(z' + z) = x'y'$$
$$m_0 + m_2 = x'y'z' + x'yz' = x'z'(y' + y) = x'z'$$

$$m_1 + m_5 = x'y'z + xy'z = y'z(x' + x) = y'z$$

그렇다면, 3-변수 중 1개의 리터럴이 다른 경우는 표 3.1과 같이 모두 정리해 1개의 변수를 제거할 수 있다. 각 비트에 따라 정리하면 2개의 리터럴로 간소화 하여 정리될 수 있고, 동일한 비트의 위치에 따라 그 차이 값을 10진수로 보면 1, 2, 4와 같이 2의 승수만큼 값이 다르면 두 항을 서로 묶어 그 비트에 해당하는 리터럴을 없앨 수 있다.

표 3.1에서 간소화 가능한 각 최소항은 변수가 3개이므로 1-비트만 다른 3개의 최소항과 결합될 수 있다. 최소항의 표현식을 10진수 숫자로 표기하고 각 이웃(neighbor)을 연결해 도식으로 표현하면 그림 3.1과 같고, 모든 숫자(0 ~ 7)는 10진수로 각각 1, 2, 4의 차이가 나는 3개의 이웃을 가진다.

예를 들어 0은 1, 2, 4와 이웃이고 1은 0, 3, 5와 이웃이다. 이렇게 한 숫자의 이웃으로 정리된 도식이 그림 3.1(a)이다. 그 다음 정리된 각 숫자를 전체로 연결하려면 약간의 변형이 있어야 한다. 예컨대 중심이 0인 1행 첫 번째 열에서 0의 오른쪽 이웃이 1인데, 중심이 1인 두 번째 열은 0의 왼쪽 이웃이 1이므로 반사 변환해야 한다. 그러면 중심이 3인 네 번째 열과 일치하므로 세 번째 열과 네 번째 열은 교환하고, 세 번째 열은 다시 반사 변환해 정리한다. 2행 역시 같은 방식으

표 3.1 리터럴이 1개 다른 경우의 최소항 간소화 예

구분	논리식	최소항 표기	간소화 결과
bit-0($2^0 = 1$) z가 다른 경우	$x'y'z' + x'y'z$ $x'yz' + x'yz$ $xy'z' + xy'z$ $xyz' + xyz$	$m_0 + m_1$ $m_2 + m_3$ $m_4 + m_5$ $m_6 + m_7$	$x'y' = \Sigma(0,1)$ $x'y = \Sigma(2,3)$ $xy' = \Sigma(4,5)$ $xy = \Sigma(6,7)$
bit-1($2^1 = 2$) y가 다른 경우	$x'y'z' + x'yz'$ $x'y'z + x'yz$ $xy'z' + xyz'$ $xy'z + xyz$	$m_0 + m_2$ $m_1 + m_3$ $m_4 + m_6$ $m_5 + m_7$	$x'z' = \Sigma(0,2)$ $x'z = \Sigma(1,3)$ $xz' = \Sigma(4,6)$ $xz = \Sigma(5,7)$
bit-2($2^2 = 4$) x가 다른 경우	$x'y'z' + xy'z'$ $x'y'z + xy'z$ $x'yz' + xyz'$ $x'yz + xyz$	$m_0 + m_4$ $m_1 + m_5$ $m_2 + m_6$ $m_3 + m_7$	$y'z' = \Sigma(0,4)$ $y'z = \Sigma(1,5)$ $yz' = \Sigma(2,6)$ $yz = \Sigma(3,7)$

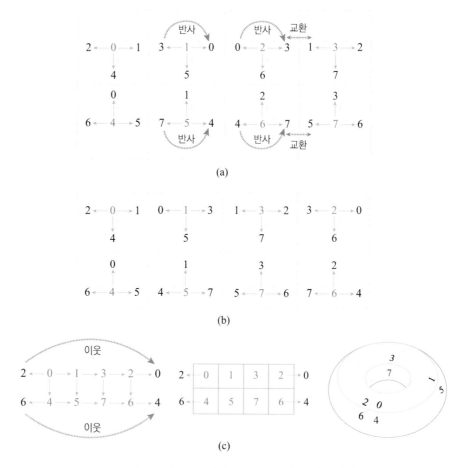

그림 3.1　리터럴 1개를 제거할 수 있는 이웃 관계

로 정리하면 그림 3.1(b)와 같이 중심과 이웃 숫자가 동일한 배열이 되며, 최종적으로 그림 3.1(c)와 같이 인접한 이웃들을 묶으면 1개의 리터럴을 제거 가능한 간소화 맵을 얻을 수 있다.

　　여기서 가장자리의 0과 2, 4와 6은 서로 이웃으로, 정확히 묘사하자면 격자를 3차원 도넛으로 표시해야 하는데, 그림을 2차원 평면에 간단히 그리기 위해 가장자리 경계를 잘라 펼쳤다고 생각하면 된다. 참고로 이 간소화 맵은 **1-비트씩 차이 나는 이웃 항을 차례대로 연결**하였으므로 그레이 코드 순서(0-1-3-2-6-7-5-4)와 동일하다.

　　표 3.1과 그림 3.1에서 서로 이웃이 아닌 최소항을 표 3.2에 나타내었다. 이는 표 3.1의 맵에서 대각선에 있거나 2칸 떨어진 최소항들로서 특히 서로 1의 보

표 3.2 한 개의 리터럴을 제거할 수 없는 경우

구분	논리식	최소항 표기	간소화 결과
모든 리터럴이 다른 경우 (1,3,5,7 차이)	$x'y'z' + xyz$ $x'y'z + xyz'$ $x'yz' + xy'z$ $x'yz + xy'z'$	$m_0 + m_7$ $m_1 + m_6$ $m_2 + m_5$ $m_3 + m_4$	1의 보수 관계로 모든 리터럴이 달라 간소화 안 됨
2개의 리터럴 이 다른 경우 (1,2,3,5,6)	$x'y'z' + x'yz$ $x'y'z' + xy'z$ $x'y'z' + xyz$ $x'y'z + x'yz'$ $x'y'z + xy'z'$ $x'y'z + xyz$ $x'yz' + xy'z$ $x'yz' + xyz$ $x'yz + xy'z$ $x'yz + xyz'$ $xy'z' + xyz$ $xy'z + xyz'$	$m_0 + m_3$ $m_0 + m_5$ $m_0 + m_6$ $m_1 + m_2$ $m_1 + m_4$ $m_1 + m_7$ $m_2 + m_4$ $m_2 + m_7$ $m_3 + m_5$ $m_3 + m_6$ $m_4 + m_7$ $m_5 + m_6$	$m_0 + m_3 = x'y'z' + x'yz$ $\quad = x'(y'z' + yz) = x'(y \odot z),$ $m_1 + m_4 = x'y'z + xy'z'$ $\quad = y'(x'z + xz') = x'(x \oplus z)$ 와 같이 간소화되지 않고 XOR, XNOR로 정리만 됨(추후 리터 럴 2개 제거 시 간소화 가능)

수 관계인 모든 리터럴이 다른 경우는 전체 부울 함수가 1이 되지 않는 이상 묶을 수 없다. 이것은 뒤에 다시 설명하기로 한다.

0	1	3	2
4	5	7	**6**

그림 3.2 리터럴 1개를 제거할 수 없는 경우

그림 3.2는 한 개의 리터럴을 제거할 수 없는 경우를 중심 1을 기준으로 표기한 것이다. 여기서 6(110)은 1(001)과 1의 보수 관계로 동일한 리터럴이 없는 경우이다. 이와 같이 인접한 두 최소항을 간소화한 후 다시 간소화된 결과(2개의 리터럴)들이 인접할 경우, 이들의 리터럴을 추가로 제거할 수 있다. 아래의 논리식 몇 개를 살펴보자.

$$x'y' = \Sigma(0,1), \ x'y = \Sigma(2,3): \text{인접}$$

$$F_1(x, y, z) = x'y' + x'y = x'(y' + y) = x' = \Sigma(0,1,2,3)$$

$$x'y' = \Sigma(0,1), \ xy' = \Sigma(4,5): \text{인접}$$

$$F_2(x, y, z) = x'y' + xy' = (x' + x)y' = y' = \Sigma(0,1,4,5)$$

그리고 더 확장해보면,

$$x' = \Sigma(0,1,2,3), x = \Sigma(4,5,6,7) : \text{인접}$$
$$F_3(x, y, z) = x' + x = 1 = \Sigma(0,1,2,3,4,5,6,7)$$

이 된다. 이 과정을 도식적으로 표현하면 그림 3.3(a)와 같다. F_1은 (0,1)과 (2,3)이 수평으로 인접해 통합되었고 F_2는 (0,1)과 (4,5)가 아래위로 인접한 경우이다. 만약 (0,4)와 (1,5)로 묶여 있어도 똑같이 F_2로 통합될 것이다($y'z'(\Sigma(0,4))$ + $y'z(\Sigma(1,5)) = y'$). 마지막으로 4개의 최소항이 묶여진 첫 행(x')과 둘째 행(x)이 결

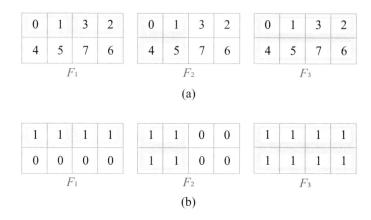

(a)

(b)

그림 3.3 리터럴 2개 이상을 제거할 수 있는 경우:
(a) 각 함수의 통합 요소, (b) 각 함수의 진리 값

표 3.3 F_1, F_2, F_3의 진리표

x	y	z	F_1	F_2	F_3
0	0	0	1	1	1
0	0	1	1	1	1
0	1	0	1	0	1
0	1	1	1	0	1
1	0	0	0	1	1
1	0	1	0	1	1
1	1	0	0	0	1
1	1	1	0	0	1

합된 F_3은 (0,1,2,3)과 (4,5,6,7)이 묶여 1이 된 것이다. 이처럼 전체의 진리 값이 1일 때는 모두 통합되어 1이 된다. 앞 장의 2-변수 예에서 전체가 1인 부울 함수는 logic-1로 항상 참인 경우를 기억하면 쉽게 이해될 것이다.

이 세 함수를 진리표로 표현하면 표 3.3과 같고 맵에서 진리 값을 표현한 것이 그림 3.3(b)이다. 이처럼 **진리표를 맵 형태로 표현**한 것이 **카노맵**이다. 그림 3.2와 표 3.2에서 보았던 대각선 위치에 있거나 2칸 떨어진 최소항은 그림 3.3에서와 같이 2개에서 4개의 최소항으로 묶여질 때(한 리터럴만 남을 때) 간소화되어 한 개의 리터럴만 남는다. 또한 앞에서 보수 관계로 모든 리터럴이 다른 경우들은 간소화할 수 없다고 설명했는데, 모든 함수 값이 1인 경우, 즉 입력에 상관없이 결과가 logic-1인 경우에만 묶을 수 있으므로 간소화가 안 된다고 표현하는 게 맞을 것이다.

여기서 항(implicant)이라는 용어를 알고 넘어가자. 그림 3.3에는 묶일 수 있는 많은 묶음이 있는데, 이를 항이라고 한다(맵에서 특정 위치의 1개 요소는 최소항이라고 표현한다). 그리고 더 이상 묶을(확장) 수 없는 항을 주항(prime impli-cant)이라고 한다. F_1에서 항은 (0,1), (1,3), (2,3), (0,1,2,3)이고, 주항은 (0,1,2,3)이다. 그러므로 **간소화는 더 이상 묶을 수 없는 주항의 집합을 찾는 과정**이라고 할 수 있다.

우리가 2장에서 배웠던 진리표에서 SOP 표준 형식으로 부울 함수 논리식을 표기하여 전개와 인수분해 기법으로 간소화하는 결과와 맵에서 인접한 이웃을 묶는 것은 완전히 등가적 방법이다. 따라서 최소항의 위치를 그림 3.1(c)와 같이 설정하고 도식적인 맵에서 간소화한다면 훨씬 편리할 것이다. 결론적으로 말하면, **최소항의 간소화**는 맵에서 1인 항을 최대한 크게 **2^n개(1,2,4,8,…)**씩 묶으면 된다. 여기서 1개의 최소항을 묶는다는 말은 묶을 수 있는 이웃이 없을 때 간소화되지 않고 단독 항으로 표현된다는 것을 의미한다.

이제 동일한 방법으로 최대항의 곱인 POS의 예를 살펴보자. 1개의 리터럴을 묶을 수 있는 최대항의 종류는 표 3.4와 같다.

아래와 같이 최대항의 곱으로 표현된 논리식에서 동일한 리터럴이 2개 존재하면 1개의 리터럴이 제거된다.

$$M_0 M_1 = (x + y + z)(x + y + z') = (x + y) + z'z = (x + y) = \Pi(0,1)$$

표 3.4　리터럴이 1개 다른 경우의 최대항 간소화 예

구분	논리식	최소항 표기	간소화 결과
bit-0($2^0 = 1$) z가 다른 경우	$(x+y+z)(x+y+z')$ $(x+y'+z)(x+y'+z')$ $(x'+y+z)(x'+y+z')$ $(x'+y'+z)(x'+y'+z')$	$M_0 M_1$ $M_2 M_3$ $M_4 M_5$ $M_6 M_7$	$(x+y) = \Pi(0,1)$ $(x+y') = \Pi(2,3)$ $(x'+y) = \Pi(4,5)$ $(x'+y') = \Pi(6,7)$
bit-1($2^1 = 2$) y가 다른 경우	$(x+y+z)(x+y'+z)$ $(x+y+z')(x+y'+z')$ $(x'+y+z)(x'+y'+z)$ $(x'+y+z')(x'+y'+z')$	$M_0 M_2$ $M_1 M_3$ $M_4 M_6$ $M_5 M_7$	$(x+z) = \Pi(0,2)$ $(x+z') = \Pi(1,3)$ $(x'+z) = \Pi(4,6)$ $(x'+z') = \Pi(5,7)$
bit-2($2^2 = 4$) x가 다른 경우	$(x+y+z)(x'+y+z)$ $(x+y+z')(x'+y+z')$ $(x+y'+z)(x'+y'+z)$ $(x+y'+z')(x'+y'+z')$	$M_0 M_4$ $M_1 M_5$ $M_2 M_6$ $M_3 M_7$	$(y+z) = \Pi(0,4)$ $(y+z') = \Pi(1,5)$ $(y'+z) = \Pi(2,6)$ $(y'+z') = \Pi(3,7)$

마찬가지로 확장하면,

$$(x + y) = \Pi(0,1), (x + y') = \Pi(2,3): \text{인접}$$

$$F_4(x, y, z) = (x + y)(x + y') = x + y'y = x = \Pi(0,1,2,3)$$

$$(x + y) = \Pi(0,1), (x' + y) = \Pi(4,5): \text{인접}$$

$$F_5(x, y, z) = (x + y)(x' + y) = x'x + y = y = \Pi(0,1,4,5)$$

$$x = \Pi(0,1,2,3), x' = \Pi(4,5,6,7): \text{인접}$$

$$F_6(x, y, z) = xx' = 0 = \Pi(0,1,2,3,4,5,6,7)$$

이 되며, 진리표와 통합 맵은 각각 표 3.5와 그림 3.4와 같다. 그러므로 최소항의 합 형식(SOP)은 1을 맵상에서 묶고, 최대항의 곱 형식(POS)은 0을 묶는다. 또한 SOP 표현 방식의 F_1, F_2, F_3은 POS 표현 방식인 F_4, F_5, F_6과 부정 연산 관계이다. 이런 원리의 고찰을 통해 카노맵이 고안되었다. 다음 절에서는 이 간소화 원리를 이용한 카노맵 기반의 논리식 간소화 방법을 체계적으로 정리한다.

표 3.5 F_4, F_5, F_6의 진리표

x	y	z	F_4	F_5	F_6
0	0	0	0	0	0
0	0	1	0	0	0
0	1	0	0	1	0
0	1	1	0	1	0
1	0	0	1	0	0
1	0	1	1	0	0
1	1	0	1	1	0
1	1	1	1	1	0

0	0	0	0
1	1	1	1

F_4

0	0	1	1
0	0	1	1

F_5

0	0	0	0
0	0	0	0

F_6

그림 3.4   **최대항의 간소화 예**

3.2 카노맵

SOP 형식의 간소화

논리식 간소화를 맵으로 정리한 위의 방식에서 이제 리터럴을 바로 표현하는 규칙에 대해 알아보자. SOP 표현에서 출발해 정리한 후 POS에 적용하기로 한다. 그림 3.5와 같이 10진수로 표기된 최소항의 위치를 2진수로 나타내면, 맵의 행과 열에서 동일한 부분의 리터럴을 찾을 수 있다. 세부적으로 보면 그림 3.5(a)는 카노맵에서 각 최소항의 위치를 10진수로 표기한 것이고, (b)는 2진수로 표기했을 때 최소항과 행/열에 대응되는 리터럴의 2진 값을 표시한 것이다.

    우리가 1인 최소항을 묶을 경우, 빠르고 편리하게 리터럴을 찾기 위해 각 리터럴이 1인 위치를 명시하면 도움이 많이 되므로 (c)와 같이 표시하면 유용하다. 가로 방향으로 아래 행에 위치하면 $x = 1$, 세로 방향으로 3, 4열은 $y = 1$, 세로 방

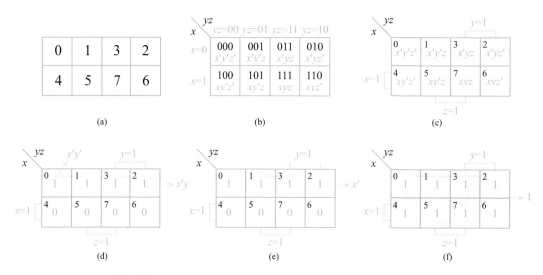

그림 3.5 카노맵을 이용한 간소화의 예: (a) 항의 위치, (b) 리터럴의 값, (c) 각 리터럴이 1인 위치, (d) 두 항의 간소화 예, (e) 네 항의 간소화 예, (f) 전체 항의 간소화 예

향의 2, 3열은 $z = 1$이다. 이제 실전 연습으로 앞 절에서 봤던 아래의 부울 함수 논리식에 직접 적용해보자.

먼저 그림 3.5(d) 맵에서 1로 표기된 (0,1) 위치에서 리터럴을 유도해보자. 각 리터럴이 순서대로 $x \rightarrow y \rightarrow z$가 0과 1에 해당하는지만 판단하면 된다.

1) x가 0인 위치에 공통으로 포함되므로 $x = 0$(최소항 표현: x'),
2) y도 0인 위치에 공통으로 포함되므로 $y = 0$(최소항 표현: y'),
3) z는 0과 1인 위치에 나누어 분포하므로 공통사항이 없다.

이 중 공통 포함 사항만 정리하면 다음과 같다.

$$\Sigma(0,1) = x'y'$$

다음 (2,3) 위치를 하나로 묶어보자.

1) x가 0인 위치에 공통으로 포함되므로 $x = 0$(최소항 표현: x'),
2) y는 1인 위치에 공통으로 포함되므로 $y = 1$(최소항 표현: y),
3) z는 0과 1인 위치에 나누어 분포하므로 공통사항이 없다.

그러므로 간소화된 표현식은 다음과 같다.

$$\Sigma(2,3) = x'y$$

그림 3.5(d)에서의 결과와 일치한다. 이번에는 네 항 (0,1,2,3)을 묶어보자.

    1) x가 0인 위치에 공통으로 포함되므로 $x = 0$(최소항 표현: x')
    2) y는 0과 1인 위치에 나누어 분포하므로 공통사항이 없다.
    3) z는 0과 1인 위치에 나누어 분포하므로 공통사항이 없다.

그 결과,

$$\Sigma(0,1,2,3) = x'$$

이 되어 그림 3.5(e)와 같다. 마지막으로 (f)와 같이 전체 진리 값이 1인 경우에는 모든 리터럴이 0과 1인 위치에 나누어 분포하므로 공통사항이 전혀 없으며, 모두 1이므로 그 부울 함수($F = 1$)는 항상 참인 logic-1이 된다.

예제 3.1   **다음 부울 함수를 카노맵을 사용하여 SOP 형식으로 간소화하라.**

      (a) $\Sigma(2,3,4,5)$ (b) $\Sigma(1,3,5,7)$

풀이 및 해답

(a) $\Sigma(2,3,4,5) = x'y + xy'$ (b) $\Sigma(1,3,5,7) = z$

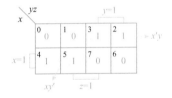 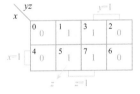

현재 3-변수에 대한 맵을 사용하고 있는데, 이 맵을 그림 3.6과 같은 세로 형태로 만들 수도 있다. 여기에서는 리터럴을 수직 및 수평으로 xy와 z로 나누었으므로 각 요소의 숫자가 비트 위치에 따라 변경되었으며(그레이 코드 순서), 그림 3.5(d ~ f) 예를 적용해도 같은 결과를 얻을 수 있으므로 개인적으로 선호하는 형태를 사용하면 된다. 이 책에서는 첫 번째 가로 형태를 주로 사용한다.

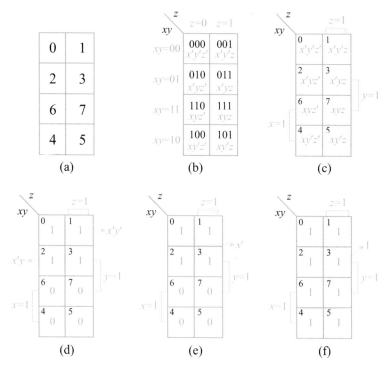

그림 3.6 다른 형태의 카노맵을 이용한 간소화의 예: (a) 항의 위치, (b) 리터럴의 값, (c) 각 리터럴이 1인 위치, (d) 두 항의 간소화 예, (e) 네 항의 간소화 예, (f) 전체 항의 간소화 예

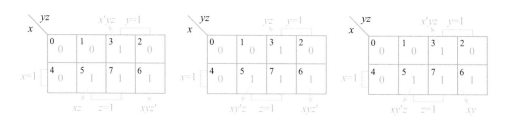

그림 3.7 Σ(3,5,6,7)의 간소화 예

다른 예를 하나 더 들어보자. Σ(3,5,6,7)에 대해 간소화를 적용하면 그림 3.7과 같이 두 최소항을 하나 묶으면 나머지 독립 항이 2개 남아 세 가지 경우가 될 수 있다. 이것을 논리 회로로 구현하면 그림 3.8과 같이 1단에는 3-입력 AND 게이트 2개, 2-입력 AND 게이트 1개, 그리고 2단에는 3-입력 OR 게이트 1개가 소요되어 복잡도가 모두 같다.

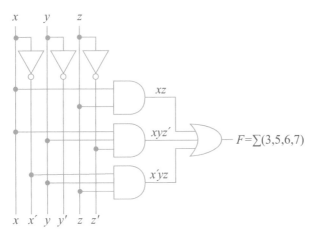

그림 3.8 Σ(3,5,6,7)의 논리 회로 구현 예

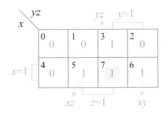

그림 3.9 Σ(3,5,6,7)에서 중복되게 간소화를 적용한 예

$$\Sigma(3,5,6,7) = x'yz + xyz' + xz \text{ 또는 } xy'z + xyz' + yz \text{ 또는 } xy'z + x'yz + xy$$

이번에는 그림 3.9와 같이 중복을 허용해 두 최소항을 주항으로 모두 묶으면,

$$\Sigma(3,5,6,7) = xy + xz + yz$$

가 되어 위의 간소화보다 더 좋은 결과를 가져오고, 그림 3.10의 논리 회로로 구현하면 1단에는 모두 2-입력 AND 게이트 3개와 2단에는 3-입력 OR 게이트 1개가 소요되어 복잡도가 낮아진다. 중복되더라도 **최소항들을 크게 묶으면 그만큼 리터럴이 제거**되어 논리 회로의 **입력 게이트 수가 감소**되기 때문이다.

　여기서 필수 주항(essential prime implicant)이라는 중요한 용어를 알아보자. 그림 3.9에서 주항은 (3,7), (5,7), (6,7)처럼 3개이다. 이 중 3, 5, 6은 각 주항에 유일하게 한 번 포함되는 최소항이다. 이렇게 한 번 포함되는 유일한 최소항을 가진 주항을 필수 주항이라고 한다. 따라서 간소화에 필수 주항은 반드시 포함되어야

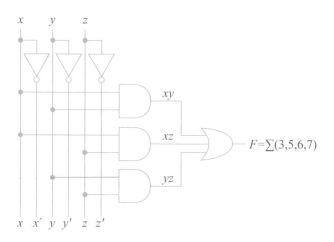

그림 3.10 Σ(3,5,6,7)의 다른 논리 회로 구현 예

한다. 이 그림에서 (3,7), (5,7), (6,7)은 항이고 주항이면서 필수 주항이다. 처음 소개하는 내용이므로 이해가 어려울 수 있는데, 뒤의 예제에서 다시 설명한다.

그렇다면, 항으로 묶는 개수에 대해 제거되는 변수의 수에도 규칙이 있다는 것을 알 수 있다. 3-변수인 경우 묶을 수 있는 최소항의 개수에 따른 표현된 리터럴의 수는 다음과 같다.

$\Sigma(0) = x'y'z'$: $1(2^0)$개 최소항 = 3개 리터럴, 0개 리터럴 제거(간소화 없음)

$\Sigma(4,5) = xy'$: $2(2^1)$개 최소항 = 2개 리터럴, 1개 리터럴 제거

$\Sigma(0,1,2,3) = x'$: $4(2^2)$개 최소항 = 1개 리터럴, 2개 리터럴 제거

$\Sigma(0,1,2,3,4,5,6,7) = 1$: $8(2^3)$개 최소항 = 0개 리터럴, 3개 리터럴 제거

묶인 항의 개수를 2^n으로 표시하면 n개의 리터럴이 제거되므로 리터럴로 논리식을 작성할 때는 항상 **항의 개수(2^n)**와 **제거된 리터럴의 개수(n)를 확인**해야 한다.

지금까지 학습한 SOP 형식의 카노맵 간소화를 정리하면 다음과 같다.

 카노맵을 이용한 SOP 형식의 논리식 간소화 방법

1) 카노맵을 그리고, 각 위치에 논리 값 1을 표기(0은 무표기)
2) 각 리터럴이 1이 되는 구역을 표시

3) 중복을 허용하여 최대한 크게 2^n개의 1을 묶음

4) 리터럴 변환 시 MSB → LSB 리터럴까지 0과 1에 단일 값으로 공통 포함되는 리터럴을 차례대로 곱 형식으로 표기(항의 개수 2^n개만큼 제거되는 리터럴의 개수 n을 확인)

5) 묶은 항(주항)이 여러 개이면 합 형식으로 작성(필수 주항을 반드시 포함하여 누락된 최소항이 없는지 확인)

위의 순서대로 $\Sigma(0,1,4,6)$에 대한 간략화를 연습해보자.

1) 맵 위치에 진리 값 1을 표기

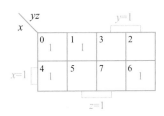

2) 각 리터럴이 1인 구역 표시

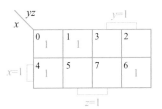

3) 최대한 크게 묶음

독립항이 나오면 중복을 허용하지만, 여기서 (0,4)는 각각 다른 묶음으로 이미 포함되었으므로 묶을 필요가 없다.

　여기서 필수 주항을 다시 설명하면, 가능한 항은 (0,1), (0,4), (4,6)이 있다. 모두 더 이상 묶을 수 없으므로 주항이며, (0,4) 주항에서 최소항 0과 4는 다른 주항에 포함되어 있고 1과 6은 한 번 포함되어 있다. 그러므로 유일하게 포함된 최소항을 가진 (0,1)과 (4,6)은 주항 중에서도 필수 주항이므로 반드시 간소화 표현식에 포함되어야 한다. 그렇지 않으면 누락 최소항이 생긴다. 그 결과 필수 주항을 포함하면 누락된 최소항이 없으므로 간소화가 완성된다. 따라서 카노맵 간소화를 **필수 주항으로 논리식 표현하기**라고 말할 수 있는 것이다. 이 책에서는 묶음이라는 표현을 주항이라는 용어와 병행해 표현한다.

4) $(0,1)$은 $x = 0$ & $y = 0$ 구역 $\Rightarrow x'y'$, $(4,6)$은
$x = 1$ & $z = 0$ 구역 $\Rightarrow xz'$,
모두 $2(2^1)$개 항을 묶어 각각 1개 리터럴이 제거됨

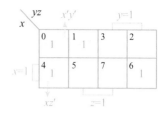

5) 각 주항(필수 주항)을 합으로 표현하면,

$$F = x'y' + xz'$$

예제 3.2 다음 부울 함수를 카노맵을 사용하여 SOP 형식으로 간소화하라.

(a) $\Sigma(0,1,2,3,4,5)$　　(b) $\Sigma(1,2,4,7)$

풀이 및 해답

(a)

$$\Sigma(0,1,2,3,4,5) = x' + y'$$

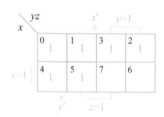

(b) 이 경우는 인접 항이 없으므로 간소화되지 않고 각 최소항이 필수 주항이 된다.

$\Sigma(1,2,4,7)$
$= x'y'z + x'yz' + xy'z' + xyz$
$= x \oplus y \oplus z$

POS 형식의 간소화

SOP 표현의 논리식 간소화를 자세히 살펴보았으므로 POS 형식에는 서로 대응적인 방법으로 적용해보기로 한다. 먼저 카노맵에서 최대항의 위치는 동일하며, 최대항을 논리식으로 표현하고 맵의 행과 열에서 각 리터럴이 0이 되는 공통 구역을 표기하면 그림 3.11(a)와 같다. 여기서 SOP와의 차이는 0인 부분을 표시하는 것이

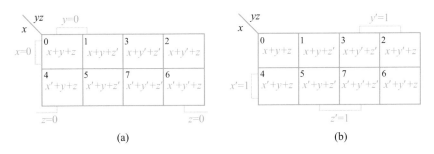

그림 3.11 POS 형식의 카노맵: (a) 리터럴이 0인 구역, (b) 리터럴이 1인 구역

다. 그런데, SOP와 동일한 구역을 사용하려면, POS에서는 각 리터럴이 1인 부분이 되므로 그림 3.11(b)와 같이 구역을 표시하는 각 리터럴에 보수를 취해도 된다.

두 가지 방법 중 편리한 방법을 선택하면 되는데, 이 책에서는 두 번째 방법을 주로 사용한다. 왜냐하면, 리터럴의 위치를 바꾸는 것보다 프라임을 붙이는 것이 생각하기에 더 편리하기 때문이다. 몇몇 예제를 풀어보면서 개인적으로 편리한 방법을 선택하기 바란다.

그럼, 이제 곧바로 SOP의 간소화 방법을 기초로 POS 형태로 정리한 후, 위에서 했던 예제에 모두 적용해보기로 하자.

 **카노맵을 이용한 POS 형식의 논리식 간소화 방법**

1) 카노맵을 그리고 각 위치에 논리 값 0을 표기(1은 무표기)
2) 각 리터럴이 0이 되는 구역을 표시(만약 SOP와 같은 위치를 선호하면 구역 표시 리터럴에 부정 표기)
3) 중복을 허용하여 최대한 크게 2^n개의 0을 묶음
4) 리터럴 변환 시 MSB → LSB 리터럴까지 0과 1에 단일 값으로 공통 포함되는 리터럴을 차례대로 합 형식으로 표기(항의 개수 2^n개만큼 제거되는 리터럴 개수 n을 확인)
5) 묶은 항(주항)이 여러 개이면 곱 형식으로 작성(필수 주항을 반드시 포함하여 누락된 최대항이 없는지 확인)

먼저 그림 3.5(d) ~ (f) 예제의 진리표가 모두 부정 처리되었다고 가정하고

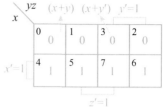

그림 3.12 POS 카노맵의 두 가지 구역 형태

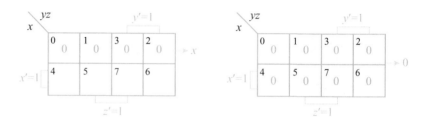

그림 3.13 카노맵의 POS 형식 간소화 예

간소화 방법을 적용해보자. 2장에서 보았듯 최소항과 최대항은 부정 관계인 것을 기억하기 바란다. 그림 3.5의 예에서 사용했던 진리표를 부정 연산을 적용해 그림 3.12에 표시하였다.

먼저 그림 3.12는 카노맵의 공통 구역 표기를 다르게 하여 $\Pi(0,1)$과 $\Pi(2,3)$을 간소화한 결과이다.

$x = 0$으로 표기하거나 $x' = 1$로 표기하거나 그 결과는 같으므로 개인적으로 실수를 줄일 수 있는 방법을 선택하기 바라며, POS 형식에서 실수를 줄이려면 **간소화 항**에는 자동으로 **괄호를 표기**하는 것이 좋다. SOP 형식과 비교하면 POS 형식의 결과는 부정 관계로 드모르간 법칙을 적용한 결과와 같다.

$$\Sigma(0,1) = x'y', \quad \Pi(0,1) = (x+y)$$
$$\Sigma(2,3) = x'y, \quad \Pi(2,3) = (x+y')$$

위의 예시는 리터럴의 영역 표기를 위해 나타낸 것으로 사실 수평으로 4개의 최대항을 모두 묶을 수 있다. 그림 3.13에서 $\Pi(0,1,2,3)$과 $\Pi(0,1,2,3,4,5,6,7)$의 예를 보자. 이제부터 POS 형식에서는 진리 값이 1인 위치는 표기하지 않기로 한다. 결과는 마찬가지로 SOP 방법과 비교해 POS는 서로 부정 관계이다.

$$\Sigma(0,1,2,3) = x', \quad \Pi(0,1,2,3) = x$$
$$\Sigma(0,1,2,3,4,5,6,7) = 1, \quad \Pi(0,1,2,3,4,5,6,7) = 0$$

예제 3.3 다음 부울 함수를 카노맵을 사용하여 POS 형식으로 간소화하라.

(a) $\Pi(2,3,4,5)$ (b) $\Pi(1,3,5,7)$ (c) $\Pi(0,1,2,3,4,5)$ (d) $\Pi(3,5,6,7)$

 풀이 및 해답

(a)

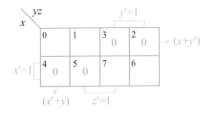

$$\Pi(2,3,4,5) = (x+y')(x'+y)$$

(b)

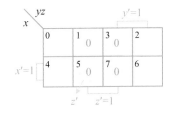

$$\Pi(1,3,5,7) = z'$$

(c)

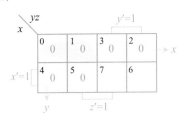

$$\Pi(0,1,2,3,4,5) = xy$$

(d)

$$\Pi(3,5,6,7) = (x'+y')(x'+z')(y'+z')$$

3.3 n-변수 카노맵

지금까지 3-변수 논리식의 간소화를 살펴보았다. 이 절에서는 2-, 4-, 5-변수에 대해 간소화를 적용하면서 카노맵의 활용 능력을 높여보자. 3.2절에서 부울 함수 F는 SOP로 F'은 POS로 표현하여 부정 관계인 것을 확인하였다. 이 절에서는 **동일 진리표에 SOP와 POS 형식을 적용**하면 결과가 등가임을 증명하고 두 표현 형

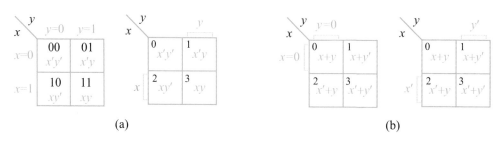

(a)   (b)

그림 3.14   2-변수 SOP 및 POS 형식 카노맵: (a) SOP 형식, (b) POS 형식

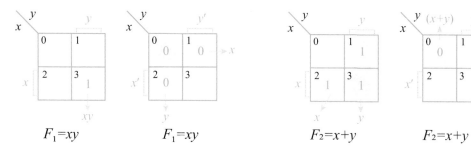

$F_1=xy$ $F_1=xy$ $F_2=x+y$ $F_2=x+y$

그림 3.15   2-변수 AND 연산에 대한
SOP 및 POS 카노맵 간소화

그림 3.16   2-변수 OR 연산에 대한
SOP 및 POS 카노맵 간소화

식 중 더 간단한 논리식이 무엇인지 판
단하기로 한다.

2-변수 논리식의 간소화

2-변수의 카노맵을 각 리터럴 별로 정리
하면 그림 3.14와 같다. 그림 3.14(a)는

표 3.6   2-변수의 진리표 예

x	y	F_1	F_2
0	0	0	0
0	1	0	1
1	0	0	1
1	1	1	1

SOP 형식이고 (b)는 POS 형식의 카노맵이다. 이제부터 카노맵의 리터럴 구역 표
현을 더 단순화시켜 각 리터럴이 1인 구역을 SOP에서는 x로, POS에서는 x'으로
표시한다.

2-변수의 간소화 예제는 기본 논리 연산인 AND와 OR 진리표에 대한 것만
실습해도 충분히 이해할 수 있으므로 표 3.6의 경우에 대해 적용해보자. F_1에 대
한 결과를 그림 3.15에 나타내었다. 먼저 SOP에서는 단일 최소항이어서 간소화
를 수행할 수 없으므로 $F_1 = xy$이고, POS에서는 간소화된 주항이 두 개이므로

곱으로 표현하면 $F_1 = xy$가 되어 두 방식 모두 같은 결과를 보여준다.

F_2에 대한 결과는 그림 3.16에 나타내었다. SOP에서는 두 개의 주항으로 각각을 합으로 표현하면 $F_2 = x + y$이고, POS에서는 단일 항이므로 $F_2 = (x + y)$로 표현되어 두 방식이 같은 결과를 나타낸다.

예제 3.4 다음의 2-변수 부울 함수를 카노맵을 사용하여 SOP 및 POS 형식으로 간소화하라.

$$\text{(a) } F_1 = \Sigma(0,1,2) \qquad \text{(b) } F_2 = \Sigma(1,2)$$

풀이 및 해답

(a)

(b)

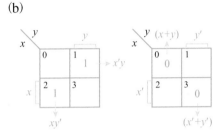

$$F_1 = \Sigma(0,1,2) = x' + y',$$
$$F_1 = \Pi(3) = x' + y'$$

$$F_2 = \Sigma(1,2) = x'y + xy',$$
$$F_2 = \Pi(0,3) = (x+y)(x'+y')$$

여기서 POS 결과는 정리하면 SOP와 같고, 그대로 구현해도 회로의 복잡도는 오른쪽 그림과 같다(그림 2.8 참고).

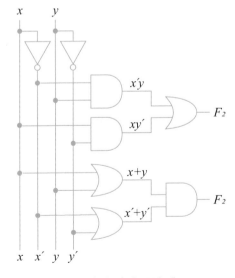

XOR의 두 가지 구현 예

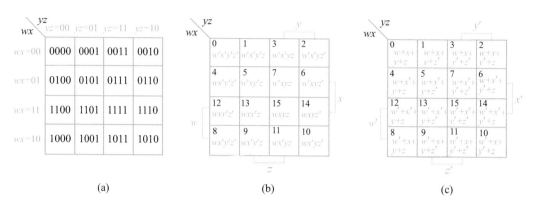

(a)   (b)   (c)

그림 3.17   4-변수의 카노맵: (a) 위치 배열, (b) SOP 형식, (c) POS 형식

4-변수 논리식의 간소화

4-변수의 간소화도 그림 3.17의 카노맵에서 출발한다. 수평과 수직으로 각 2개의 리터럴을 할당하므로 그림 3.17(a)처럼 4개의 위치가 각각 그레이 코드 순서와 같고 (b)와 (c)는 SOP와 POS 형식의 카노맵이다.

다음 예제에 대해 간소화를 적용해보자.

$$F_1 = \Sigma(0,2,5,7,8,10,13,15) = \Pi(1,3,4,6,9,11,12,14)$$

$$F_2 = \Sigma(0,2,3,5,6,7,8,10,11,13,14,15) = \Pi(1,4,9,12)$$

F_1에 대한 SOP 결과는 그림 3.18(a)이고 POS에 대한 결과는 (b)이다. 정리

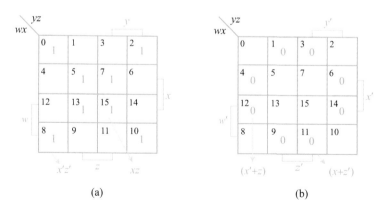

(a)   (b)

그림 3.18   4-변수의 부울 함수 F_1의 간소화 결과: (a) SOP 형식, (b) POS 형식

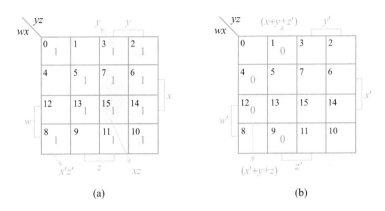

그림 3.19   4-변수의 부울 함수 F_2의 간소화 결과: (a) SOP 형식, (b) POS 형식

하면,

$$\text{SOP: } F_1 = \Sigma(0,2,5,7,8,10,13,15) = x'z' + xz = x \odot z$$
$$\text{POS: } F_1 = \Pi(1,3,4,6,9,11,12,14) = (x' + z)(x + z') = x \odot z$$

으로 모두 XNOR이다.

F_2의 결과는 그림 3.19에 나타내었고 논리식으로 정리하면

$$\text{SOP: } F_2 = \Sigma(0,2,3,5,6,7,8,10,11,13,14,15) = y + x'z' + xz$$
$$\text{POS: } F_2 = \Pi(1,4,9,12) = (x + y + z')(x' + y + z)$$

와 같고 논리 게이트로 구현하면 그림 3.20과 같다. F_2의 구현 결과를 보면 묶을 최소항이 많다고 복잡한 것만은 아니다. 게이트의 입력 수를 확인하면 SOP가 12개의 최소항을 묶었지만 7개이고, POS는 4개 최대항에 8개 입력 수로 차이가 근소하지만 SOP가 더 효과적이라고 할 수 있다.

경우에 따라 묶는 형태로 여러 가지 간소화 결과가 나올 수 있으며 게이트의 입력 수가 같다면 어떤 방법으로 구현해도 좋다. 그러므로 두 가지 방법 모두 간소화한 뒤 더 효율적인 방식으로 구현하면 된다.

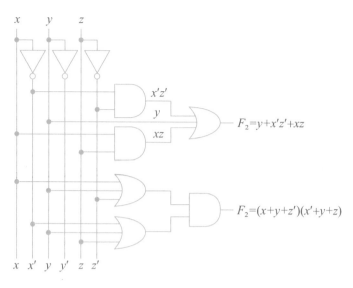

그림 3.20　4-변수 부울 함수 F_2의 구현 결과

예제 3.5 다음의 4-변수 부울 함수를 카노맵을 사용하여 SOP 및 POS 형식으로 간소화하라. 어떤 방법이 더 간소화되었는가?

$$F = \Sigma(1,3,4,5,7,11,12,13)$$

풀이 및 해답

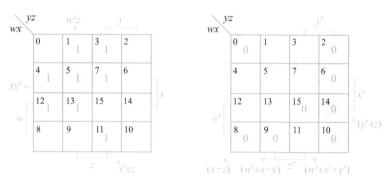

$$F = \Sigma(1,3,4,5,7,11,12,13) = x'yz + xy' + w'z$$

$$= \Pi(0,2,6,8,9,10,14,15) = (x + z)(y' + z)(w' + x + y)(w' + x' + y')$$

SOP방식이 3-입력 AND, OR 게이트 각각 1개씩과 2-입력 AND 2개로 간단함 (POS방식은 2-입력 OR 게이트 2개, 3-입력 OR 게이트 2개, 4-입력 AND 1개)

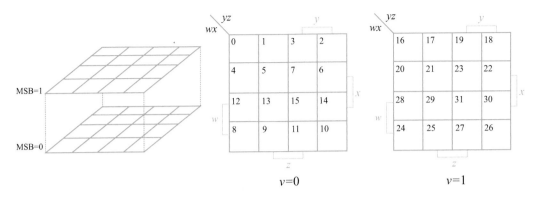

그림 3.21 5-변수의 카노맵 구조

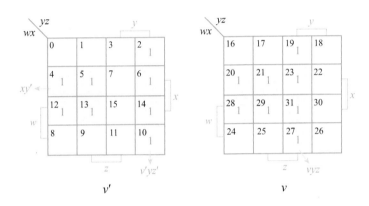

그림 3.22 5-변수 부울 함수의 간소화 예

5-변수 논리식의 간소화

카노맵을 이용해 수기로 간소화할 수 있는 최고 단계가 5-변수 논리식이므로 이 경우는 SOP의 경우만 살펴보자. 그림 3.21은 5-변수의 카노맵을 보여준다. 2차원에 표기할 수 있는 최대 변수의 맵이 4개이므로 MSB를 0과 1로 구분해 2장의 맵으로 구성할 수 있다. 그러므로 복층으로 일치하는 항이 있으면 묶어서 리터럴을 간소화할 수 있다.

아래 논리식에 대한 간소화 과정은 그림 3.22에 표기하였다.

$$F(v,w,x,y,z) = \Sigma(2,4,5,6,10,12,13,14,19,20,21,23,27,28,29,31)$$
$$v = 0: \Sigma(2,6,10,14) = v'(yz')$$

$$v = 1: \Sigma(19,23,27,31) = v(yz)$$

$$v = 0/v = 1: \Sigma(4,5,12,13,20,21,28,29) = xy'$$

$$F(v,w,x,y,z) = v'yz' + vyz + xy'$$

먼저 $v = 0$인 층에서 시작하면 (2,6,10,14)의 간소화는 카노맵에 미리 구역 표기 문자와 표현식에 v'을 작성하고 나머지 리터럴을 찾는 것이 좋다. 같은 방식으로 $v = 1$인 층을 고려힐 때, v를 기입하고 (19,23,27,31)을 간소화한다. 마지막으로 복층에 대해 동일한 위치의 (4,5,12,13,20,21,28,29)을 간소화한 후 각 항을 합으로 표현한다. 항상 결합한 항의 개수와 제거된 변수의 개수를 확인한다.

이상으로 우리는 부울 함수의 두 가지 표현 방식에 따른 카노맵 간소화 방법을 원리에서 시작해 2-변수 ~ 5-변수에 대한 방법과 각 경우에 대한 예제를 통해 살펴보았다.

예제 3.6   그림 3.22의 5-변수 부울 함수를 카노맵을 사용하여 POS 형식으로 간소화하라.

$$F(v,w,x,y,z) = \Sigma(2,4,5,6,10,12,13,14,19,20,21,23,27,28,29,31)$$

풀이 및 해답

$$F = \Pi(0,1,3,7,8,9,11,15,16,17,18,22,24,25,26,30)$$
$$= (x + y)(v + y' + z')(v' + y' + z)$$

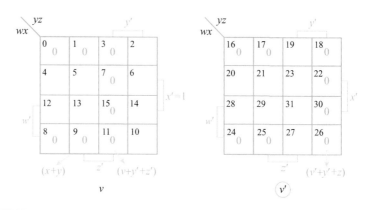

무관항의 간소화

n개 변수(n-비트)가 사용되는 부울 함수 환경에서는 진리표 항목의 개수가 전체 2^n개이며, 카노맵의 항목 또한 같은 개수를 가진다. 만약, n-비트 중 사용하지 않는 값, 즉 사용하지 않는 코드가 있다면 어떻게 될까?

예를 들어, 10진수를 2진 코드에 할당해 사용하는 8421 BCD 코드를 생각해 보자. 10진수 표기를 위해서는 4-비트가 필요하지만, 4-비트 코드는 0000 ~ 1111까지 16(2^4)개를 표현할 수 있으므로 0000 ~ 1001까지 10개 코드만 사용하고 나머지 1010 ~ 1111까지 6개는 사용하지 않는다. 이렇게 어떤 환경에서 '사용하지 않는 상태'가 있다면 어떻게 처리해야 할까? 더 정확하게 표현하면 '정의되지 않은 입력의 상태'가 있는 경우에는 어떤 처리를 해야 할까?

결론부터 이야기하면, 정의되지 않은 상태가 입력되면 부울 함수의 결과, 즉 진리 값(출력)은 0이 되든 1이 되든 상관이 없다. 그래서 **사용하지 않는 입력 조건**에 대한 부울 함수의 결과는 0과 1중 어느 것이 되어도 무관하다는 의미로 **무관 조건(don't care condition)**이라 부른다.

그렇다면, 우리는 카노맵 간소화에서 이들 무관 조건에 해당하는 항목은 어떻게 처리하면 될까? **항으로 묶을 때**는 편리한 대로 **0으로 간주하거나 1로 간주해도 무방**하다. 그러므로 보통 'X'로 표기해 사용하며, 크게 묶는 쪽으로 편입시켜 활용하면 간소화가 더 잘될 수 있다. 정상적으로 동작하는 디지털 시스템에서는 정의되지 않은 입력이 발생하지 않겠지만, 어떤 오류에 의해 이런 입력이 발생되어도 출력에서 활용하지 않기 때문에 문제가 되지 않는다.

무관항

무관항(don't care term)을 일컫는 다른 용어로 빈 항(blank term), 나머지, 부적절, 추가적, 금지, 미사용 상태, 논리적 나머지, 발생하지 않는 항(redundancy, irrelevancy, optional entry, invalid combination, vacuous combination, forbidden combination, unused state, logical remainder, can't-happen term) 등 여러 표현이 있다. 그러나 don't care라는 용어가 가장 널리 사용되므로 우리는 '무관항'이라 부르기로 한다.

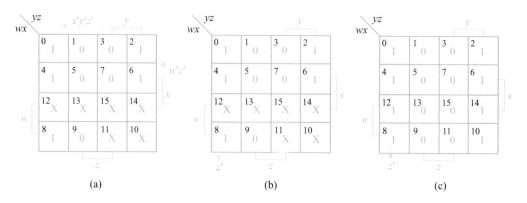

그림 3.23 무관항의 SOP 형식 간소화: (a) 최소항의 간소화,
(b) 무관항을 포함한 최소항의 간소화, (c) 최종 진리 값

무관항을 갖는 함수의 간소화 예를 보자. 8421 BCD 코드를 사용하는 시스템에서 짝수를 판단하는 부울 함수 F가 아래와 같이 정의되면, 무관항을 표현하는 함수 D는 다음과 같이 정의된다. 위에 언급한 것처럼 8421 BCD 코드에서는 사용되지 않는 상태가 1010(10) ~ 1111(15)이기 때문이다.

$$F(w,x,y,z) = \Sigma(0,2,4,6,8), \quad D(w,x,y,z) = \Sigma(10,11,12,13,14,15)$$

여기서 SOP 형식을 위해 그림 3.23(a)에서 기존의 최소항만을 고려하면 간소화 결과는

$$F(w,x,y,z) = \Sigma(0,2,4,6,8) = x'y'z' + w'z'$$

이 되어, 구현 시 3개의 게이트(AND 2개와 OR 1개)가 필요하다. 그럼 이번에는 가장 크게 묶을 수 있게 무관항(10, 12, 14)을 1로 고려하면 그림 3.23(b)와 같고, 간소화 결과는 다음과 같다.

$$F(w,x,y,z) = \Sigma(0,2,4,6,8,10,12,14) = z'$$

짝수인 4-비트 BCD 코드를 입력해도 결과는 같다. 그러므로 무관항은 간소화에 많은 도움을 주며, 이 경우에는 우리가 카노맵을 그림 3.23(c)와 같이 간주했다는 의미이다. 동일한 문제에 대해 POS 형식의 최대항으로 표현하면 아래와 같다.

$$F(w,x,y,z) = \Pi(1,3,5,7,9), D(w,x,y,z) = \Sigma(10,11,12,13,14,15)$$

원리로 쉽게 배우는 디지털 논리회로 설계

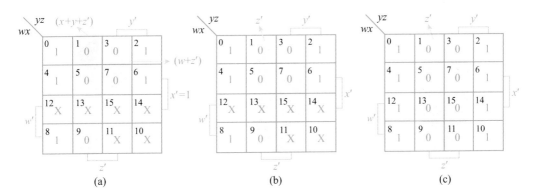

(a)   (b)   (c)

그림 3.24 무관항의 POS 형식 간소화: (a) 최대항의 간소화,
(b) 무관항을 포함한 최대항의 간소화, (c) 최종 진리 값

같은 방법으로 그림 3.24(a)의 기존 최대항만 고려하면

$$F(w,x,y,z) = \Pi(1,3,5,7,9) = (x + y + z')(w + z')$$

이 되지만, 무관항(11,13,15)를 0으로 고려하면, 그림 3.24(b)처럼 되며, 간소화
결과는

$$F(w,x,y,z) = \Pi(1,3,5,7,9,11,13,15) = z'$$

으로 매우 간단해진다. 이는 그림 3.24(c)와 같은 카노맵이라고 간주한 결과이
다. 그러므로 무관항이 있으면 각자에게 편한 진리 값으로 생각하자.

예제 3.7 다음 부울 함수식을 SOP 형식으로 간소화하라.

$$F(x,y,z) = \Sigma(1,3,6,7) \qquad D(x,y,z) = \Sigma(0,2,5)$$

풀이 및 해답

1) $F(x,y,z) = \Sigma(0,1,2,3,6,7) = x' + y$

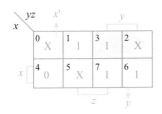   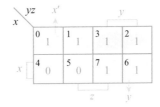

이 경우 무관항 5만 0으로 간주함

2) $F(x,y,z) = \Sigma(1,2,3,5,6,7) = y + z$

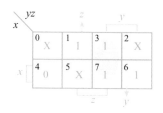 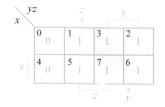

이 경우 무관항 0만 0으로 간주함

무관항에 의해 두 결과가 다르게 나왔지만, 최소항(1,3,6,7)에서 결과가 모두 1이
되므로 두 간소화 방법 모두 해답이 된다.

3.4 기본 논리 회로 구현

카노맵 간소화는 부울 함수 표현에서 가장 간소화된 기본 형식(canonical form)
을 찾는 데 도움을 준다. 그러므로 이렇게 간소화된 SOP 및 POS 형식은 그대로
논리 게이트를 사용하여 최적화된 회로로 구현할 수 있으며, 그 회로는 기본 논리
게이트인 AND, OR, NOT으로 구성된다. 이 절에서는 카노맵 간소화를 크게 변
형하지 않고 AND, OR, NAND, NOR 논리 게이트를 사용해 2-단계의 논리 회로
를 구현하는 방법에 대해 알아보도록 한다.

AND/OR 구현

이 절의 구현 회로에서도 3-변수 논리식을 예로 들어 설명할 것이다. 아래와 같이
부울 함수가 주어졌을 때, 그림 3.25의 카노맵으로 간소화된 기본 형식의 논리식
을 획득하면

$$\text{SOP}: F = \Sigma(0,1,4,6) = x'y' + xz'$$
$$\text{POS}: F = \Pi(2,3,5,7) = (x + y')(x' + z')$$

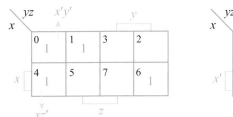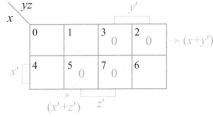

그림 3.25 Σ(0,1,4,6)과 Π(2,3,5,7)의 간소화

로 표현되며, 논리 게이트로 간소화 정리된 논리식에 맞게 구현하면 된다. 그렇다면 우리가 앞 장에서 배운 논리식 기반에서 SOP 형식을 POS 형식으로 바꿔보면 서로 같은 결과가 나오는지 살펴보자.

$$\text{SOP: } F = \Sigma(0,1,4,6) = x'y' + xz' = (x'y' + x)(x'y' + z')$$
$$= (x + y')(x' + z')(y' + z')$$
$$\text{POS: } F = \Pi(2,3,5,7) = (x + y')(x' + z') = xz' + x'y' + y'z'$$

SOP 형식의 간소화 결과에 결합 법칙을 적용하여 POS 형식으로 정리하면 불필요한 항 (3,7) = (y' + z')이 발생한다. 마찬가지로 POS 형식의 간소화 결과에 분배 법칙을 적용해 SOP 형식으로 정리하면, 부울 함수의 결과는 등가이지만 불필요한 주항 (0,4) = y'z'이 생기는 것을 볼 수 있다. 그러므로 우리는 **카노맵에서 간소화된 기본 형식을 그대로 논리 게이트로 구현하는 방식이 가장 효율적**이라는 것을 알 수 있다.

이렇게 간소화된 논리식 결과를 다른 형식으로 공리와 정리를 이용해 변환해보는 것은 등가임을 증명하기 위한 것이며, 구현을 위한 것은 아니다. 물론 이렇게 전개하면 2-변수에서는 동일한 결과를 가져오지만, 다변수 환경에서는 위와 같이 불필요한 항들이 생기는 경우가 있으므로 카노맵 간소화를 사용하는 것이 가장 좋다. 그 결과 부울 함수 표현의 기본 형식(canonical form)으로 정리되는 카노맵의 간소화 결과를 논리 게이트로 구현하면, 그림 3.26과 같이 AND-OR 또는 OR-AND 형식의 2-단계로 구현된다.

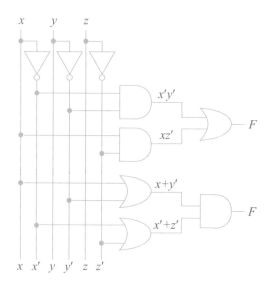

그림 3.26　AND-OR와 OR-AND 형식의 2-단계 논리 회로

NAND/NOR 구현

NAND/NOR 게이트를 이용하면 단일 게이트만으로 논리 회로를 구성할 수 있다는 장점이 있다. 우리가 간소화 방법으로 표현하는 부울 함수 논리식은 모두 2-단계 게이트 군으로 모델링되는 그림 3.27(a)와 같은 두 가지 SOP와 POS 형태이다.

　그렇다면 그림 3.27(b)처럼 게이트 1단과 2단 사이에 부정 연산을 2개 삽입해도 결과에는 변화가 없을 것이다. 그 결과 2단의 입력에 부정이 표기된 게이트는 드모르간 법칙에 의해 그림 3.27(c)와 같이 변환되면서 AND-OR는 NAND-NAND 게이트로 변경되고 OR-AND는 NOR-NOR 게이트로 변경된다. 그러므로 **NAND 게이트만으로 구현**하면 **AND-OR 구현과 완전 동일**하고 **게이트만 NAND로 변경**하며, **카노맵에서 SOP로 간소화**한다는 의미이다. 반대로 **NOR 게이트 구현은 OR-AND와 동일하게 POS 형식으로 간소화**하면 된다.

　다음 부울 함수에 대해 NAND-NAND 게이트를 구현해보자.

$$F = \Sigma(3,4,5,6,7) = x + yz$$

　먼저 AND-OR 형식으로 그림 3.28(a)와 같이 구현한다. 그리고 그림 3.28(b)의 좌측 회로처럼 1단과 2단 사이에 부정 연산을 2개씩 넣는다. 그런데,

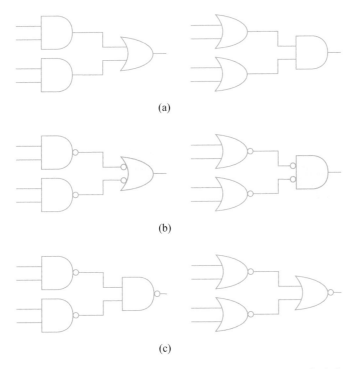

(a)

(b)

(c)

그림 3.27   AND-OR 및 OR-AND 구현과 NAND와 NOR 구현 관계:
(a) AND-OR 및 OR-AND, (b) 이중 부정, (c) NAND-NAND 및 NOR-NOR

일반적으로 게이트가 있다면 단순하게 AND를 NAND 기호로 바꾸면 되지만 x 입력이 직접 2단으로 연결되어 있으므로 x를 부정 처리해야 한다. 이 부분에서 오류가 많이 발생하므로 **NAND 구현 시에는 반드시 AND-OR 게이트 구현 후 게 이트 변환을 수행**한다. 그리고 그림 3.28(c)를 보면 부정 연산자가 입력을 통합한 NAND 게이트이므로 NAND만으로 구현되었다고 할 수 있다.

2장의 예제 2.5에서 논리식을 NAND 형식으로 변환하였을 때 부정 연산을 적용하여 변환하는 방법을 보았다. 위의 회로와 같이 전개되는지 수식으로 적용 해보면, 아래와 같이 2중 부정 연산을 처리하여 곱과 부정(NAND) 형태로 정리 하면 구현된 회로와 같다는 것을 알 수 있다.

$$F = \Sigma(3,4,5,6,7) = x + yz = ((x + yz)')'$$
$$= (x'(yz)')' : \text{예제 2.5 참고}$$

같은 예에서 NOR 게이트로 구현하면 그림 3.29와 같고 수식을 정리해도 같

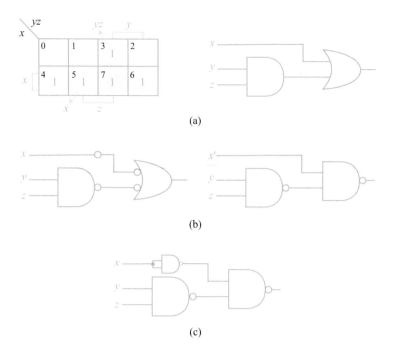

(a)

(b)

(c)

그림 3.28　NAND 게이트 구현 예: (a) AND-OR 구현,
(b) NAND-NAND 변환 과정, (c) NAND-NAND 구현

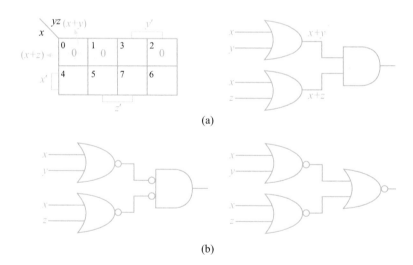

(a)

(b)

그림 3.29　NOR 게이트 구현 예: (a) OR-AND 구현, (b) NOR-NOR 변환

은 결과를 나타낸다.

$$F = \Pi(0,1,2) = (x + y)(x + z) = (((x + y)(x + z))')'$$
$$= ((x + y)' + (x + z)')' : 예제 2.5 참고$$

이 절에서는 AND-OR, OR-AND, NAND-NAND, NOR-NOR 게이트 형식의 2-단계 구현을 살펴보았다.

예제 3.8　다음 부울 함수를 NAND와 NOR 게이트만으로 구현하라.

$$F(x,y,z) = \Sigma(1,2,3,4,5,7)$$

[풀이 및 해답]

1) NAND 구현

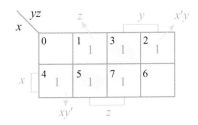

$$F(x,y,z) = \Sigma(1,2,3,4,5,7) = xy' + x'y + z$$

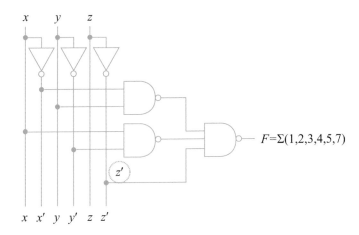

$$F = \Sigma(1,2,3,4,5,7)$$

※주의: 단일 입력 z에 유의하라.

2) NOR 구현

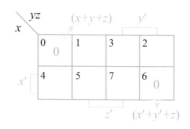

$$F(x,y,z) = \Pi(0,6) = (x + y + z)(x' + y' + z)$$

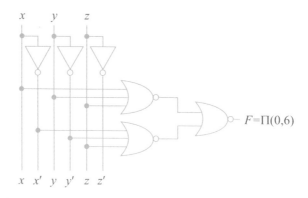

3.5 고급 논리 회로 구현

2-단계 논리 회로 분석

논리 회로 구현에 기본적으로 사용되는 게이트는 AND, OR, NAND 및 NOR 4개가 있다. 이들을 조합(combination)해 2-단계의 논리 회로를 구성하려면, 각 단에 4개의 게이트 배치가 가능하므로 총 16(4 × 4)가지 방식이 존재한다. 그러나 여러 변수의 논리곱과 합을 동시에 표현할 수 있는 형식이 있는가 하면 그렇지 못한 형식도 있다.

먼저 표 3.7에 가능한 모든 조합과 논리 회로 구현에 사용될 수 있는 부류 (class)와 그렇지 못한 부류를 분리해 표기하였다. 먼저 구현 기능이 축소(degen-

표 3.7　2-단계 구현을 위한 논리 게이트의 조합

구분	게이트 구성 1단-2단	동작	특징
Degenerate logic class	AND-AND	AND	리터럴(리터럴 부정)의 단일 AND, OR 연산만 가능
	OR-OR	OR	
	AND-NAND	AND-NOT	
	OR-NOR	OR-NOT	
	NAND-OR	AND-NOT	
	NOR-AND	OR-NOT	
	NAND-NOR	AND	
	NOR-NAND	OR	
Non-degenerate logic class	AND-OR	AND-OR	다양한 논리식 구현 가능
	OR-AND	OR-AND	
	NAND-NAND	AND-OR	
	NOR-NOR	OR-AND	
	AND-NOR	AND-OR-NOT	
	OR-NAND	OR-AND-NOT	
	NAND-AND	AND-OR-NOT	
	NOR-OR	OR-AND-NOT	

erate)된 경우부터 알아보자.

　이 부류의 첫 번째 조합인 AND-AND에서 AND 게이트를 1단과 2단에 배치하면, 논리곱 연산만 수행 가능하기 때문에 다양한 논리식을 구현할 수 없다. 그러므로 이들은 **기능이 단일 연산(single operation)으로 축소**되었다고 하여 **'degenerate logic'(기능 축소 논리)**이라 부른다. 그리고 두 번째 부류의 첫 번째 조합은 AND-OR인데, 이 조합은 앞 절에서 다양한 문제의 논리식을 구현할 수 있었으므로, 이 게이트의 2단 조합은 기능이 축소되지 않았다고 해서 **'non-degenerate logic'(기능성 논리)**으로 분류된다. 그러면, 각각의 기능 축소 논리 조합이 왜 복잡한 논리 구현을 할 수 없는지 그림 3.30에서 살펴보자.

　8가지 기능 축소 논리 게이트의 조합은 입력 리터럴이나, 그 리터럴의 부정을 단순히 AND 및 OR 연산만 수행하기 때문에 다양한 부울 함수의 논리식들을 구현할 수 없다. 반면 나머지 8가지 기능성 논리 게이트 조합은 모든 부울 함수를

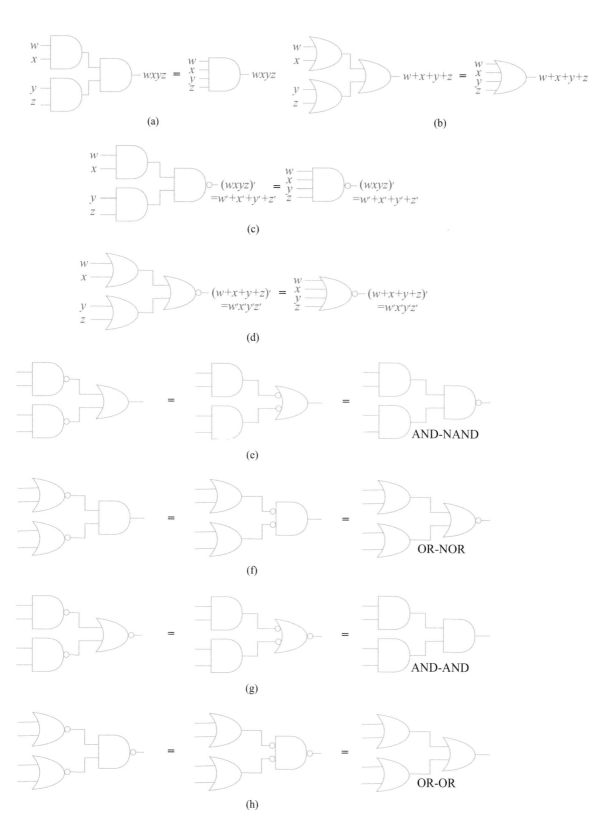

그림 3.30 기능 축소 논리의 예: (a) AND-AND, (b) OR-OR, (c) AND-NAND, (d) OR-NOR, (e) NAND-OR, (f) NOR-AND, (g) NAND-NOR, (h) NOR-NAND

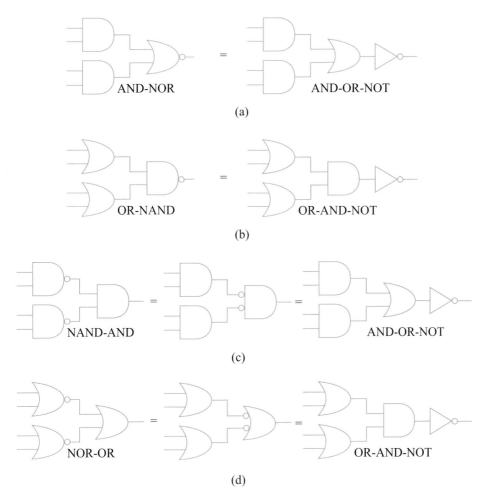

그림 3.31　**고급 논리의 예:** (a) AND-NOR, (b) OR-NAND, (c) NAND-AND, (d) NOR-OR

논리 회로로 구현 가능하다.

　기능성 논리 조합의 상위 네 가지(AND-OR, OR-AND 및 NAND-NAND, NOR-NOR)는 카노맵 간소화 결과에서 큰 변형 없이 손쉽게 구현된다는 것을 이전 절에서 학습하였으므로 이 절에서는 표 3.7에 음영으로 표시된 나머지 네 가지 조합 AND-NOR, OR-NAND, NAND-AND, NOR-OR의 구현 방법을 살펴보자.

　이전 절에서 AND-OR는 NAND-NAND와 같은 방법이고 OR-AND는 NOR-NOR 기법과 동일한 구현이었음을 확인했다. 나머지 구현 기법의 동작을 그림 3.31의 게이트 분석에서 살펴보면 **AND-OR-NOT(AND-OR-Inverter)과 OR-AND-NOT(OR-AND-Inverter)** 두 가지 방법으로 귀결된다. 그러므로 2-단계 논리 회로 구현에서 기능 축소 논리 조합 8개를 제외하고 나머지 8개 중 아직 학습하지 않고 남은 하위 네 가지 조합은 최종적으로 다음의 두 가지 유형이다.

- AND-NOR=NAND-AND(AND-OR-NOT)
- OR-NAND=NOR-OR(OR-AND-NOT)

이들은 모두 **기본 논리 유형에 NOT이 추가된 형태**이다.

결선 논리

나머지 두 유형을 학습하기에 앞서 왜 이 논리 회로 구현이 필요한지 알아보자. 기본 논리 유형으로 설계해도 모든 논리식을 구현할 수 있는데 굳이 번거롭게 이런 방법까지 알아야 할까?

결론을 이야기하면 **2단의 논리 게이트를 제거**할 수 있기 때문이다. 즉 1단으로 설계가 가능하다는 얘기인데 어떻게 가능한지 알아보자. 사실 2단의 논리 게이트는 사라지는 게 맞다. 그러나 출력단을 그대로 연결하면, 즉 논리 게이트 IC의 출력단 핀(pin)을 **전선(wire)**으로 서로 **연결**하면, 자동으로 **특정 게이트**가 된다. 이렇게 획득되는 논리를 **결선 논리(wired logic)**라고 하며, 결선으로 만들어지는 게이트도 **논리 연산자에 포함**된다.

본격적인 설명에 앞서 우선 IC 변천사를 살펴보자. 초기 BJT로 만들어진 논리 게이트는 여러 트랜지스터를 붙여 만들어진다는 의미에서 TTL(transistor-transistor logic)이라고 이름 붙여졌다. 이 TTL 형태의 논리 게이트는 open collector* 형식이 대부분이었다.

그런데, 팬-아웃(fan-out)*이나 스위칭 속도 등의 특성을 개선하기 위해 ECL(emitter-coupled logic)이라는 유형의 논리 게이트가 나왔다. ECL은 emitter가 출력단이 되며, OR와 NOR 게이트가 주로 ECL로 만들어졌다. 산업계의 상용 환경에서는 AND-OR와 OR-AND로 구현하면 두 종류의 게이트가 필요한데, 등가인 NAND, NOR로 구현하면 같은 종류의 게이트만 있으면 되므로 관리 측면이나 구현 등에서 편리한 점이 많아 이들의 사용을 선호하였다.

또한 트랜지스터 회로의 구조적 특성으로 NAND 게이트는 TTL로 많이 만들어졌고 NOR는 ECL을 주로 이용하였다. 그 결과 TTL NAND 게이트는 결선

연결하면 AND 게이트로 동작하고 ECL NOR 게이트는 OR 게이트로 동작하는 특징을 보여주었다. 이것을 게이트 형식으로 표시하면 그림 3.32와 같다.

이 형식에서 그림 3.32(a)는 NAND-AND로 그림 3.31(c)의 AND-OR-NOT과 같고, 그림 3.32(b)는 NOR-OR로 그림 3.31(d)의 OR-AND-NOT과 같으므로 이 게이트를 구성하는 구현 방법이 필요하게 되었다.

그림 3.32의 논리도는 출력단만 연결한 것 같지만 실제 각 결선에는 출력단

그림 3.32 **결선 논리의 예**: (a) TTL의 wired-AND, (b) ECL의 wired-OR

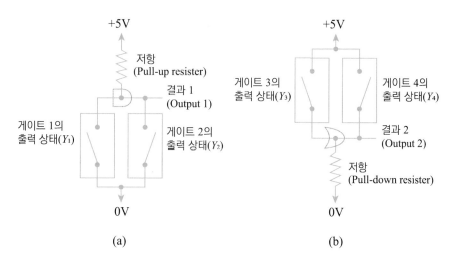

그림 3.33   결선 논리의 출력단 연결: (a) TTL의 NAND, (b) ECL NOR

값에 따라 다음 입력단의 입력 상태를 보장하기 위해 전압을 담을 수 있는 저항
(resistor)이라는 소자를 사용한다. 출력단의 형태를 스위치 모델로 설명하면 그
림 3.33과 같다.

TTL NAND의 각 게이트 출력단 스위치가 하나라도 ON(0) 되면, 출력 1(Y_1)
이 접지 0V와 연결되어 결과 1의 논리 값은 0이 된다. 그러므로 각 게이트의 마지
막 스위치는 Low enable을 주로 쓰며, 모두 OFF(1)일 때 저항을 통해 +5V와 연
결되며 논리 값이 1이 되어 wired-AND로 동작한다. 저항이 없으면 두 스위치 모
두 OFF 될 때 결과 1과 연결된 후단의 입력 게이트 상태가 바이어스 전원 +, −
중 어디에도 연결되지 않은 부동(floating) 상태가 되어 1을 보장할 수 없다. 따라
서 두 스위치가 OFF 되었을 때 안정적으로 5V가 유지되도록 높은 전압으로 잡
아주는 역할을 하는 저항이 필요한데, 이 저항을 풀업 레지스터(pull-up resistor)
라고 한다. 저항은 주로 작은 값을 사용하며, 저항 값이 작으면 반응이 빠르고 강
하게 잡아준다 해서 스트롱 풀업 레지스터(strong pull-up resistor)라고 한다. 반
대로 ECL NOR의 경우에는 각 게이트 출력단 스위치가 하나라도 ON(1) 되면
+5V 전원에 연결되므로 결과 2가 논리 값 1이 되어 wired-OR로 동작하며, 여기
에는 high enable 스위치를 주로 쓴다.

두 스위치 모두 OFF 되면 결과 2는 부동 상태가 되어 후단에 0인 상태를 안
정적으로 공급할 수 없다. 그러므로 낮은 전압으로 잡아주는 저항이 필요한데,

표 3.8   각 게이트 출력 상태에 대한 결선 논리의 진리표

Y_1	Y_2	wired-AND (Output1 $=Y_1 \cdot Y_2$)	Y_3	Y_4	wired-OR (Output2 $=Y_3+Y_4$)
0	0	0	0	0	0
0	1	0	0	1	1
1	0	0	1	0	1
1	1	1	1	1	1

이 저항을 풀 다운 레지스터(pull-down resistor)라고 한다. 이것을 진리표로 작성하면 표 3.8과 같다. 현재는 FET를 이용하는 성능이 개선된 전압-구동형(voltage-driven) 트랜지스터를 사용하지만 이런 맥락은 그대로 유지되고 있다.

지금까지의 결선 연결에 대한 내용에서 중요한 두 가지만 기억하자.

첫째는 출력단을 그냥 연결하지 않고 그림 3.34처럼 저항을 연결하므로 논리 게이트 하나를 연결하는 것보다 효과적이다. 엄밀히 말해 논리 게이트는 제거되었으나 다른 전기 부품이 들어갔는데, 이렇게 구성된 게이트를 결선 논리 게이트라고 한다.

두 번째 기억해야 할 점은 많이 활용되는 NAND와 NOR 게이트의 연결에 사용한다는 것이다. 기존 AND와 OR 게이트에 출력단을 묶어 결선-OR와 AND가 된다면 설계 방식은 기본 논리 회로 2-단계 구현과 동일하다. 이 방법은 앞 절에서 이미 다루어 알고 있을 것이다.

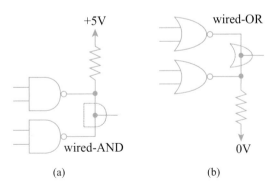

(a)   (b)

그림 3.34   실제 결선 논리의 저항 연결 예: (a) TTL의 wired-AND, (b) ECL의 wired-OR

AND-OR-NOT 구현

이제 전자회로 요소로서의 저항 연결과 내부 스위치 구성 등은 잊고 논리 게이트에 집중해 설계 방법을 알아보자. 이렇게 **결선 논리**를 이용하면 보다 **단순 설계가 가능**하므로 이 절에서 다룰 마지막 구현 방법을 고급 논리 회로 구현이라고 하였다.

또한 **AND-OR-NOT 구현**은 AND-NOR, NAND-AND 형태의 구현이므로 가능한 한 **NAND 게이트 결선으로 구현**하는 게 효율적이라는 걸 의미한다. 마찬가지로 **OR-AND-NOT 구현**은 OR-NAND, NOR-OR 구현과 등가이므로 **NOR 게이트 결선 연결로 구현**하는 게 효율적이다.

이들 이름 형식이 어려우면 드모르간 법칙을 이용해 그림 3.31과 같이 게이트 변환으로 분리하면 쉽게 확인할 수 있다. 이 설계 방법의 설명도 SOP와 유사한 AND-OR-NOT부터 먼저 다루기로 한다. 아래와 같이 부울 함수가 주어져 있다고 가정하고 AND-OR-NOT 형식으로 구현해보자.

$$F = \Sigma(2,3,4,5)$$

이 구현 과정을 쉽게 이해하기 위해 그림 3.35에 위의 부울 함수 진리표와 구현 원리, 그리고 결과를 나타내었다.

먼저 진리표를 작성하면 그림 3.35(a)와 같다. 이 진리표를 지정된 논리 게이트 조합과 비교해 표기한 그림이 그림 3.35(b)이다. 우리는 인버터에 관심을 두고 생각해보자.

그림 3.35(b)에서 최종 진리표가 F이므로 인버터인 NOT 게이트의 이전 단 진리표는 F'이 될 것이다. 그러면, 이제 구현 게이트가 AND-OR 형식이므로 **인버터 이전 단**에서는 **부정 처리**된 진리표에서 1인 최소항을 **SOP로 구현**하는 문제로 바뀌게 된다. 그러므로 F'을 그림 3.35(c)와 같이 SOP로 간소화하여 구현하면 된다. 그림 3.35(d)는 첫 번째 AND-OR-NOT 게이트에 드모르간 법칙을 적용해 표시한 등가의 논리 게이트 조합들이며, 최종 결과의 논리식 표현은 다음과 같다.

$$F = \Sigma(2,3,4,5) = (xy + x'y')' = (xy)'(x'y')'$$

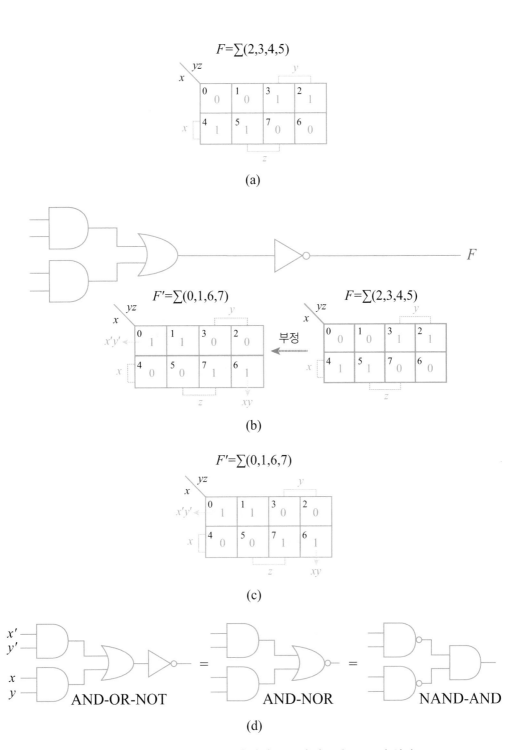

그림 3.35　AND-OR-NOT 구현 방법: (a) F의 카노맵, (b) 구현 원리,
(c) F'의 카노맵, (d) 구현 결과와 등가인 논리 조합

이전 구현 기법과 같기 때문에 전혀 어렵지 않다. 그렇다면, 반드시 카노맵에 표시된 진리표의 값들을 부정(보수) 처리해 SOP로 구현해야 할까? 두 번의 맵을 그려야 하는 번거로움이 발생할 것이며, 카노맵이 큰 경우에는 에너지를 더욱 소모하게 될 것이다. 그러므로 우리는 AND-OR-NOT으로 구현하라는 문제가 주어지면 **0을 SOP(리터럴이 1인 구역에 주의) 형식으로 간소화**하면 될 것이다. 이 방법을 정리하면 다음과 같다.

AND-OR-NOT(AND-NOR, NAND-AND) 회로 구현 방법

1) 카노맵을 그리고 논리 값 0을 표기(NOT이 있어 0을 사용)
2) 각 리터럴이 1이 되는 구역을 표시(SOP와 같음)
3) 0을 SOP 방식으로 간소화하여 AND-OR-NOT 회로로 구현

예제 3.9 다음 부울 함수를 NAND-AND 게이트로 구현하라.

$$F(x,y,z) = \Sigma(0,5)$$

풀이 및 해답

1) 어떤 게이트 조합인지 판단하기 위해 게이트 도형에서 드모르간 법칙을 적용한 후 AND-OR-NOT을 유도한다.

2) 진리표 표기: 마지막에 **NOT**이 있으므로 0만 표기하고 SOP 형식으로 각 리터럴이 1이 되는 구역을 표시한다.

$F = \Sigma(0,5)$

	yz			
x	0	1	3	2
	0	0	0	0
	4	5	7	6
	0	0	0	0

$$F' = y + x'z + xz'$$

3) 간소화 후 논리 게이트를 AND-OR-NOT으로 구현한다.

$$F = (y + x'z + xz')' = y'(x'z)'(xz')'$$

※ 주의: 직접 입력되는 변수에서 드모르간 법칙을 적용하면 부정 입력으로 변경
될 수 있으므로 반드시 1단계씩 변경한다.

OR-AND-NOT 구현

마지막 구현 방법인 OR-AND-NOT 형식을 구현해보자. 예제는 위의 문제와 동
일한

$$F = \Sigma(2,3,4,5)$$

를 사용하도록 한다. 이 구현 과정과 결과를 그림 3.36에 나타내었다.

　　동일한 방법으로 NOT 게이트 이전의 진리표를 얻기 위해 그림 3.36(a)의 진
리표에 부정 연산을 수행하였고 (b)에서 구현 게이트가 OR-AND 형식이므로 인
버터 이전 단에서는 **부정 처리**된 진리표에서 **0인 최대항을 POS로 구현**하면 된다.
(c)에서는 우리가 POS 형식 구현 시 리터럴의 부정이 1이 되는 구역을 표시하여
사용하였으므로 여기서도 동일한 방법으로 간소화하였다. 그림 3.36(d)는 첫 번
째 OR-AND-NOT 게이트가 되며, 나머지 등가회로는 드모르간 법칙을 적용해
얻었다. 최종 결과를 논리식으로 표시하면 다음과 같다.

$$F = \Sigma(2,3,4,5) = ((x + y')(x' + y))' = (x + y')' + (x' + y)'$$

　　이 구현 방법도 진리표 값을 부정(보수) 처리하지 않고 OR-AND-NOT으로
구현하라는 문제가 주어지면 **1을 POS(리터럴이 0인 구역에 주의) 형식으로 간소화**
하면 된다. 이 방법을 정리하면 다음과 같다.

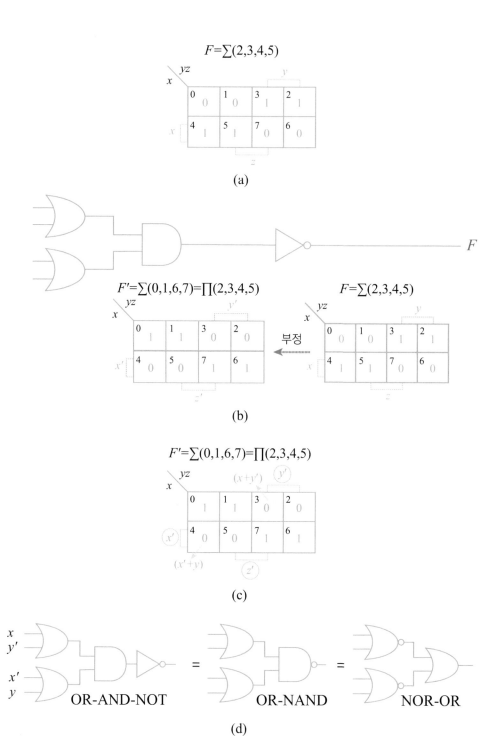

그림 3.36 OR-AND-NOT 구현 방법 (a) F의 카노맵, (b) 구현 원리,
(c) F'의 카노맵, (d) 구현 결과와 등가인 논리 조합

 OR-AND-NOT(OR-NAND, NOR-OR) 회로
구현 방법

1) 카노맵을 그리고 논리 값 1을 표기(NOT이 있어 1을 사용)
2) 각 리터럴이 0(리터럴 부정이 1)이 되는 구역을 표시(POS와 같음)
3) 1을 POS 방식으로 간소화 후 OR-AND-NOT 회로로 구현

예제 3.10   예제 3.9에서와 같은 부울 함수를 NOR-OR 게이트로 구현하라.

$$F(x,y,z) = \Sigma(0,5)$$

풀이 및 해답

1) 어떤 게이트 조합인지 판단하기 위해 게이트 도형에서 드모르간 법칙을 적용
한 후 OR-AND-NOT을 유도한다.

2) 진리표 표기: 마지막에 NOT이 있으
므로 1만 표기하고 POS 형식으로 각
리터럴이 1이 되는 구역을 표시한다.

$$F = (x + y + z)(x' + y + z')$$

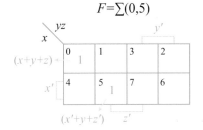

$F=\Sigma(0,5)$

3) 간소화 후 논리 게이트를 OR-AND-NOT으로 구현한다.

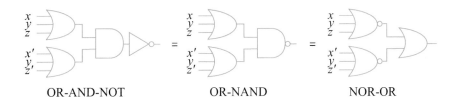

$$F = ((x + y + z)(x' + y + z'))' = (x + y + z)' + (x' + y + z')'$$

지금까지 2-단계로 구현할 수 있는 모든 방법을 살펴보았다. 결론적으로 말하면 구현 기법은 SOP와 POS 두 가지 방식이며, 진리표에서 0과 1을 사용하는 것까지 구분해 크게 네 가지로 분류할 수 있다. 이 기법을 간단히 정리하여 표 3.9에 나타내었다. 많은 연습을 통해 숙지하기 바란다.

표 3.9 2-단계 논리 회로 구현 방법

게이트 구성 (1단-2단)	카노맵 간소화 형식	논리 회로 구현
AND-OR NAND-NAND	1의 SOP	AND-OR, NAND-NAND의 경우 게이트 사이에 2중 부정 삽입 후 2단 게이트에 드모르간 법칙 적용
OR-AND NOR-NOR	0의 POS	OR-AND, NOR-NOR의 경우 게이트 사이에 2중 부정 삽입 후 2단 게이트에 드모르간 법칙 적용
AND-NOR NAND-AND	0의 SOP	AND-OR-NOT(AND-NOR) 구현 후 게이트에 드모르간 법칙 적용
OR-NAND NOR-OR	1의 POS	OR-AND-NOT(OR-NAND) 구현 후 게이트에 드모르간 법칙 적용

self-check

※ 아래 항목을 체크하고 뒷 면의 피드백을 작성하여 제출하시오.　　　　YES | NO

1. 카노맵의 간소화 원리를 설명할 수 있다. ☐ ☐

2. 카노맵에서 진리 값 1과 0을 SOP 및 POS 형식으로 간소화할 수 있다. ☐ ☐

3. 항, 주항, 필수 주항을 구분하고 설명할 수 있다. ☐ ☐

4. 항의 개수와 제거되는 리터럴의 관계를 설명할 수 있다. ☐ ☐

5. AND-OR 및 OR-AND 논리 회로로 구현할 수 있다. ☐ ☐

6. NAND-NAND와 NOR-NOR 게이트만으로 회로를 구현할 수 있다. ☐ ☐

7. 2~5-변수 부울 함수를 AND-OR, OR-AND 형식으로 구현할 수 있다. ☐ ☐

8. 무관항을 설명할 수 있고 무관항이 포함된 카노맵을 간소화할 수 있다. ☐ ☐

9. 2-단계 논리 회로를 구현하는 16가지 방법을 나열할 수 있다. ☐ ☐

10. 기능 제한 논리와 기능성 논리의 특징과 구분을 설명할 수 있다. ☐ ☐

11. 결선 AND와 OR 개념을 설명할 수 있다. ☐ ☐

12. AND-OR-NOT 형식의 논리 회로를 구현할 수 있다. ☐ ☐

13. AND-OR-NOT 형식과 등가인 AND-NOR 및 NAND-AND 형식의 ☐ ☐

    2-단계 논리 회로로 변경할 수 있다.

14. OR-AND-NOT 형식의 논리 회로를 구현할 수 있다. ☐ ☐

15. OR-AND-NOT 형식과 등가인 OR-NAND 및 NOR-OR 형식의 ☐ ☐

    2-단계 논리 회로로 변경할 수 있다.

학번		이름	

■ **Feedback**

※ 학습 내용 중 보충 설명이 필요하거나 학습 관련 문의 및 건의사항은 무엇인가요?

연습 문제

3.1 다음 논리식을 보고 카노맵의 진리 값을 모두 채워라.

(a) $a'(b' + c') + a(b + c)$

(b) $(x' + y')(y' + z')(x + z')$

(c) $(x + z)(y' + z)(w' + x + y)(w' + x' + y')(w + x' + z')$

3.2 다음 부울 함수식을 카노맵으로 간소화하라.

(a) $ab' + ab$

(b) $(a + b')(a + b)$

(c) $x'yz' + x'yz + xy'z' + xyz'$

(d) $(x' + y' + z)(xy + z')$

3.3 다음 부울 함수를 SOP 및 POS 형식으로 간소화하라.

(a) $\Sigma(0,2,5,7)$

(b) $\Sigma(0,1,2,3,7,11,13,15)$

3.4 3.3번 문제에 대해 다음 논리 게이트로 회로를 구현하라.

(a) AND-OR

(b) OR-AND

(c) NAND-NAND

(d) NOR-NOR

3.5 다음 부울 함수를 SOP 형식으로 간소화하라.

$F(v,w,x,y,z) = \Sigma(0,2,3,5,7,8,15,18,21,23,27,31)$,

$D(v,w,x,y,z) = \Sigma(10,13,19,29)$

3.6 다음 부울 함수식을 간소화하고 AND-NOR 회로로 구현하라.

$F(w,x,y,z) = \Sigma(0,1,2,5,6,8,9,13)$, $D(w,x,y,z) = \Sigma(4,10,12)$

3.7 다음 함수를 OR-NAND 회로로 구현하라.

$F(a,b,c,d) = a'b+bc+cd$

참고 문헌

1. Maurice Karnaugh, "The Map Method for Synthesis of Combinational Logic Circuits," *Transactions of the American Institute of Electrical Engineers, Part I: Communication and Electronics*, vol. 72, no. 5, pp. 593-599, 1953.

2. Edward Veitch, "A Chart Method for Simplifying Truth Functions," *Proceedings of the ACM Annual Meeting*, pp. 127-133, 1952.

3. Willard Van Orman Quine, "The Problem of Simplifying Truth Functions," *The American Mathematical Monthly*, Vol. 59, No. 8, pp. 521-531, 1952.

4. Willard Van Orman Quine, "A Way to Simplify Truth Functions," *The American Mathematical Monthly*, Vol. 62, No. 9, pp. 627-631, 1955.

5. Edward Joseph McCluskey Jr., "Minimization of Boolean Functions," *Bell System Technical Journal*, Vol. 35, No. 6, pp. 1417-1444, 1956.

6. Michael D. Ciletti, M. Morris R. Mano, *Digital Design 6th Edition*, Pearson Education Ltd., 2018.

7. Frank M. Brown, *Boolean Reasoning - The Logic of Boolean Equations (reissue of 2nd ed.)*, Dover Publications, 2012.

8. David Bates, Patrick Hoppe, *Electronic Principles*, McGraw-Hill Education, 2020.

9. Subramaniam, Umashankar, Alvi, Parvej Ahmad, Tripathi, Suman Lata, *Electrical and Electronic Devices, Circuits and Materials: Design and Applications*, CRC Press, 2021.

10. William McCune, Robert Veroff, Branden Fitelson, Kenneth Harris, Andrew Feist, Larry Wos, "Short single axioms for Boolean algebra," *Journal of Automated Reasoning*, vol. 29, no. 1, pp. 1-16, 2002.

11. Whitesitt J. Eldon, *Boolean algebra and its applications*, Courier Dover Publications, 1995.

4장

조합 논리 회로 설계

학습 목표

- ❖ 조합 논리를 이해한다.
- ❖ 조합 논리 회로의 설계 방법을 학습한다.
- ❖ BCD 코드 변환기를 설계한다.
- ❖ 가산기와 감산기를 설계한다.
- ❖ 가산기의 캐리 발생 원리를 이해한다.
- ❖ 4-비트 2진 가산기의 동작을 이해한다.
- ❖ 감산기의 빌림 원리를 이해한다.
- ❖ 보수를 이용한 가감산기의 동작을 이해한다.
- ❖ 10진수 BCD 가산기를 설계한다.
- ❖ 캐리 사전 발생기의 원리를 이해한다.

- ❖ 곱셈기와 크기 비교기의 동작을 이해한다.
- ❖ 디코더와 인코더의 원리를 이해한다.
- ❖ 디코더로 조합 논리 회로를 구현하는 방법을 이해한다.
- ❖ 디코더의 활성 입력을 이해한다.
- ❖ 7-segment 디스플레이의 동작 원리를 이해한다.
- ❖ 멀티플렉서와 디멀티플렉서의 동작을 이해한다.
- ❖ MUX로 조합 논리 회로를 설계한다.
- ❖ 3-상태 버퍼를 이해한다.
- ❖ 3-상태 버퍼와 디코더를 이용하여 MUX를 구현한다.

4.1 조합 논리 회로

조합 논리 회로의 정의

논리 회로는 크게 **조합 논리 회로(combinational logic circuit)**와 **순차 논리 회로 (sequential logic circuit)** 두 종류로 분류된다. 용어가 약간 긴 느낌이 있어 앞으로 는 조합 회로와 순차 회로로 줄여 부르기로 한다.

조합 회로는 현재 입력 값만으로 출력이 결정되고, **순차 회로는 저장된 출력 값** 이 다음 단계 입력으로 피드백(feedback)되어 영향을 주기 때문에 **다음 단계의 출 력은 현재 입력 값과 이전 단계 출력 값 모두의 입력으로 결정**된다. 따라서 순차 회 로는 입력 값이 같더라도 이전 단계 출력 값이 0인지 1인지에 따라 현재 출력 값 이 달리 나타난다. **순차 회로는 값을 저장할 수 있는 기능** 때문에 임시 자료 저장 소인 **레지스터(register), 메모리 및 카운터(counter, 계수기) 등의 구현**에 사용된 다. 관련 내용은 순차 논리 회로 설계에서 배우기로 한다. 반면, **조합 회로**는 주 로 **연산 기능**을 하는 덧셈, 뺄셈, 곱셈, 코드 변환기 및 장치 접근을 위한 **주소 지정 (addressing) 라인** 등을 만들 때 이용되는데, 컴퓨터의 연산을 담당하는 ALU가 가장 대표적이라고 할 수 있다.

그림 4.1에 조합 회로 시스템의 특징을 알아보기 위한 시스템 블록도를 표시 하였다. 이 그림 4.1에서 입력 변수가 n개, 출력 값이 m개라 가정하면, n-변수 입 력이 인가되어 m개의 출력을 만드는 시스템이라고 볼 수 있다. 그리고 출력 값은 하나하나가 입력 변수로 표현되는 부울 함수로 이루어져 있으므로 출력 변수를

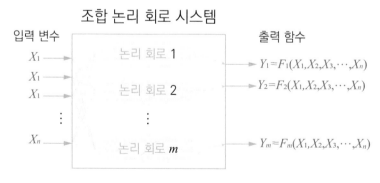

그림 4.1　조합 논리 회로 시스템의 블록도

출력 함수로 생각하면 편리하다. **조합 논리 회로 시스템은 *n*-변수를 입력으로 가지는 부울 함수 *m*개가 모인 시스템**이라고 볼 수 있다. 따라서 조합 회로 설계는 각각의 부울 함수를 구현한다는 의미와 일맥상통하므로 3장에서 배운 논리식 간소화 방법으로 출력 개수만큼 논리 회로를 구현하면 된다.

조합 회로 설계 방법

그림 4.1에서 보았듯 조합 회로 설계 시 출력 함수를 입력 변수로 모델링하는 일이 가장 중요하다. 주어진 설계 문제를 2진수 체계에서 세밀하게 분석(analysis)해 필요한 입력 변수 개수와 출력 함수 개수를 정의하는 과정이 가장 중요하며, 이 과정을 거치면 진리표를 작성한 후 카노맵 간소화 방법으로 회로를 구현한다.

　　마지막으로 구현된 회로가 정상적으로 동작하는지 검증(verification)하면 설계가 마무리된다. 이상의 과정을 세부적으로 정리하면 다음과 같다.

조합 논리 회로 설계 단계

1) 설계 문제 분석을 통한 입력과 출력의 개수 결정
2) 입력과 출력 변수에 리터럴 할당
3) 문제 분석에 기반한 진리표 작성
4) 출력 변수(함수)별로 카노맵을 이용한 간소화
5) 논리 회로 구현
6) 검증

　　위의 과정을 부연 설명하면, 단계 1)은 문제 해결에 필요한 입출력 변수의 개수를 결정한다. 단계 2)는 각 변수에 대응하는 문자 리터럴을 할당하는데, A, B, C, D 등과 같이 무의미하게 순차적으로 영문자를 할당해도 괜찮지만 복잡한 문제의 경우 의미에 걸맞는 리터럴을 사용해야 이해가 쉽고 단계 3)의 진리표 작성 시에도 도움이 된다. 진리표는 설계 문제를 완벽히 이해하고 작성해야 정확한 동작이 이루어지게 할 수 있다. 단계 4)와 5)는 이전 장에서 배운 간소화 방식으로 구현하며, 단계 6)에서는 실제 입력을 넣어 각 단계별 출력과 최종 결과를 확인한다.

　　이 장에서는 설계 과정 학습을 위해 보편적으로 많이 활용되는 BCD 코드 변환기, 가산기, 감산기, 캐리 발생기 등의 조합 회로를 예로 들어 구현한다. 이후 구현된 조합 회로를 이용해 BCD 가산기와 2진 곱셈기 등의 회로를 분석하여 이해하는 데 중점을 둔다.

4.2 BCD 코드 변환기

조합 회로 설계의 첫 번째 예는 우리가 다룰 문제 중 가장 이해가 쉽고 단순한 코드 변환기를 통해 설계 과정을 익히는 데 초점을 두고 설명한다.

설계 문제 분석

이번 설계 문제는 아래와 같이 BCD 8421 코드를 입력했을 경우, 3-초과 코드가 출력되는 시스템을 설계하는 것이다. 먼저 설계 문제를 체계적으로 이해하기 위해 설계하고자 하는 시스템의 블록도를 그려보자.

 BCD 8421 코드가 입력되었을 때, 3-초과 코드를 출력하는 시스템을 설계한다.

 블록도

그림 4.2처럼 이 코드 변환기는 8421 코드 4-비트가 입력되어 3-초과 코드 4-비트가 출력되는 시스템이다.

앞서 정리한 조합 회로 설계 과정에 의거해 설계를 시작해보자.

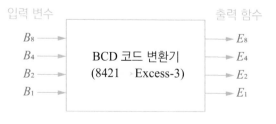

입력 변수   출력 함수

$B_8 \rightarrow$ BCD 코드 변환기 $\rightarrow E_8$
$B_4 \rightarrow$ (8421   Excess-3) $\rightarrow E_4$
$B_2 \rightarrow$ $\rightarrow E_2$
$B_1 \rightarrow$ $\rightarrow E_1$

그림 4.2   BCD 코드 변환 시스템의 블록도

설계 과정

1) 입출력 개수 결정

8421 코드가 4-비트이므로 입력 변수의 개수는 4이며, 출력 3-초과 코드도 4-비트이므로 출력 변수(함수)의 개수도 4이다.

2) 리터럴 할당

입력 리터럴은 2진 코드에 비트별 크기를 고려하여 $B_8B_4B_2B_1$, 출력 리터럴도 비슷하게 $E_8E_4E_2E_1$을 부여하였다.

3) 진리표 작성

3-초과 코드는 8421 코드에 3을 더하면 되므로 쉽게 진리표가 작성된다.

번호	입력 변수(8421)				출력 함수(Excess-3)			
	B_8	B_4	B_2	B_1	E_8	E_4	E_2	E_1
0	0	0	0	0	0	0	1	1
1	0	0	0	1	0	1	0	0
2	0	0	1	0	0	1	0	1
3	0	0	1	1	0	1	1	0
4	0	1	0	0	0	1	1	1
5	0	1	0	1	1	0	0	0
6	0	1	1	0	1	0	0	1
7	0	1	1	1	1	0	1	0
8	1	0	0	0	1	0	1	1
9	1	0	0	1	1	1	0	0

4) 출력 함수별 간소화

앞 장에서 언급했듯 BCD 8421 코드는 4-비트이지만 0 ~ 9까지의 숫자만 사용하고 **10 ~ 15는 사용하지 않는 숫자**이므로 **무관항**임을 명심하라. 간소화는 그림 4.3에서처럼 편의상 SOP 형식을 사용하였다. 모든 출력 함수에서 무관 조건이 같고,

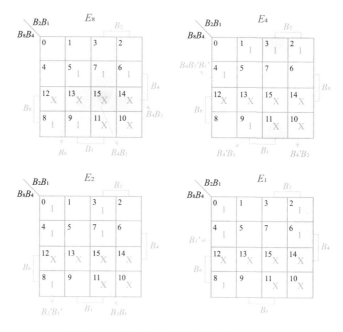

그림 4.3 BCD 코드 변환 시스템의 간소화

각 출력 함수별로 간소화된 논리식을 정리하면 아래와 같다.

$$D(B_8, B_4, B_2, B_1) = \sum(10,11,12,13,14,15)$$
$$E_8(B_8, B_4, B_2, B_1) = \sum(5,6,7,8,9) = B_4 B_1 + B_4 B_2 + B_8$$
$$E_4(B_8, B_4, B_2, B_1) = \sum(1,2,3,4,9) = B_4' B_1 + B_4' B_2 + B_4 B_2' B_1'$$
$$E_2(B_8, B_4, B_2, B_1) = \sum(0,3,4,7,8) = B_2' B_1' + B_2 B_1$$
$$E_1(B_8, B_4, B_2, B_1) = \sum(0,2,4,6,8) = B_1'$$

5) 조합 논리 회로 구현

논리 회로는 그림 4.4와 같고, E_2를 XNOR 함수로 구현해도 되지만 결과를 더 정리하지 않고 구현해도 무방하다. 구현된 회로를 박스로 처리하면 그림 4.2의 블록도와 같다.

6) 검증

검증 단계는 각 게이트에 통과된 1단 및 2단 논리 결과를 진리표 형태로 작성하

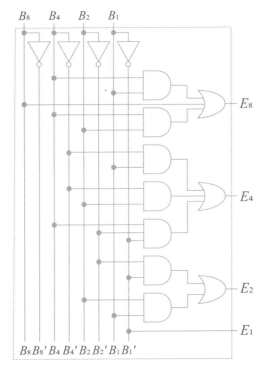

그림 4.4 BCD 코드 변환 시스템 구현 결과

여 결과 값과 비교하여 진행한다. 참고로 여기에서는 E_8에 대한 검증만 진행한다. 논리 값 결과와 정의된 값이 같으므로 설계가 잘 구현되었음을 알 수 있다.

입력 변수(8421)				중간 단계		$B_4B_1 + B_4B_2 + B_8$	출력함수 (E_8)
B_8	B_4	B_2	B_1	B_4B_1	B_4B_2		
0	0	0	0	0	0	0	0
0	0	0	1	0	0	0	0
0	0	1	0	0	0	0	0
0	0	1	1	0	0	0	0
0	1	0	0	0	0	0	0
0	1	0	1	1	0	1	1
0	1	1	0	0	1	1	1
0	1	1	1	1	1	1	1
1	0	0	0	0	0	1	1
1	0	0	1	0	0	1	1

4.3 가산기

이 절에서는 두 수의 각-비트별 덧셈을 수행하는 가산기(adder)를 설계하는데, 두 가지 형태로 나누어 진행하기로 한다. 하나는 **최하위 비트의 덧셈**으로 아랫자리에서 올라오는 **자리 올림 캐리가 없는 가산기**를 먼저 설계하고, 그 다음은 **상위 비트의 덧셈으로 아랫자리에서 올라오는 캐리까지 고려하는 가산기**를 설계한다. 전자의 경우는 완전하지 않은 반쪽짜리 가산기라는 의미에서 **반가산기(HA: half Adder)**, 후자는 **전가산기(FA: full adder)**라고 한다.

반가산기 설계

위의 BCD 코드 변환기 예제와 비슷한 형식으로 설계를 시작한다. 먼저 설계 문제를 분석하자.

Design Mission 최하위 1-비트의 두 수를 덧셈하는 회로를 설계한다.

※ 덧셈 예와 블록도

최하위 비트에서는 두 수가 단일 1-비트이므로 그림 4.5(a)와 같이 총 네 가지 경우가 존재하며, 덧셈으로 합(sum)과 캐리(carry)가 출력된다. 여기서 X를 피가수(augend) Y를 가수(addend)라고 부른다.

※ 설계 과정

1) 입출력 개수 결정 및 리터럴 할당

그림 4.5(b)에서와 같이 입력 두 비트에 해당하는 리터럴은 X, Y에 할당하고, 출력은 합과 캐리를 나타내므로 S와 C를 부여한다.

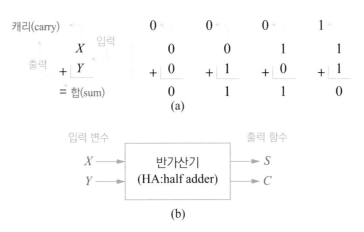

캐리(carry)   0   0   0   1

X 입력

출력 $+ \; Y$

$=$ 합(sum)

(a)

입력 변수   출력 함수

(b)

그림 4.5   반가산기 설계 문제 분석:
(a) 최하위 비트의 덧셈 흐름과 전체 경우, (b) 반가산기 블록도

2) 진리표 작성

번호	입력 변수		출력 함수	
	X	Y	S	C
0	0	0	0	0
1	0	1	1	0
2	1	0	1	0
3	1	1	0	1

3) 출력 함수별 간소화

그림 4.6에 간소화 결과를 보였고 논리식을 정리하면 아래와 같다.

$$S(X,Y) = \sum(1,2) = X'Y + XY' = X \oplus Y$$

$$C(X,Y) = \sum(3) = XY$$

4) 조합 회로 구현 및 검증

구현 논리 회로는 그림 4.7과 같다. 간소하게 표현하기 위해 S는 XOR 함수로 구현하였다. 단순 회로이므로 검증은 생략한다.

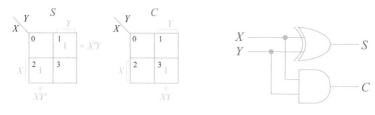

그림 4.6 반가산기 출력 함수의 간소화   그림 4.7 반가산기 회로 구현 결과

전가산기 설계

이번에는 하위 비트에서 캐리가 발생하여 현재 비트 합산에 반영되는 경우의 전가산기를 설계해보자.

  하위 비트에서 캐리가 올라오는 경우가 있는 현재 1-비트의 두 수를 덧셈하는 회로를 설계한다.

❈ 덧셈 예와 블록도

전가산기의 동작은 그림 4.8(a)에 보인 것과 같이, 현재 비트에서 덧셈이 타원으로 둘러싸인 현 위치 i에서의 두 수(X, Y)와 하위 비트에서 발생하여 올림된 캐리(C_i)를 더해 합(S_i)과 상위 비트로 올림하는 캐리(C_{i+1})를 출력하는 것이다. 즉 입

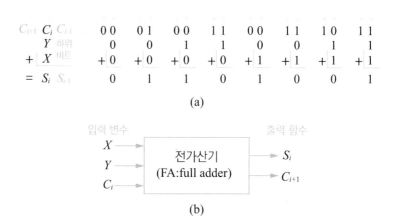

(a)

(b)

그림 4.8 전가산기 설계 문제 분석:
(a) 현재 비트에서의 덧셈 흐름과 전체 경우, (b) 전가산기 블록도

력 세 비트 값을 받아 덧셈하고 두 비트의 출력을 만든다. 전가산기의 블록도는 그림 4.8(b)에 나타내었다.

※ 설계 과정

1) 입출력 개수 결정 및 리터럴 할당

그림 4.8에 보인 것과 같이 세 비트 입력에 해당하는 리터럴은 X, Y, C_i에 할당하고, 출력은 합과 캐리를 S_i와 C_{i+1} 리터럴에 각각 부여한다.

2) 진리표 작성

번호	입력 변수			출력 함수	
	X	Y	C_i	S_i	C_{i+1}
0	0	0	0	0	0
1	0	0	1	1	0
2	0	1	0	1	0
3	0	1	1	0	1
4	1	0	0	1	0
5	1	0	1	0	1
6	1	1	0	0	1
7	1	1	1	1	1

3) 출력 함수별 간소화

카노맵 간소화는 그림 4.9에 결과를 보였고 논리식을 정리하면 아래와 같다. 원래 전가산기는 반가산기의 원리를 포함하므로 C_{i+1}에 최소항 3과 5를 단독 항으로 묶는 약간의 변형을 가하면 반가산기의 연산이 포함된 논리식으로 유도할 수 있다.

$$S_i(X,Y,C_i) = \sum(1,2,4,7) = X'Y'C_i + X'YC_i' + XY'C_i' + XYC_i$$
$$= (X \oplus Y) \oplus C_i$$
$$C_{i+1}(X,Y,C_i) = \sum(3,5,6,7) = XY + XC_i + YC_i$$
$$= XY + X'YC_i + XY'C_i = XY + (X \oplus Y)C_i$$

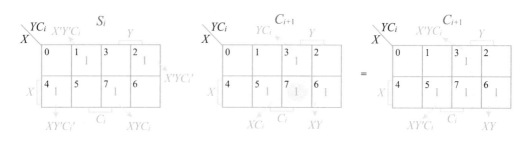

그림 4.9 전가산기 출력 함수의 간소화

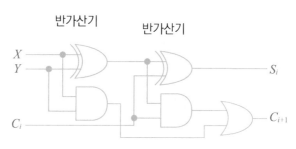

그림 4.10 반가산기로 구현된 전가산기

4) 조합 회로 구현

카노맵 간소화 결과를 그대로 구현해도 되지만, 반가산기의 연산을 포함하는 논리 회로로 구현하면 그림 4.10과 같이 표현할 수 있다.

그림 4.10에서의 전가산기 동작은 **현재 비트의 데이터 값 X와 Y를 먼저 반가산기로 더한 뒤 그 결과와 캐리 C_i를 다시 반가산기로 더하는 구조**이다. 그러므로 여기서 합(S_i)은 X와 Y를 먼저 더하고 그 다음 C_i를 더하므로 세 값의 XOR로 표현되어 이해가 쉽다. 반면 최종 C_{i+1}의 캐리 발생은 약간 복잡하므로 자세히 살펴보자.

만약 첫 번째 반가산기에서 $X = Y = 1$이라면 상위 비트로 $C_{i+1} = 1$을 올려주어야 하므로 C_{i+1}에는 XY가 논리합으로 묶여 있다. 그 다음 두 번째 반가산기에서는 X와 Y 중 하나가 1이고($X \oplus Y = 1$) 하위 비트에서 올라오는 캐리 $C_i = 1$이면 또 상위 비트로 $C_{i+1} = 1$을 올려주어야 하므로 C_{i+1}에는 $(X \oplus Y)C_i$가 논리합으로 묶여 있다. 그 결과 반가산기 2개와 OR 게이트 1개로 전가산기를 만들 수 있으며, 구현 회로를 단순하게 표현할 수 있다. 여기에서도 결과가 단순하므로

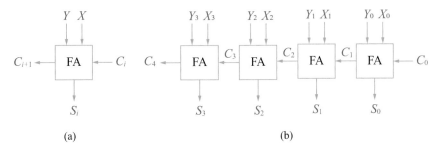

그림 4.11 4개의 전가산기로 구현된 4-비트 가산기:
(a) 1-비트 전가산기, (b) 4-비트 2진 가산기

검증은 생략한다.

위의 과정으로 설계된 1-비트 전가산기를 우리는 그림 4.11(a)와 같이 블록도로 표현할 수 있다. 이것을 4-비트 덧셈에 적용하려면 그림 4.11(b)와 같이 4개를 연결하면 된다. LSB인 경우에만 $C_0 = 0$으로 입력하고 8-비트 가산기로 확장하려면 4-비트 가산기를 직렬 2단으로 연결한다. 이때 첫 단의 C_4는 다음 단의 C_0에 연결되며 단순한 연결로 비트 확장된다.

4.4 감산기

두 수의 각-비트별 뺄셈을 수행하는 감산기(subtracter)에 대해서도 가산기와 동일한 방법으로 설계해보자. 마찬가지로 감산기도 최하위 비트의 두 수를 감산하는 반감산기를 먼저 설계한 뒤 전감산기를 설계한다.

반감산기 설계

먼저 감산의 설계 문제를 분석하자.

최하위 1-비트의 두 수를 뺄셈하는 회로를 설계한다.

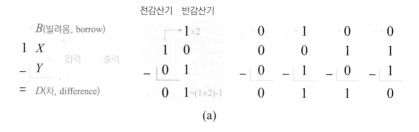

(a)

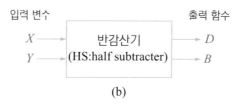

(b)

그림 4.12　반감산기 설계 문제 분석:
(a) 최하위 비트의 뺄셈 원리와 전체 경우, (b) 반감산기 블록도

※ 뺄셈 예와 블록도

뺄셈은 덧셈보다 약간 복잡하므로 그림 4.12에 보다 자세히 나타내었다. 피감수 (minuend)가 감수(subtrahend)보다 작을 때는 상위 비트에서 빌려와야 하므로 빌려온 수 B(borrow)가 발생한다. 그리고 B는 윗자리에서 가져왔으므로 뺄셈을 수행할 경우 해당 진수의 기수(r)를 곱해 계산해야 한다. 10진수에서 윗자리에서 빌려온 수 1은 10인 것과 동일한 이치이다. 그러므로 2진수에서는 빌려온 수가 1이라고 할지라도 $1 - 1$이 아니라 $(1 \times 2) - 1$이 된다.

상위 비트의 계산은 전감산기에서 자세히 다루기로 하고 최하위 비트만 고려하면, 두 번째 경우 피감수 $X = 0$, 감수 $Y = 1$일 때만 B가 발생하며, 빌려온 수와의 뺄셈에서 $1 - 1 = 0$이 아님에 주의하라. 결과적으로 반감산기는 그림 4.12(b)와 같이 두 개의 입력(X, Y)이 입력되어 출력은 두 수의 차 D(difference)와 빌려오는 수 B가 출력되는 시스템이다.

※ 설계 과정

1) 입출력 개수 결정 및 리터럴 할당

그림 4.12에서와 같이 입력 두 비트에 해당하는 리터럴은 X, Y에 할당하고, 출력은 D와 B를 부여한다.

2) 진리표 작성

번호	입력 변수		출력 함수	
	X	Y	D	B
0	0	0	0	0
1	0	1	1	1
2	1	0	1	0
3	1	1	0	0

3) 출력 함수별 간소화

그림 4.13에 간소화 결과를 보였고 논리식을 정리하면 아래와 같다.

$$D(X,Y) = \sum(1,2) = X'Y + XY' = X \oplus Y$$
$$B(X,Y) = \sum(1) = X'Y$$

4) 조합 회로 구현

구현 논리 회로는 그림 4.14와 같고, 반가산기와 비교하면 X가 Y보다 작을 때 B

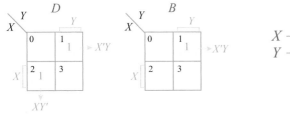

그림 4.13 반감산기 간소화

그림 4.14 반감산기 회로 구현 결과

가 발생되어야 하므로 $X'Y$ 연산 때문에 인버터가 추가된 것만 다르게 나타난다.

전감산기 설계

반감산기의 결과를 토대로 이번에는 2진수의 중간 비트에 위치한 자리에서 뺄셈을 하는 경우의 전감산기를 설계해보자.

 중간 비트에서 두 수를 뺄셈하는 회로를 설계한다.

❋ 뺄셈 예와 블록도

전감산기 동작을 이해하기 위해 그림 4.15(a)에 10진수와 2진수의 예를 보였다. 10진수의 뺄셈을 자릿수별로 살펴보면, 1의 자리에서 '피감수 − 감수'(0 − 9)를 위해 B가 발생하였다. 따라서 1의 자리 계산은 $(1 \times 10) + 0 - 9 = 1$이 된다. B가 발생하여 뺄셈하는 경우를 쉽게 구분하기 위해 괄호를 표시하였다.

　다음 10의 자리를 보면, 원 식은 3 − 7인데, 1의 자리로 값 1을 빌려주었기 (lend) 때문에 3 − 7 − 1을 판단해야만 한다. 여기서도 뺄 수 없으므로 윗자리에서 수를 빌려와 B가 발생한다. 그 결과 10의 자리 계산은 $(1 \times 10) + 3 - 7 - 1 = 5$가 된다. 마지막 100의 자리는 10의 자리로 1을 빌려주었고 상위 자리에서 빌려올 필요가 없으므로 2 − 0 − 1이 된다. 여기서 **lend를 따로 관리할 필요는 없다. 아랫자리에서 발생한 borrow B가 바로 윗자리에서 빌려주는 lend의 의미**이기 때문이다. 해당 자리에 빌려온 B가 있으면 기수를 곱해 $(1 \times 기수)$로 계산하고, 아랫자리에서 B가 있으면(빌려준 B) −1을 해야 한다. 2진수에 대한 예도 한 자리씩 살펴보라.

　그림 4.15(b)는 현재 위치를 i로 일반화하여 표시한 것이다. 그러므로 뺄셈은 현재 상태에서 결정된 세 값 X, Y, B_{i-1}을 가지고 $(X - Y - B_{i-1})$ 연산을 하므로 이들 세 변수가 입력으로 작용한다. 뺄셈의 결과는 D_i와 B_i이다. 그림에 표시된 것과 같이 B_i는 $(X - Y - B_{i-1})$이 음수일 때 1이 발생하며, $D_i = (B_i \times 2) + X - Y - B_{i-1}$을 계산하면 된다. 그림 4.15(c)는 전감산기의 블록도를 보여준다.

(a)

(b)

(c)

그림 4.15　전감산기 설계 문제 분석: (a) 10진수와 2진수의 감산 예,
(b) 현재 비트에서의 뺄셈 흐름과 전체 경우, (c) 전감산기 블록도

※ 설계 과정

1) 입출력 개수 결정 및 리터럴 할당

그림 4.15(c)처럼 세 입력 리터럴은 X, Y, B_{i-1}, 출력 리터럴은 차와 빌림에 D_i와 B_i를 각각 부여한다.

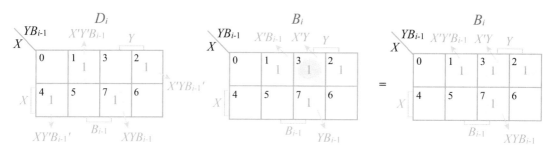

그림 4.16   전감산기 간소화

2) 진리표 작성

번호	입력 변수			출력 함수	
	X	Y	B_{i-1}	D_i	B_i
0	0	0	0	0	0
1	0	0	1	1	1
2	0	1	0	1	1
3	0	1	1	0	1
4	1	0	0	1	0
5	1	0	1	0	0
6	1	1	0	0	0
7	1	1	1	1	1

3) 출력 함수별 간소화

그림 4.16에 카노맵 간소화 결과를 보였고, 논리식을 전가산기와 동일한 형태로 정리하면 다음과 같다.

$$D_i(X,Y,B_{i-1}) = \sum(1,2,4,7) = X'Y'B_{i-1} + X'YB_{i-1}' + XY'B_{i-1}' + XYB_{i-1}$$
$$= (X \oplus Y) \oplus B_{i-1}$$
$$B_i(X,Y,B_{i-1}) = \sum(1,2,3,7) = X'Y + X'B_{i-1} + YB_{i-1}$$
$$= X'Y + X'Y'B_{i-1} + XYB_{i-1}$$
$$= X'Y + (X \oplus Y)' B_{i-1}$$

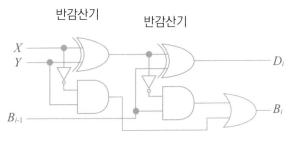

반감산기　　　　반감산기

X
Y
D_i
B_{i-1}
B_i

그림 4.17　반감산기로 구현된 전감산기

4) 조합 회로 구현

반감산기로 구현된 전감산기는 그림 4.17과 같고 전가산기와 동일하게 $X - Y$를 먼저 수행한 후, (1단 결과 $- B_{i-1}$)을 2단에서 계산한다. B_i는 1단에서 $X < Y$이면 발생하고 2단에서는 $X - Y = 0$이고 $B_{i-1} = 1$이면 B_i가 발생한다.

4.5 보수를 이용한 가감산기

우리는 1장에서 보수를 사용하는 목적 중 하나가 감산을 보수의 덧셈으로 구현할 수 있다고 학습했다. 그러므로 이 절에서는 보수를 이용해 가산기와 감산기를 동시에 수행하는 시스템을 만들어보려 한다. 먼저, 뺄셈을 구현하려면 감수에 대한 2의 보수를 계산해야 한다. 2의 보수가 계산되면 그대로 가산기를 이용해 덧셈을 수행하면 된다. 그러므로 이 절에서는 앞 절에서 진행했던 설계 과정을 사용하지 않고 논리적 사고를 통해 설계를 진행한다.

선택적 보수 연산

일반적으로 1의 보수는 해당 수의 각 비트에 NOT 연산을 수행하면 되는데, 우리는 덧셈도 해야 하고 뺄셈도 해야 한다. 그러므로 선택적으로 반전과 비반전 기능을 담당할 수 있는 게이트가 필요하다. 여기에 많이 활용되는 게이트가 XOR이다. XOR의 논리식은 다음과 같다.

그림 4.18 선택 입력에 의한 XOR 게이트의 버퍼 및 인버터 동작 특성

$$x \oplus y = x'y + xy'$$

y를 선택 입력(selection input)이라 가정하고 $y = 0$과 $y = 1$일 때 각 XOR의 결과는

$$x \oplus 0 = x'\,0 + x\,0' = x$$
$$x \oplus 1 = x'\,1 + x\,1' = x'$$

이 되므로 선택 입력 값에 따라 입력 변수가 부정 처리되거나 변화가 없게 된다. 이것을 게이트로 표현한 것이 그림 4.18이다. 만약 **인버터**라면 **무조건 NOT 연산을 수행**하지만, **XOR 게이트**는 선택 입력에 의해 **선택적으로 부정을 수행**하는 게이트가 된다.

가산기를 이용한 감산기

그림 4.11에서 FA를 직렬 연결한 4-비트 가산기를 보았는데, 그림 4.19와 같이 변형하면 가산과 감산을 동시에 수행할 수 있는 4-비트 가감산기를 설계할 수 있다. 선택 입력 $S = 0$이면 Y가 그대로 통과되어 가산기로 동작하며, $S = 1$이면 Y가 1의 보수가 된다. 그리고 최하위 비트(LSB)의 캐리가 선택 입력과 같으므로

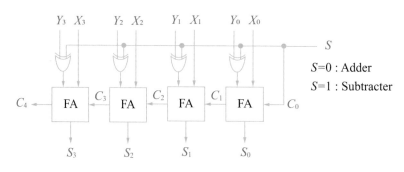

그림 4.19 가산기를 이용한 가감산기 시스템

$(C_0 = S = 1)$ 1이 더해지면서 감수 Y는 완벽하게 2의 보수(1의 보수 + 1) 처리된 후 더해진다. 이는 1장의 보수를 이용한 덧셈으로 뺄셈을 구현한 과정과 동일하다. 이렇게 2의 보수를 이용하면 가산기로 감산기를 만들 수 있고 별도의 감산기를 설계하지 않아도 되므로 효과적이라 할 수 있다.

4.6 BCD 10진 가산기

그림 4.11의 2진 4-비트 가산기를 활용하여 BCD 코드에 대한 10진 가산기를 설계해보자. 우리는 1.7절에서 BCD 코드의 가산에 대해 배웠고 표 1.6에 BCD 2진 코드에서 덧셈으로 발생되는 한 자리 값이 10 ~ 19까지일 경우 +6을 해주어야 한다는 것을 알고 있다. 이 과정을 조합 회로 설계 과정 순서대로 진행해보자.

 두 BCD 8421 코드의 한 자릿수 덧셈을 2진 4-비트 가산기로 설계한다.

✷ 블록도

10진수 한 자리(1-digit)에서의 피가수(X)와 가수(Y)는 각각 4-비트의 BCD 코드이다. 그리고 각 2진수는 0 ~ 9까지의 값을 가지며 캐리까지 포함하면 덧셈 결과는 0 ~ (9 + 9 + 1)까지 나타날 수 있다. 이것을 BCD 코드로 변환하면 0000 0000 ~ 0001 1001(0 ~ 19)이 된다. 컬러로 표시된 10의 자리의 상위 3-비트는 모두 0이므로 생략할 수 있다.

이것을 블록도로 표현하면 그림 4.20(a)와 같다. 우리가 4-비트 2진 가산기를 사용하지 않는다고 가정하면, 입력이 9개이므로 2^9의 경우가 존재하고 5개의 출력 함수를 9-변수로 간소화해야 한다. 이 정도 경우의 수는 진리표 작성과 간소화가 거의 불가능하다. 우리의 미션은 2진수 4-비트 가산기를 이용해 설계하는 것이므로 그림 4.20(b)와 같이 사실상 2진 가산기의 결과 $(C_4S_3S_2S_1S_0)$가 10 ~ 19(0 0000 ~ 1 1001)임을 판별한 후 6을 더하는 문제로 축소된다. 따라서 2진 가산의 결과에 다시 6을 더하기 위해 2개의 4-비트 가산기가 그림 4.20(b)처럼

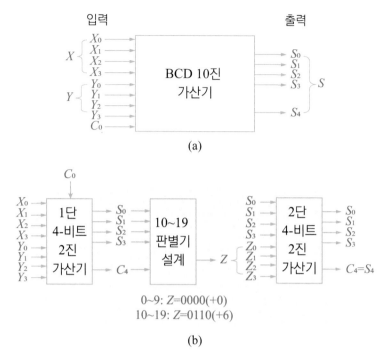

입력   출력

(a)

$0 \sim 9: Z = 0000 (+0)$
$10 \sim 19: Z = 0110 (+6)$

(b)

그림 4.20   BCD 10진 가산기 블록도 (a)개괄적인 블록도 (b)세부 블록도

필요하다.

※ 변경된 설계 미션

2진 4-비트 가산기의 결과가 10 ~ 19임을 판별하는 회로를 설계한다.

※ 설계 과정

1) 입출력 개수 결정 및 리터럴 할당

그림 4.20(b)처럼 입력이 1단의 2진 4-비트 가산기의 출력 $C_4 S_3 S_2 S_1 S_0$이므로 리터럴을 그대로 사용하며, 설계할 판별기의 출력은 10 ~ 19이면 1을 출력하므로 판별 함수라는 의미에서 F를 할당하도록 한다. 그러므로 입력 5-변수에 출력 함수 1개인 설계 문제이다.

표 4.1 BCD 코드 합산 결과 중 10~19를 판단하는 함수의 진리표

번호	입력 변수					출력 함수
	C_4	S_3	S_2	S_1	S_0	F
0	0	0	0	0	0	0
1	0	0	0	0	1	0
2	0	0	0	1	0	0
3	0	0	0	1	1	0
4	0	0	1	0	0	0
5	0	0	1	0	1	0
6	0	0	1	1	0	0
7	0	0	1	1	1	0
8	0	1	0	0	0	0
9	0	1	0	0	1	0
10	0	1	0	1	0	1
11	0	1	0	1	1	1
12	0	1	1	0	0	1
13	0	1	1	0	1	1
14	0	1	1	1	0	1
15	0	1	1	1	1	1
16	1	0	0	0	0	1
17	1	0	0	0	1	1
18	1	0	0	1	0	1
19	1	0	0	1	1	1

2) 진리표 작성

10 ~ 19까지 출력 함수의 진리 값이 1이 되며 표 4.1에 나타내었다.

3) 출력 함수 간소화

입력 변수가 5개이므로 총 32가지 경우가 존재하지만 고려할 경우는 19까지이므로 나머지는 무관항이며, 그림 4.21처럼 간소화된다. 판별 함수를 논리식으로 표현하면 다음과 같다.

$$F(C_4, S_3, S_2, S_1, S_0) = \sum(10{\sim}19) = C_4 + S_3 S_2 + S_3 S_1$$

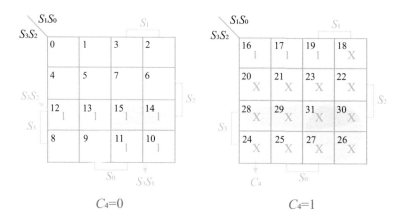

$$C_4=0 \qquad\qquad C_4=1$$

그림 4.21　판별 함수의 간소화

4) 조합 회로 구현

구현 회로는 그림 4.22(a)와 같다. BCD 코드의 합이 0 ~ 9 사이에는 판별 함수의 출력이 0이 되어 $Z = 0000$을 만들고, 10 ~ 19이면 판별 함수의 출력이 1이 되어 $Z = 0110(6)$이 더해진다. 그림 4.22(b)와 같이 간소화된 블록도로 표현할 수 있고, 10진수 1-자릿수 가산기가 되며 n-자릿수일 경우 직렬 연결하면 된다. 또한 내부에 두 번째 단 4-비트 가산기의 입력 캐리는 0임에 주의하자. 이것은 아래 자릿수에서 올라오는 캐리가 1단의 C_0에 반영되어 합산되었고 2단에서는 BCD 체계로 변환하기 위해 단순히 6을 더하기 때문이며, 이 2개의 4-비트 가산기가 통합되어 그림 4.22(b)의 1-자릿수 10진 가산기가 구성되므로 두 번째 내부 가산기에는 캐리가 없다.

　　이 판별 함수 구현 문제는 표 4.1에서 음영으로 표시된 것과 같이 10 ~ 19를 판단하는 데 매우 용이한 경우이므로 카노맵을 사용하지 않더라도 논리식을 유도할 수 있다. 16 ~ 19는 MSB인 $C_4 = 1$인 경우이고, 12 ~ 15는 S_3와 S_2가 동시에 1이며 10 ~ 11은 S_3와 S_1이 동시에 1인 경우이다. 그러나 우리는 5-변수 카노맵을 사용할 수 있으므로 카노맵을 이용한 방법이 실수를 줄일 수 있는 최선이라고 생각하자.

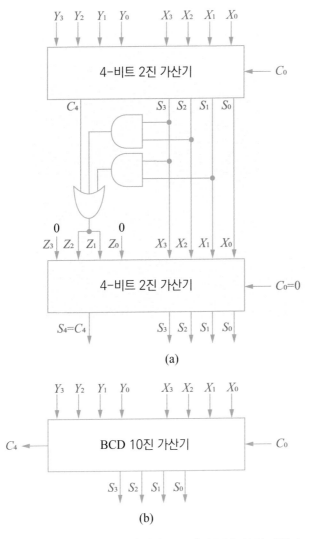

(a)

(b)

그림 4.22 4-비트 2진 가산기로 구현된 BCD 10진 가산기:
(a) 세부 회로, (b) 간소화된 블록도

4.7 캐리 사전 발생기와 가산기

덧셈 연산을 수행하려면 몇 단의 게이트를 거쳐야 할까? 그림 4.23과 같이 **1-비트의 덧셈 계산은 3단 게이트**를 거쳐야 한다. 세 번째 단이 바로 해당 비트의 최종

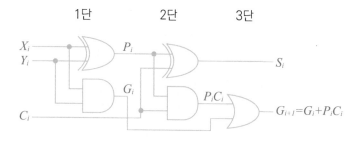

그림 4.23 캐리 발생 분석

캐리를 계산하는 단이다. 다음 상위 비트의 덧셈 계산은 하위 비트에서 발생하는 캐리가 완전히 결정되고 전달되어야만 연산이 가능하다. 그러므로 **n-비트의 2진 데이터 덧셈**에 반가산기로 구현하면 **$3n$개의 게이트 지연**이 발생하며, 게이트 하나를 통과하는 데 보통 수 나노 ~ 수십 나노 초(nano second, 10^{-9}s)의 시간이 지연되므로 비트가 길어질수록 캐리 전파에 의한 지연이 크게 늘어나는 문제를 갖게 된다. 이런 가산기를 리플 캐리 가산기(ripple-carry adder)라고 부른다.

이 **캐리 전파 지연 문제**는 컴퓨터 연산의 가장 기본이 되는 **덧셈에서 발생되는 지연**이어서 **모든 연산의 지연을 초래**하므로 매우 심각한 것이라 할 수 있나. 그러므로 캐리를 미리 발생시킬 수 있다면 상위 비트들은 더 이상 **하위 비트의 연산 종료**를 기다리지 않고 **덧셈 계산이 가능**하게 되어 시스템의 처리 속도를 높일 수 있다. 이렇게 캐리를 미리 계산하는 시스템을 **캐리 사전 발생기(carry look-ahead generator)**라고 한다.

그러면, 캐리가 어떻게 발생되는지 그 과정을 알아보자. 먼저 i번째-비트에서 피가수와 가수 비트인 X_i와 Y_i가 모두 1($X_i Y_i = 1$)이면 바로 캐리가 발생하는 것을 알 수 있다. 이 연산을 **캐리 발생(carry generation)**이라고 한다. 그리고 X_i와 Y_i 중 하나가 1($X_i \oplus Y_i = 1$)이고 하위 비트에서 올라오는 캐리 C_i가 1이면 또 캐리가 발생한다. 이 경우 2단에서 캐리 발생을 알 수 있는데, 1단에서의 $X_i \oplus Y_i$ 연산을 후단의 캐리 발생을 위한 **캐리 지연(carry propagation)**이라고 한다.

그러므로 캐리가 발생하는 과정은 ① 1단에서 바로 발생되는 캐리와 ② 1단에서 캐리 지연 후 2단에서 C_i와 곱해져 발생되는 캐리 두 가지 경우이며, 이들은 3단에서 논리합을 통해 다음 자리로 전달하는 C_{i+1} 캐리를 발생시킨다. 우리의 목표는 C_{i+1}을 미리 계산하는 것이므로 캐리 발생(G_i)과 캐리 지연(P_i)에 대한 논

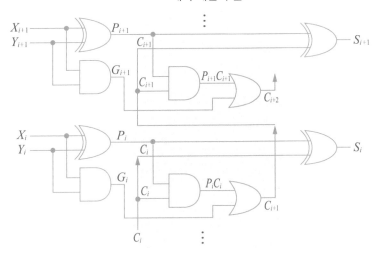

캐리 계산 부분

그림 4.24 캐리 지연 발생 부분

리식을 정리해 분석해보자. 분석의 목적을 명확히 알고 진행하기 위해 그림으로 먼저 설명한 뒤 분석을 진행하려고 한다.

그림 4.24는 그림 4.23과 비슷해 보이지만 캐리 계산 부분만을 모은 것이다. 각 비트별 입력 X와 Y는 1단의 반가산기에 의해 모든 비트가 즉각적으로 도착과 동시에 계산된다. 그런데 2단의 반가산기는 1단의 덧셈 결과와 아래 비트에서 발생한 캐리를 다시 덧셈하는 데 있어 1단의 P에 1-게이트 지연이 있었지만, 특히 하위 비트의 캐리 C는 전파되는 식으로 도착하므로 모든 상위 비트 덧셈의 지연을 유발시킨다. 그러므로 LSB에서부터 캐리 발생 수식을 P_i와 G_i 형태로 정리해보자. P_i와 G_i 형식으로 수식을 정리하는 이유는 모든 비트의 데이터는 도착 즉시 1단의 반가산기로 계산되므로 여기에서는 1-게이트 통과 지연만 있고 캐리 전파에 대한 지연이 없으며, 상위 비트의 캐리 계산이 P_i, G_i 그리고 C_i로 이루어지기 때문이다.

캐리 발생과 지연에 관한 논리식은 다음과 같다.

$$G_i = X_i Y_i, \quad P_i = X_i \oplus Y_i, \quad S_i = P_i \oplus C_i$$

G_i와 P_i는 1단의 반가산기 출력이므로 캐리 계산 부분에 입력으로 작용하며, 캐리 발생을 빠르게 계산하는 데 주요 요소가 아니다. 그러므로 아래의 최종 캐

리 발생 논리식이 중요하다. 논리식을 정리하면서 확인할 수 있듯 C_i가 계속 재귀적(recursive)으로 이전 비트의 논리식으로 정리된다는 것은 최하위 비트의 캐리가 결정되어야만 상위 비트의 캐리를 계산할 수 있음을 뜻한다. 그 결과 S_i를 계산할 수 있다.

$$C_{i+1} = G_i + P_iC_i$$
$$C_0 = 초기\ 캐리$$
$$C_1 = G_0 + P_0C_0$$
$$C_2 = G_1 + P_1C_1 = G_1 + P_1(G_0 + P_0C_0) = G_1 + P_1G_0 + P_1P_0C_0$$
$$C_3 = G_2 + P_2C_2 = G_2 + P_2(G_1 + P_1G_0 + P_1P_0C_0)$$
$$= G_2 + P_2G_1 + P_2P_1G_0 + P_2P_1P_0C_0$$

정리된 각 비트별 캐리를 보면 모두 2-단계 논리 회로를 구현할 수 있는 논리식들이다. 이들로 구현된 회로를 그림 4.24의 캐리 계산 부분과 대체하여 구현한 회로도가 그림 4.25이다.

이제 모든 캐리 계산이 2-단계의 AND-OR 게이트 군으로 구현되었고 캐리 전파 방식의 전달 과정은 사라지게 되었다. 그러므로 캐리 사전 발생기를 이용하면 비트의 길이가 길어져도 일정하게 4-게이트 단을 통과하면 덧셈이 완료된다는 것을 알 수 있다. 캐리 사전 발생기의 한 가지 단점은 비트가 길어질수록 AND/OR 게이트의 다중 입력 수가 계속 증가한다는 것이다. 그러나 이런 복잡도 증가보다 계산 속도의 이득이 더 크다고 할 수 있다. 캐리 사전 발생기를 이용한 가산기를 캐리 사전 가산기(carry look-ahead adder) 또는 패스트 가산기(fast adder)라고 부른다.

4.8 곱셈기

2진수의 곱셈 연산은 그림 4.26에 보인 것과 같이 AND 연산과 덧셈 연산을 이용해 구현할 수 있다. 원리는 10진수의 곱셈과 같다. n-비트 피승수(multiplicand) X를 m-비트 승수(multiplier) Y에 곱하면, 길이 n-비트의 단위 결과가 1-비트씩 이

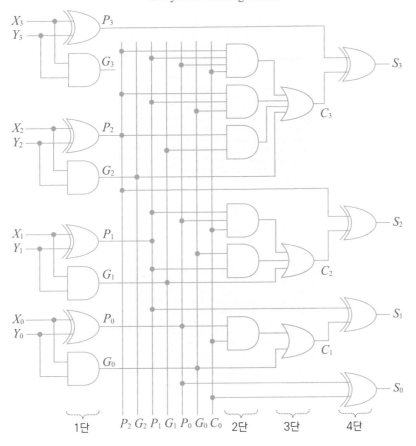

X_3
Y_3
P_3
G_3

X_2
Y_2
P_2
G_2

X_1
Y_1
P_1
G_1

X_0
Y_0
P_0
G_0

S_3

C_3

S_2

C_2

S_1

C_1

S_0

1단 $P_2\ G_2\ P_1\ G_1\ P_0\ G_0\ C_0$ 2단   3단   4단

그림 4.25   캐리 사전 발생기를 이용한 가산기 회로

동(shift)하면서 m개의 비트열을 생성한다. 따라서 덧셈을 위한 n-비트 가산기가 $(m-1)$개 필요하다. 그림의 예에서는 승수가 3-비트여서 덧셈이 2번 요구되므로 그림 4.27과 같이 2개의 가산기가 필요하다.

여기서 중요한 것은 두 수의 가장 낮은 비트의 곱셈은 덧셈 없이 결과로 출력되고, 승수의 두 번째 비트와의 곱셈에서부터는 1-비트씩 이동이 이루어지며, 가산 블록에는 항상 위의 수(피가수)의 최상위-비트가 비어 있으므로 0이 추가되어야 한다는 점이다. 두 번째 가산 블록부터는 C_n이 발생될 수 있으므로 0이 없는 것처럼 보이지만, 1-비트씩 밀려 다음 가산기에 입력되는 것을 참고하면 0이 입력된다. 이 점만 주의하면 별 어려움 없이 곱셈기 동작을 이해할 수 있을 것이다.

그리고 곱셈 결과의 길이는 MSB에서 캐리가 발생할 수 있어 최대 피승수와 승수를 더한 길이만큼 $(n + m)$비트의 결과가 나올 수 있고, 캐리가 발생하지 않으면 $(n + m - 1)$비트가 나온다. 이 예에 대한 구현 회로를 그림 4.27에 표현하였다.

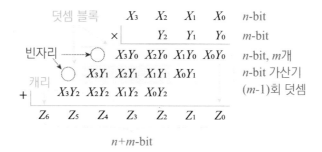

그림 4.26 2진 곱셈 연산의 흐름도

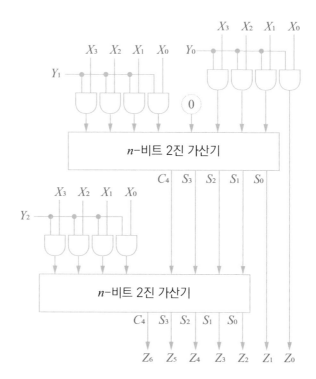

그림 4.27 4-비트×3-비트 곱셈기

4.9 크기 비교기

이 절에서는 두 비트열 데이터의 크기 비교 시스템을 구현해보자. 먼저 2진수에서 두 비트 A와 B가 있을 때, $A > B$는 $A = 1$, $B = 0$일 때 참이다. 그리고 반대로 $A < B$는 $A = 0$, $B = 1$일 때 참이다. 이것을 논리식으로 작성하면 아래와 같다. 최소항을 생각하면 이해가 쉽다.

$$A > B: AB' = 1(A=1, B=0)$$
$$A < B: A'B = 1(A=0, B=1)$$

$A = B$는 모두 0이거나 모두 1일 때 참이므로 $A = B = 0$이거나 $A = B = 1$인 경우이다. 두 조건이 논리합으로 연결되어 있으므로

$$A = B: A'B' + AB = 1(A = B = 0 \text{ 또는 } A = B = 1) = A \odot B$$

이다. 이제 1-비트가 아니라 두 수가 다음과 같이 3-비트라고 가정하자.

$$X = X_2X_1X_0$$
$$Y = Y_2Y_1Y_0$$

$X > Y$는 최상위 비트에서부터 크기를 비교하면 다음 경우에 해당된다.

1. $X_2 > Y_2$인 경우(최상위 비트가 큰 경우)이거나
2. $X_2 = Y_2$이고 $X_1 > Y_1$인 경우(최상위 비트가 같고 차상위 비트가 큰 경우)이거나
3. $X_2 = Y_2$이고 $X_1 = Y_1$이고 $X_0 > Y_0$인 경우(최상위와 차상위 비트가 모두 같고 마지막 비트가 큰 경우)이다.

그러므로 위의 경우와 같이 논리식으로 작성해보자.

$X > Y:$

$$(X_2Y_2') + (X_2'Y_2' + X_2Y_2)(X_1Y_1') + (X_2'Y_2' + X_2Y_2)(X_1'Y_1' + X_1Y_1)(X_0Y_0')$$

같은 방법으로 $X < Y$를 논리식으로 작성하면 아래와 같다.

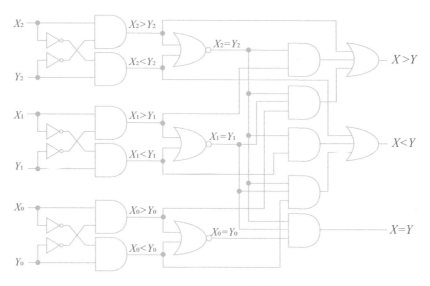

그림 4.28　3-비트 크기 비교기

$X < Y$:

$$(X_2'Y_2) + (X_2'Y_2' + X_2Y_2)(X_1'Y_1) + (X_2'Y_2' + X_2Y_2)(X_1'Y_1' + X_1Y_1)(X_0'Y_0)$$

같다는 것은 모든 비트에서 동시에 같아야 하므로 다음과 같다.

$X = Y$:

$$(X_2'Y_2' + X_2Y_2)(X_1'Y_1' + X_1Y_1)(X_0'Y_0' + X_0Y_0)$$

주의해야 할 점은 **대소 비교**의 경우 **상위 비트에서부터 비교**가 이루어져야 하며, 하위 비트를 비교할 경우에는 상위 비트가 같다는 조건하에서 크기를 비교하므로 **상위 비트는 논리곱으로 모두 같다는 조건식이 연결되어야 한다**는 것이다. 그림 4.28에 구현 회로를 나타내었다. 여기서 $X > Y$인 경우는 XY'이고 $Y > X$인 경우는 $X'Y$이므로 두 가지 경우를 OR 게이트로 합하면 $X \oplus Y$가 된다. $X = Y$인 경우는 XNOR이므로 크고 작은 경우를 재활용하기 위해 $(X \oplus Y)'$를 이용해 $(X \odot Y)$를 구현한 것이다.

4.10 라인 디코더

디코더의 정의

이 절부터는 단일 게이트만 집적된 IC가 아니라 활용도가 높은 범용 조합 회로 IC에 대해 배워보자. 이들 범용 조합 논리 IC들도 74-계열에 속해 있으며, 핀 수는 입출력 개수에 따라 다양하다. 가장 먼저 소개할 조합 회로는 디코더(decoder) 로서 용어의 의미부터 살펴보자. 사물이나 상태 또는 기호 등이 여러 개 있다고 하자. 이들을 디지털 환경에서 사용하려면 특정 코드를 부여해 각각을 2진 데이터 형태로 저장하고 처리해야 한다. 이렇게 코드를 부여하는 일을 인코드(encode)라고 한다.

코드 할당의 예로 10진수 숫자 기호 10개에 2진 코드를 부여해야 한다면 BCD 코드가 먼저 생각날 것이다. 디지털 공간에서는 0과 1만 사용할 수 있으므로 0 ~ 9와 같은 기호를 2진 데이터로 저장할 수 없다. 그러므로 0000 ~ 1001과 같은 2진 코드를 부여하는 것이다.

또 다른 예를 들어보자. 사과, 배, 감, 귤 등 4종류의 과일이 있고 이것을 디지털로 데이터 처리한다고 하자. 순서대로 쉽게 00 = 사과, 01 = 배, 10 = 감, 11 = 귤과 같이 2진수를 할당할 수 있을 것이다. 이렇게 코드를 부여하는 과정을 인코딩(encoding), 이렇게 처리하는 처리기를 인코더(encoder)라고 한다. 특별히 인코딩, 인코더의 경우 'en'을 생략해 코딩, 코더라고 많이 부른다.

정리하면, **인코더**는 2진 코드, 즉 **2진 부호를 부여하는 장치(코드기, 부호화기)**를 말한다. 디코더(decoder)는 그 반대로 2진 코드나 부호를 다시 원래 상태로 되돌려 처리하는 장치이다. 위의 10진수 예에서는 10진수 기호가 10개이므로 4-비트 코드를 부여하였지만, 최대 $16(2^4)$개까지의 개체를 4-비트 코드로 바꿀 수 있다. 예로 든 과일은 4종류이므로 2-비트를 부여하였고 최대 네 가지의 모든 경우를 사용하였다. 이와 같이 **인코더**는 **최대 2^n개**의 상태나 기호를 n-비트 코드로 변환(코드화, 부호화)할 수 있는 처리기이고, 디코더는 n-비트 2진 코드(수)를 최대 2^n개의 상태로 다시 확장하는 역할을 수행하는 **역코드화기** 또는 **복호화기**를 말한다. 이 개념의 설명을 그림 4.29에 나타내었다.

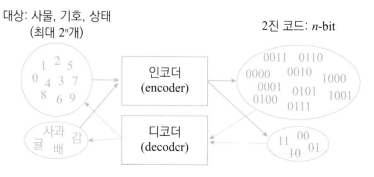

대상: 사물, 기호, 상태
(최대 2^n개)

2진 코드: n-bit

그림 4.29 **인코더와 디코더의 개념도**

코덱이란?

최근 들어 **코덱(codec)**이라는 용어를 자주 접할 수 있다. 코덱은 **코더(coder)**와 **디코더(decoder)**의 결합어로 특수한 코딩 방식으로 부호화하였다가 복원하는 것을 의미한다.

컴퓨터 환경에서 코딩 분야는 압축(compression)과 통신(communication)에 주로 사용되는데, 압축은 원본을 축소할 수 있는 다른 2진 코드로 부호화함으로써 저장되는 전체 데이터의 크기를 줄이는 방식이다. 압축으로 제한된 공간에 많은 자료를 담을 수 있는데, 이 과정에서 코더를 사용해 부호화를 수행한다. 이렇게 압축된 자료를 사용하려면 원 상태로 되돌려야 하므로, 복호화를 위한 디코더가 동작해야 한다. 따라서 특정 방식에서 코더와 디코더는 완전 반대 작용을 하는 쌍(pair)으로 이루어져 있는데, 이를 통칭하여 코덱이라고 한다.

데이터 크기가 방대한 동영상, 음악, 사진, 문서 등과 같은 멀티미디어 환경에서 사용하는 코덱은 전용 하드웨어로 구현해 사용할 수도 있고 소프트웨어 프로그램(program) 형태로 구현해 정보 기기에 설치 후 사용할 수도 있다. 통신 환경에서의 코덱은 주로 전송 데이터의 오류를 검출하거나 오류 수정을 위한 용도로 부호화하였다가 복원하는 데 활용된다. 또한, 컴퓨터에 업무를 지시하는 프로그램을 작성하는 프로그래밍(programming) 작업도 흔히 코딩이라고 표현하는데, 이 프로그램도 최종적으로는 2진 코드로 변환되어 컴퓨터에서 인식되므로 같은 맥락이다.

그렇다면, 조합 논리 회로에서의 디코더는 어떤 것일까? 그림 4.30에 3-비트 입력에 대한 디코더의 개념도를 나타내었다. n-비트 2진 코드가 입력될 때 최대

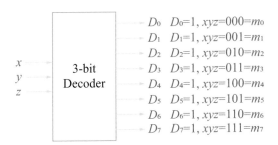

그림 4.30　3-비트 디코더의 예

2^n개의 함수 출력을 만든다. 각 출력 함수는 1개의 유일한 입력에 반응해 1을 출력하도록 설계되어 있다. 예를 들어 10진수로 0이 입력되면 D_0만 1이 되고, 나머지 출력은 모두 0이 된다. 그러므로 **디코더는 n-비트 2진 입력 코드에 해당하는 출력만 1을 가지게 하는 최대 2^n개의 출력을 만드는 조합회로이다.**

앞에서 디코더는 최대 2^n개의 상태를 만든다고 했으므로 논리 회로에서는 2^n개의 출력 중 단 1개만 1이 되므로 정의와 같다는 것을 알 수 있다.

그림 4.30의 3-비트 디코더는 조합 회로이므로 3개의 입력에 의한 8개의 출력 함수로 내부 회로를 설계할 수 있다. 설계를 위해 각 경우에 대한 진리표를 디코더의 정의를 활용해 작성하면 표 4.2와 같다.

각 출력 함수가 유일하게 1이 되는 조건이 한 개씩이므로(단독 최소항) 카노맵을 이용해 간소화할 필요 없이 각각의 출력 함수는 입력 변수의 최소항 하나가 되는 것을 알 수 있다.

표 4.2　3-비트 입력 디코더의 진리표

번호	입력 변수			출력 함수							
	x	y	z	D_0	D_1	D_2	D_3	D_4	D_5	D_6	D_7
0	0	0	0	1	0	0	0	0	0	0	0
1	0	0	1	0	1	0	0	0	0	0	0
2	0	1	0	0	0	1	0	0	0	0	0
3	0	1	1	0	0	0	1	0	0	0	0
4	1	0	0	0	0	0	0	1	0	0	0
5	1	0	1	0	0	0	0	0	1	0	0
6	1	1	0	0	0	0	0	0	0	1	0
7	1	1	1	0	0	0	0	0	0	0	1

$$D_0(x,y,z) = \sum(0) = m_0 = x'y'z'$$

$$D_1(x,y,z) = \sum(1) = m_1 = x'y'z$$

$$D_2(x,y,z) = \sum(2) = m_2 = x'yz'$$

$$D_3(x,y,z) = \sum(3) = m_3 = x'yz$$

$$D_4(x,y,z) = \sum(4) = m_4 = xy'z'$$

$$D_5(x,y,z) = \sum(5) = m_5 = xy'z$$

$$D_6(x,y,z) = \sum(6) = m_6 = xyz'$$

$$D_7(x,y,z) = \sum(7) = m_7 = xyz$$

정리된 논리식을 구현하면 그림 4.31과 같다. 조합 논리 회로 관점에서 **디코더는 가능한 모든 최소항을 출력하는 회로**이다. 디코더의 명칭을 **라인 디코더(line decoder)**라고 부르는 이유는 **입력 n-라인에 출력이 2^n-라인이 있다**고 붙여진 이름이다. 보통 숫자를 표기해 부르는 경우가 많은데 3-비트 디코더를 예로 들면 **3-to-8 디코더** 또는 **3×8 디코더**라고 부른다.

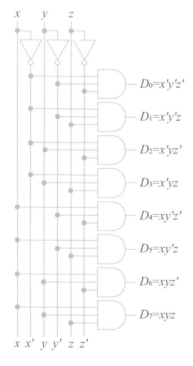

그림 4.31 　3-비트 디코더의 내부 조합 회로

표 4.3 전가산기의 진리표

번호	입력 변수			출력 함수	
	X	Y	C_i	S_i	C_{i+1}
0	0	0	0	0	0
1	0	0	1	1	0
2	0	1	0	1	0
3	0	1	1	0	1
4	1	0	0	1	0
5	1	0	1	0	1
6	1	1	0	0	1
7	1	1	1	1	1

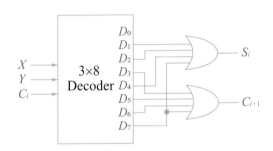

그림 4.32 3×8 디코더를 이용한 전가산기 구현 회로

디코더를 활용한 조합 회로 구현

디코더를 이용하면 SOP 형식으로 논리 회로를 구현할 경우 굉장한 이점이 있다. 왜냐하면, SOP는 AND-OR 형태이고 디코더에서 모든 경우의 **AND 게이트 조합**이 그림 4.31과 같이 **미리 구성**되어 있어 **OR 게이트만 추가**하면 회로 설계가 완성되기 때문이다. 그 예로 FA 설계에 3×8 디코더를 이용해 구현해보자. FA의 진리표는 전가산기 설계 절에서 사용했던 것을 그대로 가져오면 표 4.3이 되고, OR 게이트만 연결하면 아주 간단하게 그림 4.32처럼 구현된다.

디코더의 활성 입력과 확장

다음은 enable 입력을 갖는 디코더에 대해 살펴보자. 간단한 설명을 위해 2×4

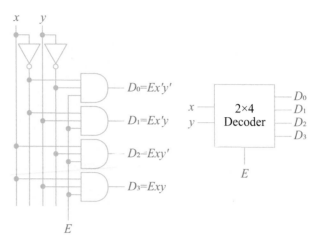

그림 4.33 2 × 4 디코더 회로와 블록도

표 4.4 Enable 입력을 갖는 2 × 4 디코더의 진리표

E	x	y	D_0	D_1	D_2	D_3
0	X	X	0	0	0	0
1	0	0	1	0	0	0
1	0	1	0	1	0	0
1	1	0	0	0	1	0
1	1	1	0	0	0	1

디코더의 예를 살펴보기로 한다. 그림 4.33은 enable 입력을 포함한 2 × 4 디코더의 내부 회로도와 블록도이다. 진리표를 표기하면 표 4.4와 같다.

여기서 E 입력이 모든 디코더 출력의 AND 게이트에 인가되고 있으므로 $E = 0$이면 모든 출력이 0이 되어 디코더로 동작하지 못해 해당 디코더 IC 칩을 비활성화(disable) 또는 무력화시킨다. 그러므로 이 enable 입력을 **칩 활성(chip enable)** 또는 **칩 선택(chip selection)** 입력이라고 하며, **AND 게이트를 통제**하여 마치 통과할 수 있는 문을 열고 닫는 역할을 한다.

이렇게 **활성 입력이 있는 디코더는 더 큰 입력 수의 디코더로 확장 가능**하다. E 입력을 갖는 2 × 4 디코더 2개를 확장하여 3 × 8 디코더를 만들어보자. 그림 4.34 처럼 E 입력을 MSB인 x 입력으로 연결하고, 두 개의 디코더가 번갈아가면서 활성화되도록 위쪽의 디코더에는 인버터를 추가하여 연결한다. 그러면 $x = 0$인 경

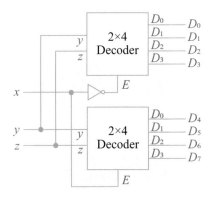

그림 4.34   2 × 4 디코더 확장으로 구현된 3 × 8 디코더

우에는 위의 디코더가 선택되어 동작하므로 2진수 xyz가 000 ~ 011일 때 D_0 ~ D_3 중 하나의 출력이 1이 되고, $x = 1$인 경우에는 아래의 디코더가 활성화되어 2진수 xyz가 100 ~ 111일 때 D_0 ~ D_3 중 하나의 출력이 1이 되므로 전체 xyz 값으로 나열해보면 D_0 ~ D_7을 구현한 것과 같다. 그 결과 그림 4.34와 그림 4.30 및 그림 4.31을 비교하면 등가인 것을 알 수 있다. 그러므로 디코더는 확장 입력이 있는 경우에만 확장 가능하고, 입력 수가 적은 디코더로 많은 입력 수를 가지는 디코더 설계가 용이하다.

디코더가 유일하게 출력 라인 하나를 1로 만드는 특성 때문에 많은 장치를 디코더 출력에 하나씩 연결하면 하나의 장치를 선택적으로 구동시킬 수 있다. 이때의 **디코더 선택 입력이 주소(address)**가 되므로 **메모리의 주소 디코더(address decoder)**나 메모리 주소에 I/O 장치를 **1:1 맵핑(memory mapped I/O)**하여 동작시키는 환경 등에 널리 이용된다.

예제 4.1   2 × 4 디코더를 이용하여 4 × 16 디코더를 설계하라.

[풀이 및 해답]

1) 4 × 16 디코더는 총 16개의 출력이 있어야 하므로, 4개의 2 × 4 디코더가 필요하다. 그리고 4개의 입력(w, x, y, z) 중 상위 2개 비트(w, x)는 2 × 4 디코더 4개를 선택하는 입력으로 활용해야 한다. 그 결과 $wx = 00, 01, 10, 11$ 값으로 각

2×4 디코더를 선택하려면 인버터와 AND 게이트가 필요하다. 구현 회로는 아래 왼쪽 그림과 같다.

2) 왼쪽의 구현 결과를 자세히 보면 상위 두 비트의 조합으로 4개의 2×4 디코더를 선택하는 부분이 다시 2×4 디코더이다. 따라서 이것도 디코더로 대체하면 결과는 오른쪽 그림과 같고 4×16 디코더는 5개의 2×4 디코더로 구현할 수 있다. 여기에서도 4개의 2×4 디코더를 선택하는 디코더에 enable 단자를 갖게 하면, 구현된 4×16 디코더는 다시 확장될 수 있다.

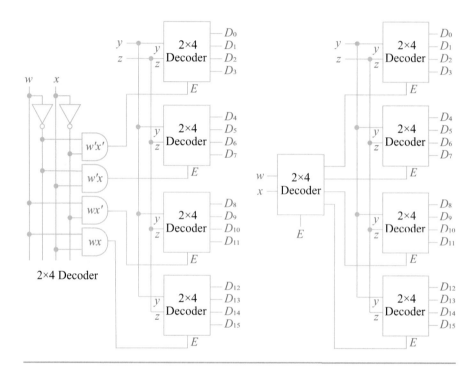

4.11 7-세그먼트 디코더

7-세그먼트 디스플레이(seven-segment display)는 그림 4.35와 같이 7개 조각 (segment)으로 숫자 표시를 위해 1900년대 초에 전구를 광원으로 이용한 디스플레이로 개발되었다. 이후 소수점 및 영문자 표기를 위해 조각의 수가 증가하였

원리로 쉽게 배우는 디지털 논리회로 설계

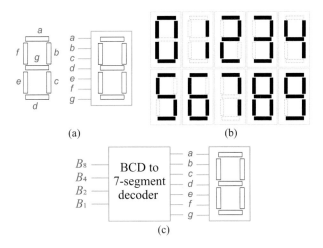

그림 4.35　7-세그먼트 디스플레이 디코더:
(a) 세그먼트 구조, (b) 10진수 표기 예, (c) 7-세그먼트 구동 예

고, 1970년대 들어서면서 LED(light emitting diode, 발광 다이오드) 1-칩 형태로 만들어져 시계나 각종 숫자를 표시하는 디스플레이 환경에 널리 이용되고 있다.

　이 절에서는 숫자 표기에 국한해 설명하기로 한다. 그림 4.35(a)에서와 같이 $a \sim g$까지의 7조각은 각 입력이 1일 때 해당 세그먼트 LED가 ON 되어 빛을 낸다. 그러므로 그림 4.35(b)에서 보면, 숫자 0을 디스플레이하려면 세그먼트 a, b, c, d, e, f가 동시에 ON 되어야 한다. 현재에는 그림 4.35(c)와 같이 BCD 코드를 입력하면 10진수 숫자가 표시되는 숫자 디코더가 개발되어 있어 그대로 이용하면 된다.

　그림 4.35(c)처럼 BCD 8421 2진 코드를 입력받아 7-세그먼트에 해당하는 부분의 값을 1로 만드는 것은 유일한 하나의 값만 1을 만드는 게 아니라 여러 세그먼트를 켜기 위해 다수의 출력 함수를 1로 만든다. 따라서 디코더가 아니라고 생각할 수도 있지만, 2진 코드를 해석해 더 많은 단계의 상태로 만들기 때문에 앞 절에서 배운 라인 디코더는 아니지만 넓은 의미에서 디코더라고 한다. 그럼 지금부터 BCD to 7-segment 디코더가 없다고 가정하고 이 부분을 설계해보자.

BCD 7-세그먼트 설계

설계는 기본적인 순서대로 정리하도록 한다.

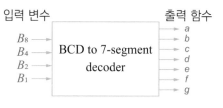

입력 변수   출력 함수

$$B_8, B_4, B_2, B_1 \rightarrow \text{BCD to 7-segment decoder} \rightarrow a, b, c, d, e, f, g$$

그림 4.36   7-세그먼트 디코더 블록도

BCD 8421 코드가 입력되었을 때, 7-세그먼트에 0 ~ 9까지 10진수가 표시되도록 디코더를 설계하라.

※ 블록도

그림 4.36처럼 이 디코더는 8421 코드 4-비트가 입력되어 7개의 세그먼트를 ON 시키는 7개 출력 함수를 가진다.

※ 설계 과정

1) 입출력 개수 결정 및 리터럴 할당

그림 4.36과 같이 입력 변수 4개는 $B_8 B_4 B_2 B_1$, 출력 리터럴 7개는 a ~ g로 부여하였다.

2) 진리표 작성

그림 4.35의 각 숫자별 세그먼트 ON/OFF 상태를 참고해 작성한다. 숫자 6의 a-세그먼트와 7의 f-세그먼트, 그리고 9의 d-세그먼트를 OFF로 설정하는 경우가 많지만, 여기에서는 ON으로 설정하기로 한다. 이 진리표가 나타내는 의미를 a-세그먼트에 대해 살펴보면, 숫자 0, 2, 3, 5, 6, 7, 8, 9에서 a-세그먼트 LED가 켜져야 한다는 것을 의미한다.

3) 출력 함수별 간소화

입력 4-비트 중 0 ~ 9까지의 숫자만 사용하고 10 ~ 15는 사용하지 않아서 무관항

원리로 쉽게 배우는 디지털 논리회로 설계

진리표

번호	입력 변수(8421)				출력 함수(7-segment)						
	B_8	B_4	B_2	B_1	a	b	c	d	e	f	g
0	0	0	0	0	1	1	1	1	1	1	0
1	0	0	0	1	0	1	1	0	0	0	0
2	0	0	1	0	1	1	0	1	1	0	1
3	0	0	1	1	1	1	1	1	0	0	1
4	0	1	0	0	0	1	1	0	0	1	1
5	0	1	0	1	1	0	1	1	0	1	1
6	0	1	1	0	1	0	1	1	1	1	1
7	0	1	1	1	1	1	1	0	0	1	0
8	1	0	0	0	1	1	1	1	1	1	1
9	1	0	0	1	1	1	1	0	0	1	1

으로 처리하며, 간소화는 a와 b에 대한 결과만 그림 4.37에 표시하였다. 출력 함수 a와 b의 간소화된 논리식을 정리하면 아래와 같다. 나머지 출력 함수는 여러분이 직접 간소화해보자.

$$D(B_8,B_4,B_2,B_1) = \sum(10,11,12,13,14,15)$$
$$a(B_8,B_4,B_2,B_1) = \sum(0,2,3,5,6,7,8,9)$$
$$= B_8 + B_2 + B_4'B_1' + B_4B_1 = B_8 + B_2 + B_4 \odot B_1$$
$$b(B_8,B_4,B_2,B_1) = \sum(0,1,2,3,4,7,8,9)$$
$$= B_8 + B_4' + B_2'B_1' + B_2B_1 = B_8 + B_4' + B_2 \odot B_1$$

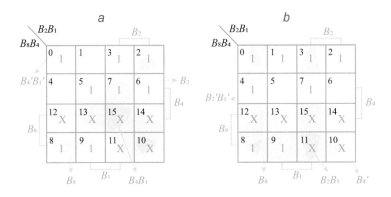

그림 4.37 　7-세그먼트 디코더의 간소화 결과(a-, b-세그먼트)

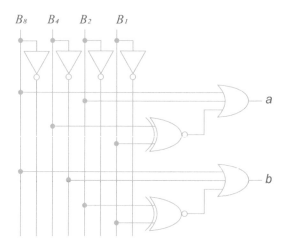

그림 4.38   7-세그먼트 디코더 구현 결과(a-, b-세그먼트)

4) 조합 논리 회로 구현

구현된 논리 회로는 그림 4.38과 같다. 간단한 표기를 위해 XNOR 게이트를 사용해 구현하였다. 지금까지의 구현은 10진수 숫자에만 국한된 구현이므로 만약 입력 변수 4-비트를 모두 사용하는 16진수(0 ~ F)까지 표기한다면 무관항 없이 구현해야 한다.

 # 4.12 인코더

인코더(부호화기)는 2^n개의 입력에 대해 n-비트의 2진 코드를 출력하는 조합 회로로서 디코더의 역과정을 수행하는 장치이다. 그러므로 블록도와 진리표는 각각 그림 4.39와 표 4.5와 같이 동작한다.

입력 변수가 8개이므로 256개의 최소항이 발생하며, 이것은 카노맵이나 QMC 기법을 사용한다 해도 수기로 간소화하는 일이 불

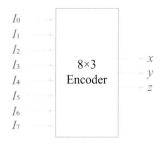

그림 4.39 8×3 인코더 블록도

표 4.5 이상적인 8 × 3 인코더의 진리표

입력 변수								출력 함수		
I_0	I_1	I_2	I_3	I_4	I_5	I_6	I_7	x	y	z
1	0	0	0	0	0	0	0	0	0	0
0	1	0	0	0	0	0	0	0	0	1
0	0	1	0	0	0	0	0	0	1	0
0	0	0	1	0	0	0	0	0	1	1
0	0	0	0	1	0	0	0	1	0	0
0	0	0	0	0	1	0	0	1	0	1
0	0	0	0	0	0	1	0	1	1	0
0	0	0	0	0	0	0	1	1	1	1

가능하다. 이상적인 인코더라고 가정하면 위와 같이 입력 리터럴 한 개가 1인 경우만 존재하므로 아래와 같이 출력 함수의 논리식이 정리되며 4-입력 OR 게이트 3개로 구현된다.

$$x = I_4 + I_5 + I_6 + I_7$$
$$y = I_2 + I_3 + I_6 + I_7$$
$$z = I_1 + I_3 + I_5 + I_7$$

현실적으로는 표 4.5와 같은 경우는 발생하기 어렵고 특수한 상황이 많이 나타날 수 있다. 문제가 되는 예를 나열해보고 해결책을 찾아보자. 인코더에서 나타날 수 있는 문제는 다음의 두 가지 경우로 귀결되며, 해결책과 같이 정리하면 다음과 같다.

인코더 설계 시 문제와 해결책

문제 1) 모든 입력이 0인 경우
- 해결책: 출력이 $xyz = 000$으로 나오며, 인코더 입력 조건 위반으로 결과를 인정하지 않고 버린다(최소 1개의 입력이 1이 되는 경우를 확인해야 한다).

문제 2) 복수 개의 입력이 1인 경우
- 해결책: 가장 높은 수의 입력만 유효하다고 인정한다.

위의 문제 2)를 예로 들면, 동시에 $I_2 = I_3 = I_6 = 1$이면 가장 큰 수인 I_6만 1이라고 인정한다. 큰 수에 우선순위(priority)를 높게 부여하고 작은 수의 값은 인정하지 않는다. 그러므로 문제 1)의 해결책은 하나 이상의 입력이 1임을 검증(verification)하는 단자 V를 만들어 0이면 출력을 버리고 1이면 취득하고, 문제 2)는 출력 함수에 대해 세부 사항을 반영하여 새로운 함수의 논리식을 다시 작성해야 한다. 수기로 작업이 가능한 4×2 인코더에 대해 이런 돌발 상황 또는 불확실한 조건(uncertainty condition)을 고려한 인코더를 설계해보자.

 아래의 조건을 모두 만족하는 4×2 인코더를 설계하라.

1) 모든 입력이 0이면 $V = 0$, 하나 이상의 1이 포함되면 $V = 1$이 된다(검증 반영).
2) 복수 개의 입력이 1이면 큰 수의 2진 코드가 출력되도록 한다(우선순위 반영).

※ 블록도

4×2 인코더는 그림 4.40과 같이 입력 4-비트와 검증 출력을 포함한 3개의 출력 함수를 가진다.

※ 설계 과정

1) 입출력 개수 결정 및 리터럴 할당

그림 4.40처럼 입력 변수 4개는 $I_0 I_1 I_2 I_3$, 출력 함수 3개는 V, x, y로 부여하였다.

2) 진리표 작성

특이 사항을 고려한 진리표는 표 4.6과 같이 작성된다. 여기서, 특별히 확인해야 하는 사항은 $V = 0$인 경우인 번호 0에서는 출력 x와 y가 어떤 값이라도 버려지므로 무관항으로 처리하고, 우선순위를 고려하면 출력 $(2, 3) = I_1$만 1로, $(4, 5, 6, 7) = I_2$만 1로, 그리고 $(8 \sim 15) = I_3$만 1로 인정하므로 x, y가 해당 부분에서 동일하다.

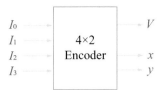

그림 4.40   검증과 우선순위가 반영된 4 × 2 인코더 블록도

표 4.6   4 × 2 인코더의 진리표

번호	입력 변수				출력 함수		
	I_3	I_2	I_1	I_0	V	x	y
0	0	0	0	0	0	X	X
1	0	0	0	1	1	0	0
2	0	0	1	0	1	0	1
3	0	0	1	1	1	0	1
4	0	1	0	0	1	1	0
5	0	1	0	0	1	1	0
6	0	1	1	0	1	1	0
7	0	1	1	1	1	1	0
8	1	0	0	0	1	1	1
9	1	0	0	1	1	1	1
10	1	0	1	0	1	1	1
11	1	0	1	1	1	1	1
12	1	1	0	0	1	1	1
13	1	1	0	1	1	1	1
14	1	1	1	0	1	1	1
15	1	1	1	1	1	1	1

가장 높은 수의 1만 인정하기 때문에 낮은 자릿수는 무관하게 처리되며, 표 4.7과 같이 출력이 같은 여러 경우를 묶어 표시하는 경우가 많은데, 입력 변수에서의 무관항 처리는 여러 경우의 수를 줄여 표현하기 위한 것으로, 입력의 경우의 수가 없어지는 것이 아니므로 출력 함수 값의 무관항 처리와는 다르다.

다시 설명하면, 무관항으로서의 의미는 같지만 출력 함수의 무관항은 간소화할 때 편리하게 0이나 1로 봐도 무방하다는 의미이고, 입력에서의 0과 1인 무관항은 0과 1인 2가지 경우를 의미하므로 카노맵에 표기할 때에는 모든 경우를

표 4.7   표 4.6에서 입력 경우의 수를 축소하여 표현한 진리표

번호	입력 변수				출력 함수		
	I_3	I_2	I_1	I_0	V	x	y
0	0	0	0	0	0	X	X
1	0	0	0	1	1	0	0
2 ~ 3	0	0	1	X	1	0	1
4 ~ 7	0	1	X	X	1	1	0
8 ~ 15	1	X	X	X	1	1	1

표시해야만 한다. 그래서 처리가 다르다고 표현하는 것이다.

'입력 값이 무관하다'는 의미는 모든 경우를 표시하는 **와일드카드(wildcard) 문자**라고 생각하는 게 더 정확할 것이다. 입력 값에서 무관 처리하는 비트 수에 따라 함축적으로 표현되는 최소항의 개수는 2 ~ 3의 경우 1-비트가 무관하므로 두 가지의 경우를 표현하고, 4 ~ 7은 2-비트가 무관 처리되어 있으므로 네 가지의 경우에 해당하며, 마지막 8 ~ 15는 3-비트가 무관이므로 나올 수 있는 경우 8가지를 하나로 표현한 것이다.

3) 출력 함수별 간소화

함축적 표현으로서의 진리표 작성은 간단하지만, 익숙하지 않으면 실수를 유발할 수 있으므로 표 4.6으로 카노맵을 작성하도록 하자. 작성에 익숙해지면 표 4.7을 사용해도 괜찮을 것이다. **카노맵 작성 시 표의 가장 왼쪽에 번호 열(column)을 추가하면 편리하면서 실수를 줄일 수 있다.** 간소화 결과는 그림 4.41과 같고, 논리식을 정리하면 아래와 같다.

$$V(I_3, I_2, I_1, I_0) = I_3 + I_2 + I_1 + I_0$$
$$x(I_3, I_2, I_1, I_0) = I_3 + I_2$$
$$y(I_3, I_2, I_1, I_0) = I_3 + I_2' I_1$$

4) 조합 논리 회로 구현

모든 상황이 고려된 논리 회로는 그림 4.42와 같고, $V = 1$일 때 x와 y의 출력을 유효하게 받아들이면 된다.

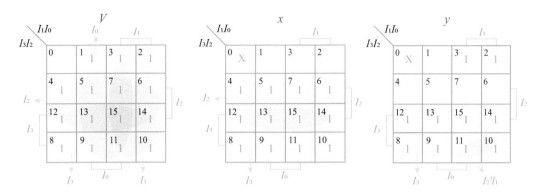

그림 4.41　4×2 인코더의 간소화 결과

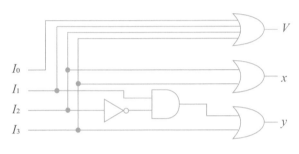

그림 4.42　4×2 인코더 구현 결과

4.13 멀티플렉서와 디멀티플렉서

MUX와 DEMUX의 이해

멀티플렉서(multiplexer, 다중화기)는 여러 개의 입력 선들이 단일 라인을 통해 전송하는 장치이다. 일반적으로 제한된 자원(resource)을 여러 장치가 공유하려면, 점유 시간을 분할하는 시분할 다중 접근(TDMA: time-division multiple access)법을 사용하거나, 유무선 통신에서 주파수 변조(modulation)*하는 경우에 캐리어(carrier)* 주파수를 다르게 하는 주파수 분할 다중 접근(FDMA: frequency-division multiple access)법 또는 코드 분할 다중 접근(CDMA: coded-division multiple access)법 등을 사용한다.

TIP 변조와 캐리어

변조는 특히 아날로그 신호의 진폭(amplitude), 주파수(frequency) 또는 위상(phase)에 변형을 주어 원거리 송신이 가능하도록 원 신호 정보를 이용해 특정 고주파수 신호에 변형을 주는 것이다.

캐리어는 반송자라고도 하며, 정보가 포함된 낮은 주파수의 신호를 담아 이동시키는 높은 주파수의 신호를 일컫는다.

디지털 환경에서는 대부분 시분할 방법을 많이 사용한다. 그림 4.43(a)처럼 2^n개의 입력 데이터 소스를 n개의 선택 입력(selection input)으로 1-라인의 데이터 통로를 점유하게 하는 것이다. 반대로 **디멀티플렉서(demultiplexer, 역다중화기)**는 1-라인으로 통과한 데이터를 다시 n개의 선택 입력으로 **2^n개 라인 중 하나로 분배**하는 역할을 한다. 그러므로 두 기기 모두를 선택형 스위치라고 보면 된다.

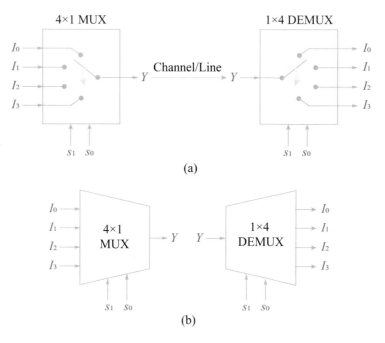

그림 4.43   4 × 1 MUX와 1 × 4 DEMUX 블록도와 기호: (a) 블록도, (b) 기호

표 4.8　4×1 MUX 선택 입력에 따른 출력 함수표

선택 입력		MUX 출력(Y)
s_1	s_0	
0	0	I_0
0	1	I_1
1	0	I_2
1	1	I_3

각 기호는 그림 4.43(b)와 같다. 멀티플렉서를 줄여 $2^n \times 1$ MUX라 표현한다. 통로가 좁아진다는 뜻에서 출력인 채널 방향으로 좁은 마름모 형태를 쓴다. 디멀티플렉스를 1×2^n DEMUX라고 표현한다.

결론부터 먼저 정리한 후 멀티플렉스 구현으로 나아가자. 외형적으로 **멀티플렉서는 디코더에 2^n개의 입력 라인과 OR 게이트를 추가**하면 된다(디코더 + 입력라인 + OR게이트). 예를 들어 4×1 MUX의 내부 회로도인 그림 4.44(a)를 보자. **MUX는 입력 데이터 영역**, **디코더 영역**, **그리고 OR 게이트 영역** 등 3개의 구역으로 구분할 수 있다. 위에서 언급한 것과 같이 외형적 구조는 2^n개의 입력 데이터 라인들이 디코더의 AND 게이트 2^n개에 각각 입력되었고, 각 출력이 2^n-입력 OR 게이트로 연결되어 최종적으로 1-라인 출력 Y가 형성되었다.

그러므로 4×1 MUX인 경우 선택 입력이 00이면 제일 위의 3-입력 AND 게이트의 두 입력이 1이 되어 마치 문을 열고 I_0 데이터를 기다리는 듯한 형국이 된다. 나머지 AND 게이트는 모두 0이 되어 문을 닫은 상태가 된다. 이때 I_0가 들어오면 AND 게이트를 통과해 뒷 단의 OR 게이트로 입력되며, 출력 $Y = I_0 + 0 + 0 + 0$이 되어 최종 출력 $Y = I_0$이 된다. 출력 함수표를 선택 입력으로 정리하면 표 4.8과 같다.

이처럼 선택 입력은 디코더에서는 입력 변수로 동작하지만, MUX에서는 해당 입력 라인을 통과시킬 각 AND 게이트 선택 권한을 가진다. 참고로 어떤 논리 값을 게이트에서 통과시키고 차단하려면 반드시 AND 계열의 게이트인 AND와 NAND를 사용해야 한다. OR 계열의 게이트는 문을 차단할 수가 없기 때문이다.

MUX 기호는 공식적으로는 마름모 형태를 사용하지만, 앞으로 우리는 편의상 그림 4.44(b)의 사각형 형태를 사용한다.

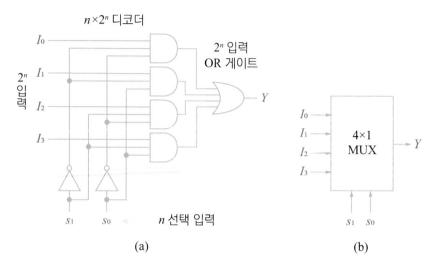

(a)   (b)

그림 4.44　4 × 1 MUX의 내부 구조 및 블록도: (a) 내부 회로도, (b) 블록도

MUX를 이용한 조합 회로 설계

MUX는 선택 입력으로 입력 라인 중 하나를 출력으로 연결하는 선택적 스위치이므로, 입력 데이터 라인에 원하는 진리 값을 인가하면 부울 함수를 구현할 수 있다. MUX를 이용한 조합 회로 설계 규칙은 다음과 같다.

MUX를 이용한 조합 논리 회로 설계 방법

1) 진리표 작성
2) 부울 함수의 입력 변수 개수가 n개이면, $2^{(n-1)} \times 1$ MUX를 준비
3) 입력 변수 $(n-1)$개를 MUX의 선택 입력에 연결
4) 진리표를 선택 입력 변수→제외 변수 순으로 재정리
5) 부울 함수를 선택 입력에서 제외된 변수로 표현
6) 제외된 변수로 표현된 부울 함수를 순서대로 MUX 입력단에 연결하여 회로 완성

　　표 4.9의 부울 함수 진리표를 이용해 위의 순서대로 설계하면서 원리를 이해해보자.

표 4.9 3-변수의 진리표

x	y	z	F
0	0	0	0
0	0	1	0
0	1	0	0
0	1	1	1
1	0	0	1
1	0	1	0
1	1	0	1
1	1	1	1

※ 설계 과정

1) 진리표는 표 4.9와 같이 작성되었다고 가정한다.

2) 입력 변수의 개수가 3개이므로 $2^{(3-1)} \times 1$인 4×1 MUX를 준비한다.

3) 선택 입력으로 x, y를 선택한 후 MUX에 연결한다.

4) 진리표를 선택 입력 변수 → 나머지 변수 순($x - y - z$)으로 정리한다. 현재 순서와 일치하므로 선택 입력이 같은 곳에 구역을 나누어 표기하였다. 아래 두 표 형식에서 오른쪽 방식을 사용하면 편리하다.

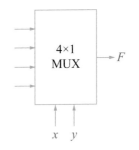

x	y	z	F
0	0	0	0
0	0	1	0
0	1	0	0
0	1	1	1
1	0	0	1
1	0	1	0
1	1	0	1
1	1	1	1

x	y	z	F
0	0	0	0
		1	0
0	1	0	0
		1	1
1	0	0	1
		1	0
1	1	0	1
		1	1

5) 제외된 입력 변수가 z이므로 부울 함수 F를 $F(z)$의 함수로 정리하면 아래와 같다.

x	y	z	F	$F(z)$	MUX 연결
0	0	0 1	0 0	$F(z) = 0$	I_0
0	1	0 1	0 1	$F(z) = z$	I_1
1	0	0 1	1 0	$F(z) = z'$	I_2
1	1	0 1	1 1	$F(z) = 1$	I_3

6) 위의 표에 MUX 연결을 표시하였으며, 순서대로 입력단에 연결하면 회로가 완성된다.

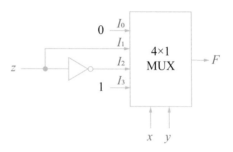

이제 MUX로 구현된 회로를 해석해보자. 선택 입력으로 정리 및 구분된 진리표에서 $xy = 00$일 때, 부울 함수 결과(F)는 모두 0과 0이다. 이것을 z의 함수로 표현하면 logic-0으로 $F(z) = 0$이다. 그렇다면 선택 입력 $xy = 00$일 때는 I_0이 출력과 연결되므로 $I_0 = 0$을 입력하면 된다. 두 번째 진리표 $xy = 01$일 때는 F가 0과 1로 z 입력과 동일하므로 $F(z) = z$이다. 따라서 $I_1 = z$로 연결하면 $z = 0$이면 $F = 0$, $z = 1$이면 $F = 1$로 부울 함수 결과를 만족한다. 세 번째 진리표 $xy = 10$일 때는 F는 1과 0으로 z 입력의 반전이므로 $F(z) = z'$이다. 그 결과 $I_2 = z'$으로 연결하면 $z = 0$이면 $F = 1$, $z = 1$이면 $F = 0$이 되어 부울 함수 결과와 같다. 마지막 부울 함수는 모두 1로 z와 무관하게 logic-1이며, 선택 입력 $xy = 11$일 때는 $I_3 = 1$이 출력으로 선택되어 결과를 항상 1로 출력한다.

예에서 알 수 있듯 부울 함수의 진리표에서 변수의 개수보다 1이 작은

$2^{(n-1)} \times 1$ **MUX를 선택**하고 선택 입력에 인가되지 않고 남은 **제외된 변수로 부울 함수를 표현**할 수 있다. 그 표현식은 반드시 **0, 1, (제외 변수), 아니면 (제외된 변수의 부정)의 네 가지 경우 중 하나**이므로 MUX의 데이터 입력 라인을 **나머지 변수의 논리식으로 연결**하면 조합 논리 회로를 구현할 수 있다.

예제 4.2 표 4.9의 진리표를 이용해 입력 변수 x, z를 선택 입력으로 사용하는 MUX로 회로를 설계하라.

풀이 및 해답

위의 설계 과정 1) ~ 3)번까지 같으므로 생략하고 4)번의 진리표를 재정리하면 다음과 같다.

[원 진리표]

x	y	z	F
0	0	0	0
0	0	1	0
0	1	0	0
0	1	1	1
1	0	0	1
1	0	1	0
1	1	0	1
1	1	1	1

[선택 입력 순으로 정리된 진리표]

x	z	y	F	$F(y)$	MUX 연결
0	0	0	0	$F(y) = 0$	I_0
		1	0		
0	1	0	0	$F(y) = y$	I_1
		1	1		
1	0	0	1	$F(y) = 1$	I_2
		1	1		
1	1	0	0	$F(y) = y$	I_3
		1	1		

제외된 변수 y로 표현된 부울 함수 논리식을 차례대로 연결하면 구현이 완료된다.

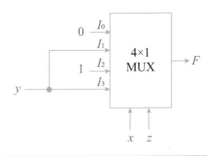

3-상태 버퍼를 이용한 MUX 구현

논리 게이트 중에서 버퍼는 앞서 언급한 것과 같이 논리적 연산 결과에는 변화가 없지만 전압이 낮아진 논리 값 1은 0으로 인식되어 오작동할 수 있다. 따라서 **버퍼는 디지털 신호를 강화하여 복제하는 반복기(repeater)로** 활용된다. 이제 기존 버퍼에 한 가지 제어 입력단을 추가하여 **출력 상태가 세 가지 경우가** 되는 **3-상태 버퍼(3-state buffer)**에 대해 알아보자.

3-상태 버퍼의 용도는 게이트의 출력을 조건에 따라 스위칭하는 3단자 스위치로 동작하므로 트랜지스터처럼 동작한다. 그러나 논리 회로에 사용되는 트랜지스터는 그냥 연결할 경우 결선 AND와 OR로 동작하므로 결선만으로 1개의 논리 게이트를 줄이는 효과가 있었으며, 여러 개의 단으로 회로가 구성될 때 후단에 영향을 줄이기 위해 저항을 붙여 사용하였다. 그런데, **3-상태 버퍼**는 큰 저항 값을 출력하는 상태가 추가된 것으로 연결 시 서로의 게이트나 후단의 논리 회로에 영향을 주지 않고 **다수의 게이트를 연결**할 수 있다는 장점 때문에 디지털 환경에 많이 활용되고 있다. 그림 4.45는 3-상태 버퍼의 기호이며 표 4.10은 출력 함수표이다.

제어 입력(C)이 1이면 출력은 입력이 그대로 전달되고 $C = 0$인 경우 큰 저항에 연결된다 해서 높은 임피던스(high impedance) 상태라고 한다. 스위치가 끊어진 것과 비슷하게 작용하지만 부동(floating) 상태가 아니므로 구분해 표현한다. 그 결과 출력 상태는 0, 1, 높은 임피던스와 같이 세 가지 상태를 가진다 해서 붙여진 이름이다. 전기적으로 높은 임피던스의 동작은 주변 회로에 영향을 미치지 않는 특성을 가지기 때문에 **결선 연결에서 무관**하게 작용한다.

3-상태 버퍼로 MUX를 구현해보자. 그림 4.46(a)는 두 게이트 출력을 1-라인으로 보내는 2 × 1 MUX의 구현이고 (b)와 (c)는 4 × 1 MUX 구현을 위해 2 × 4 디

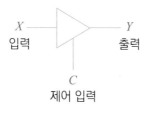

그림 4.45 **3-상태 버퍼 구조**

표 4.10 **3-상태 버퍼의 출력 함수표**

C	X	Y
0	X	high impedance
1	0	$X = 0$
1	1	$X = 1$

원리로 쉽게 배우는 디지털 논리회로 설계

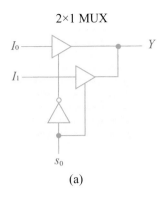

2×1 MUX

(a)

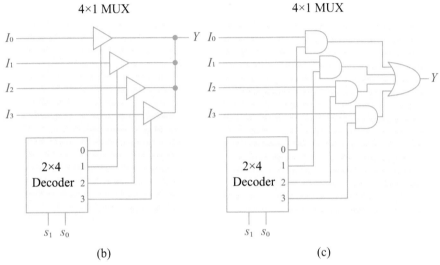

4×1 MUX

4×1 MUX

(b)   (c)

그림 4.46   3-상태 버퍼를 이용한 MUX 구현: (a) 2 × 1 MUX, (b) 4 × 1 MUX,
(c) 3-상태 버퍼를 사용하지 않은 구현

코더를 함께 사용한 경우이다. (c)는 (b)의 구현과 비교하기 위해 3-상태 버퍼를 사용하지 않는 경우로서 다수의 2-입력 AND 게이트와 4-입력 OR 게이트가 필요하므로 (b)보다 많은 부품이 필요하다. 그러므로 디코더만 있는 환경에서 MUX를 구현하려면 3-상태 버퍼를 사용하는 방식이 가장 효율적이라 할 수 있다.

DEMUX

이제 MUX의 역과정 역할을 하는 DEMUX에 대해 살펴보자. 사실 우리는 이미 DEMUX에 대한 내용을 학습했다. 의아하게 들리겠지만, 이 장에서 배운 내용 중 편의 역할만 바꾸면 DEMUX가 되는 장치를 다루었다.

DEMUX의 원리를 잘 생각해보자. 디멀티플렉서는 멀티플렉서의 역과정으로 1개의 입력 라인을 2^n개의 출력으로 연결하는 선택적 스위치인데, 아무리 생각해도 배운 기억이 없다고 생각할 것이다. 그러면 결론부터 먼저 정의하고 설명을 시작한다.

활성 입력이 있는 디코더가 바로 DEMUX이다. 이 디코더의 단자 역할만 바꾸면 DEMUX가 되며, 어떠한 부가 처리를 하지 않아도 된다. 우리는 디코더 절에서 칩 활성(chip enable) 입력이 있는 디코더를 배웠으므로 이 활성 입력으로 큰 입출력 개수를 갖는 디코더로 확장할 수 있다는 내용을 기억할 것이다. 그림 4.47에 표현된 간단한 2×4 디코더를 예로 살펴보자.

먼저 그림 4.47(a)는 E에 의해 각 디코더 단의 AND 게이트를 활성/비활성시켜 디코더를 enable/disable한다. 만약 이 E 입력에 1-라인 데이터를 인가한다고 가정해 (b)와 같이 위치만 DEMUX처럼 바꿔보자. 그러면 디코더에서 2진 코드 입력인 x, y는 각각 선택 입력이 되면서 하나의 AND 게이트를 1로 만들어 그 게이트의 문을 열게 되고, 나머지 AND 게이트는 0으로 만들 것이다. 각 선택 입력에 대한 출력 함수표를 표 4.11에 표시하였다.

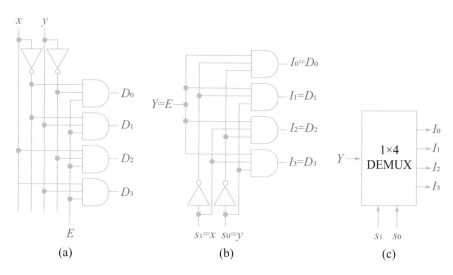

그림 4.47 1×4 DEMUX의 내부 구조 및 블록도: (a) 활성 입력이 있는 2×4 디코더, (b) 1×4 DEMUX 내부 구조, (c) 1×4 DEMUX 블록도

표 4.11 　1×4 DEMUX의 선택 입력에 따른 출력 함수표

선택 입력/디코더 입력		DEMUX 출력
$s_1 = x$	$s_0 = y$	
0	0	$I_0 = Y, I_1 = I_2 = I_3 = 0$
0	1	$I_1 = Y, I_0 = I_2 = I_3 = 0$
1	0	$I_2 = Y, I_0 = I_1 = I_3 = 0$
1	1	$I_3 = Y, I_0 = I_1 = I_2 = 0$

결과를 보면 선택 입력에 의해 각 출력단 중 하나로 **입력 라인 Y가 분배되고 나머지 출력-라인들은 0**이 된다. 그러므로 **내부 회로의 변경 없이 디코더의 E 입력에 DEMUX Y를 연결**하고 디코더의 2진 코드 입력에 DEMUX의 선택 입력만 연결하면 이 디코더는 완벽하게 **DEMUX로 작동**한다. 그래서 우리는 이미 DEMUX의 내용을 학습하였다고 말한 것이다.

이 절에서 배운 내용 중 MUX와 DEMUX는 디코더를 활용한 장치이다. 많은 디지털 환경에서 디코더와 디코더를 응용한 다양한 시스템이 사용되므로 디코더는 아주 중요한 조합 논리 IC 중 하나라 할 수 있다.

원리로 쉽게 배우는 디지털 논리회로 설계

self-check

1. 조합 논리를 설명할 수 있다. ☐ ☐
2. 조합 논리 회로의 설계 순서를 설명할 수 있다. ☐ ☐
3. BCD 코드 변환기를 설계할 수 있다. ☐ ☐
4. 반가산기와 전가산기를 설계할 수 있다. ☐ ☐
5. 가산기의 캐리 발생 원리를 설명할 수 있다. ☐ ☐
6. 4-비트 2진 가산기의 동작을 설명하고 확장할 수 있다. ☐ ☐
7. 반감산기와 전가산기를 설계할 수 있다. ☐ ☐
8. 감산기의 빌림(borrow) 원리를 설명할 수 있다. ☐ ☐
9. 보수를 이용한 가감산기의 동작을 설명할 수 있다. ☐ ☐
10. 10진수 BCD 가산기를 설계할 수 있다. ☐ ☐
11. 캐리 사전 발생기의 원리를 설명할 수 있고 설계할 수 있다. ☐ ☐
12. 곱셈기와 크기 비교기의 동작을 설명할 수 있다. ☐ ☐
13. 디코더와 인코더의 원리를 설명할 수 있고 설계할 수 있다. ☐ ☐
14. 디코더로 조합 논리 회로를 설계할 수 있다. ☐ ☐
15. 디코더를 확장할 수 있다. ☐ ☐
16. 7-segment 디스플레이의 원리를 설명하고 디코더를 설계할 수 있다. ☐ ☐
17. 불확실성을 없앤 인코더를 설계할 수 있다. ☐ ☐
18. 멀티플렉서와 디멀티플렉서의 동작을 설명할 수 있다. ☐ ☐
19. MUX로 조합 논리 회로를 설계할 수 있다. ☐ ☐
20. 3-상태 버퍼를 활용할 수 있고 디코더를 이용하여 MUX를 구현할 수 있다. ☐ ☐

학번		이름	

※ 학습 내용 중 보충 설명이 필요하거나 학습 관련 문의 및 건의사항은 무엇인가요?

절
취
선

연습 문제

4.1 다음 진리표는 BCD 8421과 84-2-1 코드이다. 8421 코드가 입력될 때, 84-2-1 코드로 변환하는 조합 회로를 설계하라.

번호	BCD 8421 코드				BCD 84-2-1 코드			
	w	*x*	*y*	*z*	*A*	*B*	*C*	*D*
0	0	0	0	0	0	0	0	0
1	0	0	0	1	0	1	1	1
2	0	0	1	0	0	1	1	0
3	0	0	1	1	0	1	0	1
4	0	1	0	0	0	1	0	0
5	0	1	0	1	1	0	1	1
6	0	1	1	0	1	0	1	0
7	0	1	1	1	1	0	0	1
8	1	0	0	0	1	0	0	0
9	1	0	0	1	1	1	1	1

4.2 3-비트 2진 코드를 그레이 코드로 변환하는 조합 회로를 설계하라.

4.3 3-비트 그레이 코드를 2진 코드로 변환하는 조합 회로를 3 × 8 디코더로 설계하라.

4.4 아래의 4-비트 2진수가 입력될 때 16진수가 표시되는 7-세그먼트 디코더를 설계하라. 단. A ~ F를 출력하는 함수 6개만 논리 회로로 표시하라.

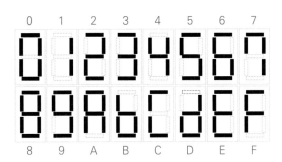

4.5 다음 부울 함수를 아래에 지시한 방법을 사용하여 구현하라.

$$F(w,x,y,z) = \sum(1,2,3,5,6,8,9,10,12,13,15)$$

(a) SOP 형식으로 간소화해 AND-OR 회로로 2-단계 조합 회로를 구현하라.

(b) w, x, y를 선택 입력으로 사용하는 MUX로 구현하라.

(c) 위의 방법 중 어떤 방법이 더 편리한지 비교하라.

4.6 4.5번 문제의 부울 함수를 이용하고 x, y, z를 선택 입력으로 하는 MUX로 구현하라.

참고 문헌

1. John Crowe, Barrie Hayes-Gill, *Introduction to Digital Electronics*, Elsevier, 1998.

2. Parag K. Lala, *Principles of Modern Digital Design*, John Wiley & Sons, 2007.

3. Geoffrey A. Lancaster, *Excel HSC Software Design and Development*, Pascal Press, 2004.

4. Neil Burgess, "Fast Ripple-Carry Adders in Standard-Cell CMOS VLSI," *20th IEEE Symposium on Computer Arithmetic*, pp. 103-111, 2011.

5. Richard Peirce Brent, Hsiang Te Kung, "A Regular Layout for Parallel Adders," *IEEE Transactions on Computers*, vol. C-31, no. 3, pp. 260-264, 1982.

6. SN54LS181, SN54S181, SN74LS181, SN74S181: Arithmetic Logic Unit(ALU)/ Function Generators, *74181 Data sheet*, Texas Instruments, 1988.

7. M. Rafiquzzaman, *Fundamentals of Digital Logic and Microcomputer Design*, John Wiley & Sons, 2005.

8. Krishna Kant, *Microprocessors and Microcontrollers: Architecture, Programming and System Design 8085, 8086, 8051, 8096*, PHI Learning Pvt. Ltd., 2007.

9. Charles Richmond Baugh, Bruce A. Wooley, "A Two's Complement Parallel Array Multiplication Algorithm," *IEEE Transactions on Computers*, vol. C-22, no. 12, pp. 1045-1047, 1973.

10. Paul Horowitz, Winfield Hill, *The Art of Electronics 2nd edition*, Cambridge University Press, 1989.

11. S. J. Cahill, *Digital and Microprocessor Engineering 2nd edition*, Ellis Horwood, 1993.

12. Michael D. Ciletti, M. Morris R. Mano, *Digital Design 6th Edition*, Pearson Education Ltd., 2018.

원리로 쉽게 배우는 디지털 논리회로 설계

5장

순차 논리 회로와 레지스터

clock

positive level

negative level

positive edge

negative edge

학습 목표

❖ 순차 논리를 이해한다.

❖ *SR* 래치의 동작을 이해한다.

❖ 래치와 플립-플롭의 차이를 이해한다.

❖ *D*, *T*, *JK* F/F의 동작을 이해한다.

❖ 각 F/F의 상태표와 여기표를 이해한다.

❖ 순차 논리 회로의 설계 방법을 이해한다.

❖ 1-비트 및 4-비트 레지스터의 동작을 이해한다.

❖ 시프트 레지스터를 이해한다.

5.1 순차 논리 회로

순차 논리 회로의 정의

조합 논리 회로를 설명하면서 순차 회로는 이전 단계 출력 값이 저장되었다 다음 단계의 입력으로 피드백되어 영향을 주고, 따라서 다음 단계에서의 출력은 현재 입력 값과 이전 단계 출력 값 모두의 입력으로 결정되는 회로라고 정의하였다. 그림 5.1의 순차 회로의 블록도를 보며 살펴보자.

순차 회로와 조합 회로의 차이점은 기존의 조합 회로에 ① 저장 장치를 통한 피드백과 ② 클럭이라는 펄스의 입력이 추가되었다는 데 있다.

설명에 앞서 '단계'라는 표현을 이해하고 넘어가자. 우리는 순차 회로의 정의에서 "이전 단계 출력 값이 저장되었다 다음 단계의 입력으로"라는 표현을 보았다. **순차 회로의 주요 특징** 중 하나가 **현재 입력과 저장 장치에 저장된 값이 유효하게 동작하는 구간이 존재**한다는 것이다.

그 값은 무한정 유효한 것이 아니라 클럭 펄스의 1주기가 각 단계의 유효 구간(valid interval)이며, 바로 1단계(step)에 해당한다. 그러므로 **순차 회로는 클럭에 의해 동작하도록** 제작되며, **클럭이 인가되지 않으면 순차 회로는 변화되지 않는다.** 또한 이 저장 장치가 동작하는 클럭의 상태에도 차이가 있으며, 그림 5.2에

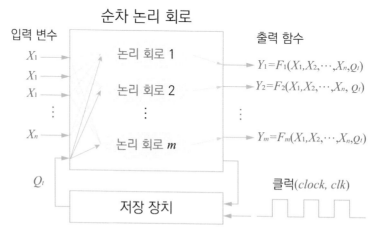

그림 5.1 순차 논리 회로 시스템의 블록도

서처럼 다양한 트리거 모드(trigger mode)가 있다. 클럭이 높거나 낮은 레벨에서 동작하는 저장 장치를 **래치(latch)**, 클럭의 상승 에지(rising/positive edge)나 하강 에지(falling/negative edge)에서 동작하면 **플립-플롭(flip-flop, F/F)**이라고 한다.

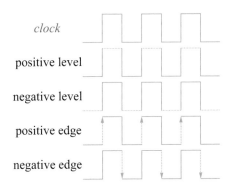

그림 5.2 트리거 모드의 종류

여기서 '트리거'라는 표현은 동작을 자극한다는 의미, '래치'는 자물쇠나 걸쇠를 걸어 동작을 멈춘 상태에서 클럭이 인가되면 '빗장을 푼다'는 의미로 붙여진 용어이다. '플립-플롭'은 딱지를 아주 짧은 순간에 휙 던져서 뒤집거나 손바닥을 휙 뒤집는다는 표현에서 유래된 단어이다. 플립-플롭은 축약해서 앞으로 'F/F'라 표현한다.

클럭과 단계, 그리고 동작 모드를 이해했으므로 그림 5.1의 피드백 부분의 설명을 이어간다. 현재 단계(t)의 출력 중 일부가 저장 장치로 입력되어 특정 결과(Q_t)가 저장되어 있고 클럭이 다음 단계($t + 1$)로 진행하면, 저장된 이전 단계의 저장 장치 값 Q_t가 조합 논리 회로들에 입력되고, 각 부울 함수는 기존 입력과 함께 Q_t를 입력 변수로 사용해 새로운 결과를 산출한다. 이렇게 출력된 값 중 일부는 다시 저장 장치에 입력되어 다음 단계 값 Q_{t+1}이 저장되고 클럭 단계에 따라 이 과정을 반복할 것이다. 그러므로 **순차 회로 시스템**은 저장 장치에 저장된 **이전 단계의 값을 입력 변수로 사용**하는 시스템이며, 이 저장 장치는 **클럭에 맞춰 단계별로 동작**한다.

5.2 래치 저장 장치

래치와 F/F은 동작하는 트리거 모드에 따라 구분된다고 하였다. 이 절에서는 레벨-트리거링(또는 level-sensitive) 모드에서 동작하는 최초의 저장 장치이면서 1-비트를 저장하는 메모리인 SR 래치와 D 래치에 대해 알아보자.

SR 래치

앞으로 다양한 저장 장치를 다룰 예정인데, 실용적인 **모든 래치와 F/F 저장 장치는 항상 출력 Q와 보수 Q'을 가지도록 반드시 2개의 출력으로 설계**되며, 이것을 최우선 전제로

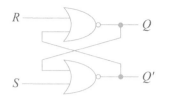

그림 5.3　NOR 게이트형 *SR* 래치

하므로 **두 출력이 보수가 아니면 그 동작 상태는 사용하지 않는다.** 이 섬을 반드시 기억해두기 바란다.

처음 개발된 래치는 그림 5.3과 같이 2개의 NOR 게이트에 출력 피드백을 반대편 게이트 입력으로 연결해 만들었다. 입력 S, R과 출력 Q, Q'을 갖는데, 입력을 변화시키며 동작을 살펴보자. NOR 게이트의 특징은 OR-NOT 게이트이므로 하나의 입력이 0일 때는 다른 입력을 알아야 결과를 확정할 수 있다. 논리식으로 보면, 한 개의 입력이 0이라는 것을 알고 다른 입력을 모르면 $0 + x = x$가 되기 때문에 나머지 입력 x를 알아야 OR 연산이 종료되고 그 결과에 따라 NOT을 수행할 수 있다.

만일 하나의 입력이 1이라면 다른 입력에 관계없이 바로 결과를 계산할 수 있다. 논리식으로 표현하면 $1 + x = 1$이므로 NOT을 수행한 NOR 게이트의 결과는 0이다. 초기 시작에는 Q 값을 알 수 없으므로 각 NOR 게이트의 출력을 결정할 수 없는 $S = 0$, $R = 0$에서 시작하지 않고 $S = 1$, $R = 0$에서 시작해 각각의 입력을 바꿔가며 출력 Q와 Q'의 상태를 확인해보자. 단계별 동작을 그림 5.4에 나타내었다.

먼저 그림 5.4(a)의 $S = 1$, $R = 0$인 경우, ① $S = 1$이면 피드백되는 Q 값에 상관없이 $Q' = 0$으로 만들고, ② 위쪽 NOR 게이트의 입력이 모두 결정되므로 ③ $Q = 1$이 되면서 *SR* 래치에서의 변화는 더 이상 없게 된다. 이렇게 과도기 상태(transient state)의 변화가 지나면, $Q = 1$인 안정된 상태(stable state)를 유지한다.

여기서 상태라는 표현에 주목하자. 저장 장치는 변화의 주기를 거치면 변화 없는 주기가 시작된다. 그러므로 **래치나 F/F이 안정되게 머물러 있는 상황을 상태(state)**라고 표현한다. 그 다음 그림 5.4(b)의 $S = 0$, $R = 0$인 경우, $S = 0$으로 변화되어도 아무런 변화가 없으며 $Q = 1$인 상태가 계속 유지된다.

이번에는 그림 5.4(c)와 같이 $S = 0$, $R = 1$인 경우를 보자.

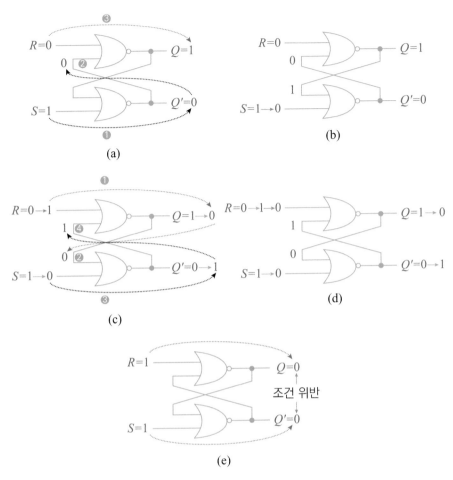

그림 5.4　NOR 게이트형 SR 래치의 동작:

(a) $S=1$, $R=0$, (b) $S=0$, $R=0$, (c) $S=0$, $R=1$, (d) $S=0$, $R=0$, (e) $S=1$, $R=1$(unused)

① $R = 1$이면 피드백되는 Q' 값에 상관없이 $Q = 0$으로 만들고 ② 아래쪽 NOR 게이트의 입력이 모두 0이 되고 ③ $Q' = 1$과 ④ 위쪽 NOR 게이트의 하단 입력이 1이 되지만, SR 래치의 $Q = 0$으로 더 이상 변화가 없어진다. 마지막으로 그림 5.4(d)와 같이 다시 R을 변화시켜 $S = 0$, $R = 0$인 경우, $R = 0$으로 변화되어도 아무런 변화가 없으며 $Q = 0$인 안정 상태가 유지된다.

여기서 주의 깊게 볼 부분이 있다. $S = R = 0$인 그림 5.4의 (b)와 (d)를 보면 입력은 같지만, 이전 결과인 **Q의 상태에 따라 결과가 다르게 나타나는 순차 회로만의 특징**을 가진다. 여기서 S는 이 입력만 $S = 1$일 때 정상 출력단 $Q = 1$로 **set**한

표 5.1 　NOR 게이트형 *SR* 래치의 상태표

입력		출력 상태		설명
S	*R*	*Q*	*Q'*	
1	0	1	0	*Q*를 set시킴
0	0	1	0	이전 상태 유지(no change)
0	1	0	1	*Q*를 reset시킴
0	0	0	1	이전 상태 유지(no change)
1	1	0	0	미사용(금지 입력)

다고 붙여진 문자이며, *R*은 이 입력 단자만 1일 때 정상 출력단 *Q* = 0으로 **reset** 한다고 붙여진 문자이다. 두 입력이 모두 1인 경우인 그림 5.4(e)에서는 각각의 NOR 게이트를 0으로 만들므로 보수 출력이 사라져 미사용 입력으로 제한 또는 금지 입력(restricted, forbidden input)으로 정의한다.

위의 과정을 표로 나타내면 표 5.1과 같다. 순차 회로에서는 진리표라는 표현 보다 상태 값을 나타내기 때문에 **상태표(state table)**라는 표현을 주로 사용한다.

그러므로 *SR* 래치는 *SR* = 11인 입력은 사용하지 않으며, ***SR* = 10**이면 출력 을 **set(*Q* = 1)**, ***SR* = 01**이면 출력을 **reset(*Q* = 1)**시키고, ***SR* = 00**이면 **이전 단계 의 출력을 유지**하는 장치가 탄생한 것이다. 그리고 **전원이 유지되는 동안**에는 *Q* 값 을 계속 저장하고 있으므로 **1-비트 기억 장치** 및 기억 소자가 되며, 0을 저장하려 면 reset 입력을 인가하고 1을 저장하려면 set 입력을 인가한다. 그 결과 *SR* 래치 이름의 유래는 결과 *Q*를 set/reset시키는 래치라는 뜻에서 비롯되었다.

NAND 게이트로도 *SR* 래치를 그림 5.5와 같이 만들 수 있다. NAND 게이트 는 AND-NOT이므로, AND 게이트의 특성으로 한쪽 입력이 0일 때 다른 쪽의 입 력에 상관없이 0이 되며, 그 결과 NAND 게이트는 1을 출력한다. 같은 방식으로 NAND형 *SR* 래치를 분석하면 그림 5.6과 같이 천이(transition) 상태를 확인할 수 있다.

위의 NOR 게이트형 *SR* 래치와 같은 출력을 갖게 하려면 NAND는 AND 형태 이므로 입력이 0일 때 활성 입력으로 동 작한다. 그러므로 **입력은 NOR 형태와 비 교해 모두 보수 관계**에 있게 된다.

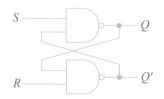

그림 5.5 　NAND 게이트형 *SR* 래치

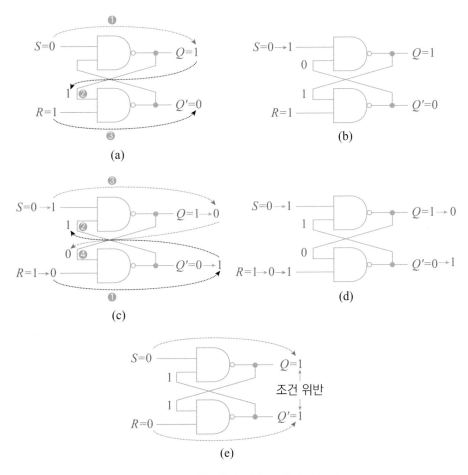

그림 5.6 NAND 게이트형 *SR* 래치의 동작:
(a) *S*=0, *R*=1, (b) *S*=1, *R*=1, (c) *S*=1, *R*=0, (d) *S*=1, *R*=1, (e) *S*=0, *R*=0(unused)

먼저 그림 5.6(a)의 $S = 0$, $R = 1$인 경우를 보면, ① $S = 0$이면 피드백 Q' 값에 상관없이 $Q = 1$로 만들며, ② 아래쪽 NAND 게이트의 입력이 모두 결정되므로 ③ $Q' = 0$이 되면서 더 이상 변화가 없어진다. 다음 그림 5.6(b)의 $S = 1$, $R = 1$인 경우를 보면, $S = 1$로 변화되어도 아무런 변화가 없으며 $Q = 1$인 상태가 계속 유지된다. $S = 1$, $R = 0$인 그림 5.6(c)의 경우를 보면, ① $R = 0$이면 피드백 Q 값에 상관없이 $Q' = 1$로 만들고 ② 위쪽 NAND 게이트의 입력이 모두 1이 되므로 ③ $Q = 0$과 ④ 아래쪽 NAND 게이트의 상단 입력이 0이 되지만, *SR* 래치의 출력 $Q = 0$으로 더 이상의 변화는 나타나지 않는다.

마지막으로 그림 5.6(d)와 같이 다시 R을 변화시켜 $S = 1$, $R = 1$인 경우를

표 5.2 NAND 게이트형 *SR* 래치의 상태표

입력		출력 상태		설명
S	*R*	*Q*	*Q*′	
0	1	1	0	*Q*를 set시킴
1	1	1	0	이전 상태 유지(no change)
1	0	0	1	*Q*를 reset시킴
1	1	0	1	이전 상태 유지(no change)
0	0	0	0	미사용(금지 입력)

보면, $R = 1$로 변화되어도 아무런 변화가 없으며 $Q = 0$인 안정된 상태가 유지된다. 여기에서도 $S = R = 1$인 그림 5.6의 (b)와 (d)를 보면 입력이 같지만, 이전 결과인 Q의 상태에 따라 결과가 다르게 나타나는 것을 확인할 수 있다. 두 입력이 모두 0인 경우의 그림 5.6(e)에서는 각 NAND 게이트를 1로 만들므로 보수 출력이 사라져 미사용 입력으로 정의된다.

NAND 게이트형 *SR* 래치의 상태표는 표 5.2에 정리하였다. 그림 5.3과 표 5.1의 NOR 게이트형과 비교하면 *S* 입력이 위쪽 NAND 게이트로 이동하였고 모든 입력이 보수 형태인 것을 제외하면 동일하게 동작하며, 입력이 모두 0인 경우를 금지 입력으로 한다. NAND 형태의 *SR* 래치는 활성 입력이 보수인 부논리 (negative logic)에서 동작하므로 *S*′*R*′ 래치라고 표기하는 경우도 있다.

클럭 인가형 *SR* 래치

우리가 순차 회로의 정의에서 클럭에 맞춰 동작하고 클럭이 인가되지 않으면, 저장 장치의 상태는 불변이라고 하였다. 그러므로 앞의 두 가지 형태의 래치 중 클럭 입력에 의해 동작하게 만들기 위해 그림 5.7과 같이 NAND 게이트형을 변형

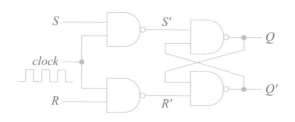

그림 5.7 클럭 인가형 *SR* 래치

표 5.3　클럭 인가형 *SR* 래치의 상태표

입력			출력 상태		설명
clock	*S*	*R*	Q_{t+1}	Q'_{t+1}	
0	X	X	Q_t	Q'_t	이전 상태 유지(no change)
1	0	0	Q_t	Q'_t	이전 상태 유지(no change)
1	0	1	0	1	*Q*를 reset시킴
1	1	0	1	0	*Q*를 set시킴
1	1	1	0	0	미사용(금지 입력)

한다.

앞 장에서 언급했듯이 **특정 신호의 통과나 차단**에는 OR 형태의 게이트는 불가능하고 **AND 형태의 게이트**가 적합하므로 **NAND 게이트 형태의 $S'R'$** 래치에 입력을 클럭 신호로 통과되도록 **SR 입력을 연결**하였다. 이렇게 하면 NOR 게이트처럼 **정논리(positive logic)로 동작하고 클럭으로 동작이 통제된다.**

예를 들어 *clock* = 0이라 가정하면, *SR*이 어떤 값이라도 2단의 $S'R'$ = 11이되어 래치에는 아무런 변화 없이 현재 상태가 유지된다. *clock* = 1인 상태가 되어야 1단의 입력이 2단으로 통과한다. 만약 *S* = 1, *R* = 0이면 2단의 $S'R'$ = 01이되고 *Q* = 1이 된다. 그러므로 1단과 출력을 비교해보면 *SR* = 10일 때 *Q* = 1이되고 클럭은 높은 레벨이어야 한다. 이 클럭 인가형 *SR* 래치의 상태표가 표 5.3이고, *SR* 래치를 기호로 표기하면 그림 5.8과 같다.

이제 클럭이 인가되므로 단계를 나눌 수 있다. 편의상 현재 단계를 *t*, 다음 단계를 *t* + 1로 표현한다. 변화가 없다는 것은 현재 단계 출력(Q_t)이 다음 단계 출력($Q_{t+1} = Q_t$)이 된다는 뜻이며, 클럭은 높은 레벨에서 입력을 2단으로 전달하므로 레벨-트리거인 래치가 된다. 그림 5.8(a)는 NOR 게이트형으로 정논리에 동작

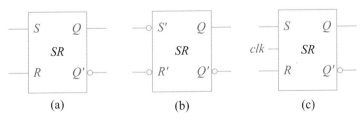

그림 5.8　*SR* 래치 기호: (a) 정논리형, (b) 부논리형, (c) 클럭 인가형

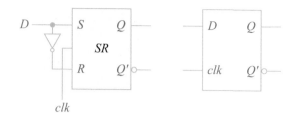

그림 5.9 *D* 래치의 연결도와 기호

표 5.4 *D* 래치의 상태표

입력		출력 상태	설명
clk	*D*	Q_{t+1}	
0	X	Q_t	이전 상태 유지(no change)
1	0	0	*D*를 지연시킴(*Q*를 reset시킴)
1	1	1	*D*를 지연시킴(*Q*를 set시킴)

하고 (b)는 NAND 부논리 동작이라 입력에 부정 기호를 붙였다. 이들 두 *SR* 래치는 클럭 입력이 없는 형태이다. (c)는 클럭 인가형 *SR* 래치이다.

D 래치

SR 래치는 금지 입력에 따라 사용 시 해당 입력을 피해야 하는 주의를 요구한다. **정논리와 부논리 중에서 각각의 금지 입력인 *SR* = 11, 00에서 사용하지 않아야 하므로 이들 입력이 인가되지 않게 *SR* = 01, 10만 입력되도록** 그림 5.9와 같이 바꾸면 동작 상태표는 표 5.4와 같다.

그러면 앞의 표 5.3의 *SR* 래치 입력 중 음영으로 표시된 두 가지 경우만 존재하므로 *D* 입력이 출력 *Q*로 바로 전달되는 것처럼 동작한다. 달리 표현하면, 클럭이 입력될 때 입력 값이 출력 값으로 지연(delay)되어 나타난다고 해서 **D** 래치라고 한다. 앞서 *SR* 래치에 1-비트 데이터를 저장하려면 01(set 입력)이나 10(reset 입력)을 인가한다고 하였는데, *D* 래치에서는 **기록하고자 하는 비트 값을 인가하면 바로 저장**되는 기억 장치가 되는 것이다.

5.3 플립-플롭 저장 장치

D F/F

레벨-트리거 형태의 기억 장치를 에지-트리거 형태로 변환하는 방법 중 가장 단순한 방법은 그림 5.10과 같이 2개의 D 래치의 직렬(serial) 연결인 주종(master-slave) 형식으로 연결하고, 두 번째 래치에는 클럭을 반전시켜 입력한다. 초기의 모든 출력이 0인 상태에서 출발하는데, 그림 5.11에 자세한 단계별 파형을 기록하였다.

그림 5.11(a)에서 1단 마스터 D 래치의 결과를 보면, $D = 1$이고 $clock = 1$

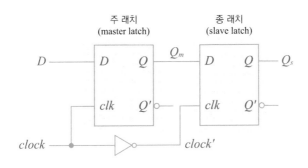

그림 5.10 D 래치의 주종 연결

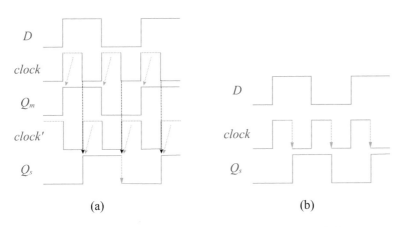

(a)   (b)

그림 5.11 D 래치의 주종 연결에서의 단계별 출력 파형:
(a) 단계별 파형, (b) 최종 하강 에지 트리거링 결과

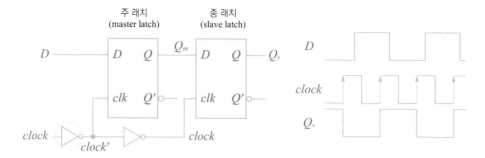

주 래치
(master latch)

종 래치
(slave latch)

그림 5.12　　D 래치의 주종 연결을 이용한 상승 에지 F/F과 출력 파형

이 되는 순간 트리거링되어 출력 $Q_m = 1$로 된다. 그리고 2단 슬레이브 D 래치도 레벨-트리거이므로 $clock' = 1(clock = 0)$이 될 때, $Q_s = 1$이 된다. 따라서 원래 클럭과 비교하면 그림 5.11(b)와 같이 $D = 1$이고 $clock = 0$이 될 때 Q_s가 1로 천이(transition)되므로 하강 에지 트리거(negative edge trigger)로 동작하는 것과 같다.

상승 에지 트리거로 동작하는 D F/F을 손쉽게 취득하기 위해서는 주종 연결된 하강 에지 트리거 D F/F의 초기 클럭 입력에 인버터를 그림 5.12와 같이 추가하여 상승 에지 트리거 D F/F을 얻을 수 있다. 원리는 두 번째 단의 D 래치가 원래 클럭과 같이 0에서 1로 올라가는 시점에 천이가 일어나므로 그림 5.12의 파형으로 보면 상승 에지에서 동작하는 것과 같다.

주종 연결을 이용한 상승 에지 트리거 D F/F의 세부 회로도를 표기하면, 그림 5.13(a)와 같이 4개의 $S'R'$ 래치로 구성되므로 여기에 다시 인버터를 추가해 상승 에지 트리거링 D F/F을 구하지 않고, 전통적으로는 그림 5.13(b)와 같이 $S'R'$ 래치 3개를 사용해 상승 에지 트리거를 사용한다. **에지 트리거링 모드의 F/F은 레벨 트리거링 모드의 래치와 구별해 그림 5.14와 같이 클럭 입력단에 삼각형 무늬를 표기하며, 하강 에지이면 클럭 연결단에 반전 표기**한다.

JK F/F

지금까지 본 래치와 F/F의 기능은 set, reset, 그리고 유지 기능을 가지고 있다. 그러나 디지털 환경에서 다양한 역할을 수행하려면 보수(complement) 또는 반전 (invert, toggle*) 기능을 수행할 수 있어야 한다.

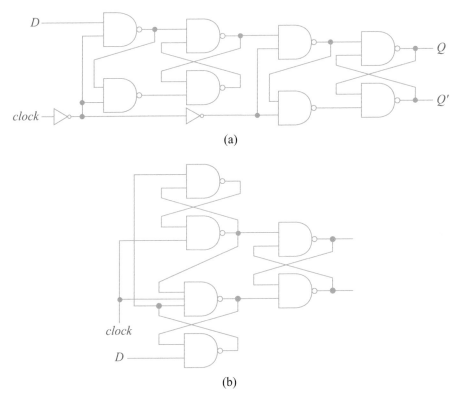

그림 5.13 상승 에지 트리거 *D* F/F의 내부 회로도:
(a) 주종 연결을 이용한 상승 에지, (b) 상승 에지

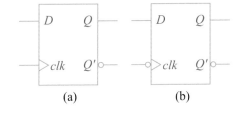

그림 5.14 트리거 모드에 따른 *D* F/F의 기호: (a) 상승 에지, (b) 하강 에지

 토글

토글(toggle)은 어떤 스위치를 계속 누를 경우, 현재 상태가 계속 반전(invert)되는 것을 의미한다. 순차 회로에서는 **보수** 대신 **토글**이라는 표현을 더 즐겨 사용한다.

그러므로 이들 기능을 모두 수행하는 F/F이 필요했으며, 이 네 가지 모든 기능을 수행하는 JK F/F이 만들어졌다. JK는 문자적으로는 특별한 의미가 없으며 SR 래치와 비교해 $S = J, R = K$ 입력에 해당된다. 그러면 D F/F으로 JK F/F을 설계해보자.

우선, 설계에 앞서 JK가 어떤 입력일 때 유지, 셋(set), 리셋(reset), 토글 기능을 수행할지 결정해야 한다. 일반적으로 $JK = 00$이면 $Q_{t+1} = Q_t$로 유지되며, $JK = 01$이면 $Q_{t+1} = 0$으로 현재 값에 상관없이 다음 단계의 출력을 reset하고, $JK = 10$이면 다음 단계의 출력 $Q_{t+1} = 1$로 set한다. 그리고 $JK = 11$이면 다음 단계의 출력 $Q_{t+1} = Q_t'$으로 토글시킨다.

현재 우리는 D F/F을 이용해 JK F/F을 설계하고자 하며 D F/F의 현재 출력(Q_t)이 0일 수도 있고 1일 수도 있다는 것을 기억하라. 이들 값으로 다음 단계 출력(Q_{t+1})이 정상적으로 출력되도록 해야 한다. 이 부분의 설계는 조합 논리 회로 설계이므로 기존 방법으로 설계해보자.

Design Mission D F/F으로 이전 상태 유지, 셋, 리셋 및 토글 기능을 하는 JK F/F을 설계한다.

※ 블록도

그림 5.15처럼 JK는 입력이며, D F/F을 이용하므로 우리가 설계하려는 조합 회로의 출력은 D F/F의 입력 D가 된다. D가 결정되고 클럭이 인가되면 다음 단계의 D F/F의 출력은 D가 지연되어 Q_{t+1}이 되며, 현재 단계의 출력 Q_t는 이용할 수 있는 피드백 입력으로 활용된다.

그림 5.15는 이 장의 순차 회로 정의에서 처음 보았던 그림 5.1에서 조합 회로의 출력이 저장 장치로 연결되어 저장되고 그 저장 장치의 출력이 다시 조합 회로의 입력으로 인가되는 것과 동일한 형태이다.

※ 설계 과정

1) 입출력 개수 결정 및 리터럴 할당

그림 5.15와 같이 입력 변수는 J와 K, 그리고 D F/F의 현재 출력 값은 Q_t이고 출

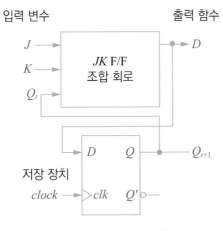

입력 변수   출력 함수

그림 5.15   *JK* F/F 설계 블록도

력 함수는 클럭 인가 시 Q_{t+1}을 결정하는 D이다.

2) 진리표 작성

위에서 정의된 조건으로 진리표를 작성한다.

번호	입력 변수			출력 함수	설명
	J	K	Q_t	Q_{t+1}	
0	0	0	0	0	$JK = 00$,
1	0	0	1	1	$Q_{t+1} = Q_t$(no change)
2	0	1	0	0	$JK = 01$,
3	0	1	1	0	$Q_{t+1} = 0$(reset)
4	1	0	0	1	$JK = 10$,
5	1	0	1	1	$Q_{t+1} = 1$(set)
6	1	1	0	1	$JK = 11$,
7	1	1	1	0	$Q_{t+1} = Q_t'$(toggle)

여기서 이 진리표가 나타내는 것은 이용할 수 있는 현재의 입력 값과 다음 단계의 출력 Q_{t+1}로 변화되어야 하는 방향이다. 우리는 도구로 D F/F을 사용하려고 하므로 D F/F의 현재 출력 Q_t가 Q_{t+1}로 천이 또는 여기(excitation)되도록 Q_t와 Q_{t+1}을 참고해 D 값을 결정해야 한다. 이 부분은 뒤에 순차 회로 설계 방법에서 자세히 다루기로 하고 우선은 설명을 잘 따라가기만 하자.

표 5.5   *JK* F/F 설계를 위한 여기 입력이 포함된 진리표

번호	입력 변수			출력 함수	*D*의 여기 입력
	J	*K*	Q_t	Q_{t+1}	$(Q_t \rightarrow Q_{t+1})$
0	0	0	0	0	$D = 0, (0 \rightarrow 0)$
1	0	0	1	1	$D = 1, (1 \rightarrow 1)$
2	0	1	0	0	$D = 0, (0 \rightarrow 0)$
3	0	1	1	0	$D = 0, (1 \rightarrow 0)$
4	1	0	0	1	$D = 1, (0 \rightarrow 1)$
5	1	0	1	1	$D = 1, (1 \rightarrow 1)$
6	1	1	0	1	$D = 1, (0 \rightarrow 1)$
7	1	1	1	0	$D = 0, (1 \rightarrow 0)$

그 결과 위의 진리표는 다시 정리되어야 한다. 다시 설명하면, Q_t에서 Q_{t+1}로의 천이가 저절로 이루어지는 것이 아니라, 결과 값을 알고 있기 때문에 F/F이 원하는 다음 상태로 변하도록 *D* F/F의 입력 *D*를 만들어줘야 한다. 이렇게 원하는 천이가 이루어지도록 *D*의 여기 입력 값을 포함하는 진리표를 표 5.5와 같이 변경해 만들어보자.

이때의 입력을 '원하는 천이/여기가 되도록 한다'는 의미에서 **여기 입력(excitation input)**이라 하고, 그렇게 표현된 표를 **여기표(excitation table)**라고 한다. 순차 회로 설계에서는 상태표만큼 여기표가 중요하다. 공교롭게도 *D* F/F은 입력 *D*가 클럭 인가 후 그대로 지연되어 Q_{t+1}에 나타나므로 출력 값(함수)이 *D*의 여기 입력과 동일하다.

3) 출력 함수별 간소화

간소화는 F/F의 여기 입력 *D*를 간소화하는 것이다. 우리가 지금 설계하고자 하는 것은 그림 5.15 블록도의 조합 회로 출력 함수 *D*이고, F/F은 입력 값 *D*에 따라 변화되므로 입력 값이 주체가 된다. 간소화 결과는 그림 5.16과 같다. 출력 함수의 간소화된 논리식을 정리하면 아래와 같다.

$$D(J, K, Q_t) = \sum(1, 4, 5, 6) = JQ_t' + K'Q_t$$

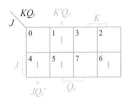

그림 5.16   *JK* F/F 조합 회로의 간소화

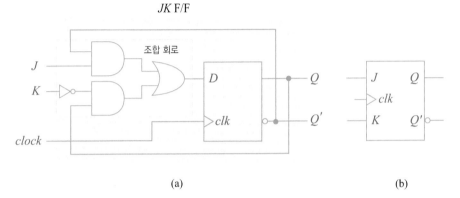

(a)   (b)

그림 5.17   *D* F/F으로 구현한 *JK* F/F과 기호: (a) *JK* F/F 회로도, (b) *JK* F/F 기호

4) 논리 회로 구현

논리 회로는 그림 5.17(a)와 같다. 큰 박스로 표시된 부분과 그림 5.15의 블록도와 비교하면 일치한다. 이 부분을 *JK* F/F 기호로 표현하면 그림 5.17(b)처럼 표현된다.

　　설계된 *JK* F/F의 상태표를 표 5.6에 작성하였다. *JK* F/F은 디지털 환경에서 활용할 수 있는 네 가지 연산을 모두 가지고 있어 가장 널리 사용되는 F/F이다.

표 5.6   *JK* F/F의 상태표

입력		출력 상태	설명
J	*K*	Q_{t+1}	
0	0	Q_t	이전 상태 유지(no change)
0	1	0	*Q*를 reset시킴
1	0	1	*Q*를 set시킴
1	1	Q_t'	*Q*를 toggle시킴

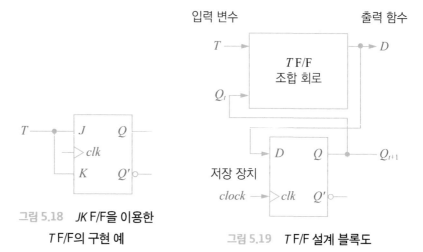

입력 변수   출력 함수

그림 5.18   *JK* F/F을 이용한
T F/F의 구현 예

그림 5.19   *T* F/F 설계 블록도

T F/F

이제 마지막으로 남은 F/F은 *T*(toggle) F/F이다. 이름과 같이 현재 출력(Q_t)이 입력 $T = 1$이면 다음 단계에서 출력이 반전($Q_{t+1} = Q_t'$)되고, $T = 0$이면 현재 값($Q_{t+1} = Q_t$)이 유지된다. 그러므로 *T* F/F은 다양한 방법으로 구현될 수 있다.

먼저 가장 간단하게 *JK* F/F으로 구현해보자. $JK = 00$이면 현재의 출력이 다음 단계에 유지되고, $JK = 11$이면 현재의 출력이 다음 단계에 토글되므로 표 5.6의 음영으로 표시된 부분만 취하면 되는데, 단순히 *JK*의 입력을 하나로 묶으면 된다. 그림으로 표시하면 그림 5.18과 같다.

다음은 위의 *JK* F/F의 설계와 같이 *D* F/F을 사용하여 동일한 방법으로 설계해보자. *T* F/F 설계 블록도는 그림 5.19와 같다. 진리표와 *D*의 여기 입력이 포함된 진리표를 표 5.7과 표 5.8에 각각 나타내었다. 간소화와 구현은 그림 5.20과

표 5.7   *T* F/F 설계를 위한 진리표

번호	입력 변수		출력 함수	설명
	T	Q_t	$D = Q_{t+1}$	
0	0	0	0	$T = 0$,
1	0	1	1	$Q_{t+1} = Q_t$(no change)
2	1	0	1	$T = 1$,
3	1	1	0	$Q_{t+1} = Q_t'$(toggle)

표 5.8 D의 여기 입력이 포함된 T F/F 설계 진리표

| 번호 | 입력 변수 | | 출력 함수 | D의 여기 입력 |
	T	Q_t	Q_{t+1}	$(Q_t \rightarrow Q_{t+1})$
0	0	0	0	$D = 0, (0 \rightarrow 0)$
1	0	1	1	$D = 1, (1 \rightarrow 1)$
2	1	0	1	$D = 1, (0 \rightarrow 1)$
3	1	1	0	$D = 0, (1 \rightarrow 0)$

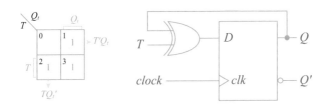

그림 5.20 D F/F을 이용한 T F/F의 간소화 및 구현 결과

같고 논리식은 아래와 같다.

$$D(T,Q_t) = \Sigma(1,2) = T'Q_t + TQ_t' = T \oplus Q_t$$

Set와 reset의 직접 입력

순차 회로의 정상적 입력은 클럭에 동기(synchronization)되어 움직인다. 그러나 초기에 저장 장치의 시작 값을 0으로 지우거나(clear, reset) 1로 설정(preset)하여 동작을 시작할 수 있다. 그러므로 대부분의 래치나 F/F은 클럭과는 무관하게 강제로 출력(Q)을 변경하는 신호 입력을 가진다. 이때의 입력을 비동기 입력(asynchronous input) 또는 직접 입력(direct input)이라고 한다.

그림 5.21은 앞에서 보았던 D F/F의 상승 에지 트리거 내부 회로인데, reset 과 set 직접 입력이 추가된 회로이다. 각 단자는 마지막 단의 S와 R 및 관련 1단 게이트에 입력되어 해당 입력을 0으로 만든다.

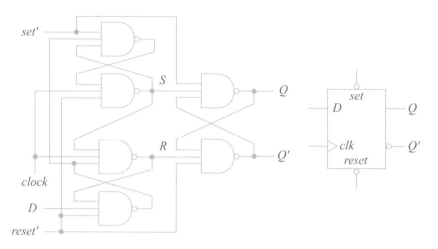

그림 5.21 　set/reset의 직접 입력을 가진 *D* F/F과 기호

5.4 순차 논리 회로 설계

상태표와 여기표

이전 절에서 먼저 만들어진 F/F으로 다른 형태의 F/F을 설계하는 과정을 보았다. 처음 나오는 내용들이라 완전히 이해하기에는 부족한 점이 있을 수 있다. 이 절에서는 순차 회로 설계에 사용되는 용어와 기본적인 이론을 정리하고 본격적인 설계는 다음 장에서 자세하게 다루기로 한다.

먼저 F/F이 현 단계의 출력 상태(Q_t)에서 다음 단계의 출력 상태(Q_{t+1})로 변화될 때, F/F의 모든 입력의 경우에 대해 출력 상태의 변화를 표로 표기한 것을 **상태표(state table)**라고 하는데, 각 F/F의 동작을 이해하는 데 도움이 된다.

표 5.9는 지금까지 배운 세 가지 F/F의 상태표를 보여준다. F/F은 래치의 모든 기능을 가지며 설계에 많이 이용되므로 앞으로는 F/F만 다루기로 한다. 또한 클럭은 기본적으로 인가되어야 동작하므로 앞으로 클럭 입력은 표기에서 생략한다.

이제 여기 입력에 대해 살펴보자. 우리의 설계 목적은 **F/F과 같은 저장 장치를 사용**하여 원하는 결과 값을 가지도록 **순차 회로를 설계**하는 것이다. 현 단계의 출력 상태 값(Q_t)이 다음 단계의 출력 상태 값(Q_{t+1})을 갖도록, 즉 **원하는 상태로**

표 5.9 각 F/F의 상태표 정리

표 5.9 각 F/F의 상태표 정리

D F/F

입력(D)	출력 상태(Q_{t+1})
0	0
1	1

JK F/F

입력		출력 상태(Q_{t+1})
J	K	
0	0	Q_t
0	1	0
1	0	1
1	1	Q_t'

T F/F

입력(T)	출력 상태(Q_{t+1})
0	Q_t
1	Q_t'

의 천이/여기($Q_t \rightarrow Q_{t+1}$)가 일어나게 만드는 각 F/F의 입력이 **여기 입력**이고, **모든 경우의 상태 천이**에 대해 여기 입력들을 정리한 표가 **여기표(excitation table)**이다. 순차 회로를 설계할 때는 이 여기표를 활용하는 것이 무엇보다 중요하다.

각 F/F에 대한 여기 입력을 정리해보자. 먼저 D F/F은 앞의 상태표에서 본 것과 같이 다른 F/F과는 다르게 현 단계 출력 값(Q_t)에 대한 함수가 아니다. 이것은 현재 D F/F의 출력 상태 값과 무관하게 입력 D 값이 다음 단계 출력 값으로 바로 전달되어 저장되므로 원하는 다음 단계의 값을 D로 설정하면 되는데, 정리하면 표 5.10과 같다.

표 5.10 왼쪽 열의 요소는 현재 단계 상태(Q_t)와 다음 단계 상태(Q_{t+1}) 2개이므로 변화될 수 있는 모든 상태는 네 가지 경우이다. 그리고 D F/F은 Q_t의 함수가 아니므로 표 5.10의 오른쪽 표와 같이 줄여 표현하기도 한다. 이제 JK F/F을 살펴보자. JK F/F은 각 천이에 대해 두 가지 경우가 존재하므로 표로 정리해 설명한다.

표 5.11에서 $Q_t \rightarrow Q_{t+1}$로의 출력 상태 변화가 $0 \rightarrow 0$이었다면 두 가지 경우에 해당된다. 첫째는 $JK = 00$인 경우 no change되므로 Q_t가 Q_{t+1}로 유지된 걸

표 5.10 D F/F의 여기표

출력 상태 변화		여기 입력(D)	출력 상태 변화	여기 입력(D)
Q_t	Q_{t+1}		Q_{t+1}	
0	0	0	0	0
0	1	1	1	1
1	0	0		
1	1	1		

표 5.11   *JK* F/F의 여기 입력과 여기표

출력 상태 변화		여기 입력		설명
Q_t	Q_{t+1}	*J*	*K*	
0	0	0	0	Q_t가 유지된 경우
		0	1	reset된 경우
0	1	1	0	set된 경우
		1	1	toggle된 경우
1	0	0	1	reset된 경우
		1	1	toggle된 경우
1	1	0	0	Q_t가 유지된 경우
		1	0	set된 경우

출력 상태 변화		여기 입력	
Q_t	Q_{t+1}	*J*	*K*
0	0	0	X
0	1	1	X
1	0	X	1
1	1	X	0

표 5.12   *T* F/F의 여기표

출력 상태 변화		여기 입력(*T*)
Q_t	Q_{t+1}	
0	0	0
0	1	1
1	0	1
1	1	0

로 볼 수 있고, 둘째는 *JK* = 01인 경우 Q_{t+1}가 reset 되었을 수도 있다. 그러므로 이 경우에는 *K*가 0과 1인 모든 경우이므로 *JK* = 0X이다. 그 다음 $Q_t \rightarrow Q_{t+1}$로의 출력 상태 변화가 0 → 1인 경우도 두 가지가 해당되는데, sct한 경우와 토글한 경우이다. 그러므로 *JK* = 1X로 표현할 수 있다. 나머지 설명도 유사하므로 표 5.11의 왼쪽 표를 참조하라. 최종적으로 *JK* F/F의 여기표를 정리하면 표 5.11의 오른쪽 표와 같다.

이제 *T* F/F의 여기 입력과 여기표를 작성하면 표 5.12와 같다. *T* 입력은 다음 상태로 변화가 발생하면 토글되므로 *T* = 1이고, 변화 없이 유지되면 *T* = 0이다.

따라서 **상태표는 입력에 대한 출력 상태 변화**를 표현한 것이며, **여기표는 출력 상태 변화를 유발하는 입력의 여기 값**을 표현한 것이다.

순차회로 설계 방법

설계할 때에는 F/F의 동작을 설명하는 상태표보다 여기표를 활용하여 원하는 다음 단계의 출력 상태 값(Q_{t+1})이 되도록 여기 입력을 결정해야 한다. 그러므로 여기표를 활용해 논리 회로 설계를 위해 작성된 진리표에 여기 입력이 포함되도록 변경한 후, 도구로 사용되는 F/F의 입력 변수(*D*, *JK*, *T*)를 간소화하면 된다. 표

표 5.13 각 F/F의 여기표 정리

D F/F		JK F/F				T F/F		
출력 상태 변화	여기 입력	출력 상태 변화		여기 입력		출력 상태 변화		여기 입력
Q_{t+1}	(D)	Q_t	Q_{t+1}	J	K	Q_t	Q_{t+1}	(T)
0	0	0	0	0	X	0	0	0
1	1	0	1	1	X	0	1	1
		1	0	X	1	1	0	1
		1	1	X	0	1	1	0

5.13에 세 가지 F/F의 여기표를 한 번에 볼 수 있도록 정리하였다.

순차 회로 설계 방법을 정리하면 다음과 같다. 설계 순서는 조합 논리 회로의 설계 방법과 전반적으로 동일하지만, 진리표 작성 이후 여기 입력 작성이 추가된 부분만 다르다. 순차 회로 설계에 대한 깊이 있고 세세한 내용은 다음 장의 카운터 설계에서 논하기로 하고, 이 절에서는 앞서 나온 설계 문제들을 다루어보면서 순차 회로 설계에 익숙해지도록 하자.

순차 논리 회로 설계 과정

1) 설계 문제 분석을 통한 입력과 출력 개수 결정
2) 입력과 출력 변수에 리터럴 할당
3) 문제 분석 기반 진리표 작성
4) 진리표에서 순차 논리 소자에 해당하는 출력 상태 값을 사용할 F/F의 여기 입력으로 정리하여 추가
5) 조합 논리의 출력 변수(함수)와 F/F의 여기 입력을 카노맵으로 간소화
6) 논리 회로 구현
7) 검증

D F/F을 이용한 JK F/F 설계

설계 과정은 그림 5.15와 동일하므로 진리표 작성까지 완료된 상황에서 출발하기로 하자. 진리표는 다음과 같다.

설계 문제에 대한 진리표				
번호	입력 변수			출력 함수
	J	K	Q_t	Q_{t+1}
0	0	0	0	0
1	0	0	1	1
2	0	1	0	0
3	0	1	1	0
4	1	0	0	1
5	1	0	1	1
6	1	1	0	1
7	1	1	1	0

D F/F의 여기 입력이 추가된 진리표					
번호	입력 변수			출력 함수	여기 입력
	J	K	Q_t	Q_{t+1}	D
0	0	0	0	0	0
1	0	0	1	1	1
2	0	1	0	0	0
3	0	1	1	0	0
4	1	0	0	1	1
5	1	0	1	1	1
6	1	1	0	1	1
7	1	1	1	0	0

표 5.13의 여기표를 참고하면 D F/F의 여기 입력 D는 Q_{t+1}과 같다. 여기에서 출력 변수는 F/F의 출력만 존재하므로 여기 입력만 간소화하면 된다. 만약 일반적인 조합 논리의 출력 변수가 있으면, 기존의 조합 회로 설계처럼 간소화하면 된다. 이제 사용할 도구인 D F/F의 여기 입력 D를 간소화하면,

$$D(J,K,Q_t) = \Sigma(1,4,5,6) = JQ_t' + K'Q_t$$

과 같이 JK F/F 절에서 나온 결과와 같고, 구현하면 그림 5.17과 같다.

이 부분은 앞서 소개된 내용과 반복되는 설명처럼 보이지만, 설계 방법에 따라 진행되는 것이므로 결과보다는 과정에 충실히 학습해보자.

JK F/F을 이용한 T F/F 설계

앞서 이 부분 설계는 JK F/F 상태표에 의거해 논리적 수준으로 두 입력(JK)을 묶으면 된다고 하였는데, 설계 과정에 따라 재설계해보자. 먼저 T F/F은 $T = 0$이면 현재 단계 출력 상태가 다음 단계에 유지되고, $T = 1$이면 현재 단계 출력 상태가 다음 단계에 토글시켜야 하므로 아래의 진리표와 같이 작성된다. 이런 동작을 JK F/F을 도구로 사용하므로 아래 오른쪽 표와 같이 각 변화(천이)에 대해 JK의 여기 입력을 작성하여 추가하면 된다.

설계 문제에 대한 진리표			
번호	입력 변수		출력 함수
	T	Q_t	Q_{t+1}
0	0	0	0(유지)
1	0	1	1(유지)
2	1	0	1(반전)
3	1	1	0(반전)

JK F/F의 여기 입력이 추가된 진리표					
번호	입력 변수		출력 함수	여기 입력	
	T	Q_t	Q_{t+1}	J	K
0	0	0	0	0	X
1	0	1	1	X	0
2	1	0	1	1	X
3	1	1	0	X	1

각 여기 입력 JK에 대해 간소화하여 구현하면 그림 5.22와 같고, 간소화된 논리식은 다음과 같이 표현된다.

$$J(T, Q_t) = \Sigma(2), \text{don't care term} = \Sigma(1,3)$$

$$J(T, Q_t) = T$$

$$K(T, Q_t) = \Sigma(3), \text{don't care term} = \Sigma(0,2)$$

$$K(T, Q_t) = T$$

구현 결과를 그림 5.18과 비교하면 같은 결과가 나온다.

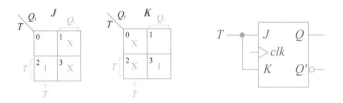

그림 5.22   JK F/F을 이용한 T F/F의 간소화와 구현 결과

D F/F을 이용한 T F/F 설계

이 설계의 진리표는 바로 앞의 설계와 같다. 도구가 달라지므로 여기표 부분만 변경하면 된다.

번호	입력 변수		출력 함수
	T	Q_t	Q_{t+1}
0	0	0	0(유지)
1	0	1	1(유지)
2	1	0	1(반전)
3	1	1	0(반전)

설계 문제에 대한 진리표

번호	입력 변수		출력 함수	여기 입력
	T	Q_t	Q_{t+1}	D
0	0	0	0	0
1	0	1	1	1
2	1	0	1	1
3	1	1	0	0

D F/F의 여기 입력이 추가된 진리표

위의 여기 입력 D에 대해 카노맵으로 간소화하면 아래와 같고, 구현하면 그림 5.20과 동일한 결과가 된다.

$$D(T,Q_t) = \Sigma(1,2) = T'Q_t + TQ_t{}' = T \oplus Q_t$$

이제 5.3절에서 D F/F을 사용해 JK와 T F/F 설계 과정을 완벽히 이해했을 것이다. 설계에서 가장 중요한 출력 상태 값의 천이에 따른 각 F/F의 여기 입력의 경우를 잘 이해하고 기억하자.

5.5 레지스터

F/F은 디지털 데이터를 구성하는 각 비트 값을 저장할 수 있으므로 2진 데이터의 임시 저장소로 많이 활용된다. 컴퓨터 CPU 내부에는 연산, 명령어 해석 및 접근 번지 저장 등 2진 데이터 처리를 위해 임시로 자료를 저장할 수 있는 많은 용도의 레지스터(register)가 있다. 이 절에서는 F/F으로 만들어지는 다양한 레지스터를 살펴보자.

병렬 레지스터

레지스터를 크게 병렬과 직렬 레지스터(parallel/serial register)로 분류할 수 있다. 직렬 레지스터는 보통 시프트(shift) 레지스터를 말한다. 먼저 가장 단순한 D F/F 으로 만들어지는 4-비트 병렬 레지스터를 보자. 이 레지스터는 그림 5.23과 같이

원리로 쉽게 배우는 디지털 논리회로 설계

표현된다. 저장하고자 하는 데이터 라인 각각이 1개의 D F/F과 연결되어 있으며, 클럭이 write 신호로 동작해 데이터가 병렬로 저장되고 유지된다. 비동기 직접 입력인 reset과 set이 연결되어 저장된 값을 0과 1로 지우거나 세팅할 수 있다.

병렬 로드를 갖는 레지스터

이제 초기 값 0에서 시작하는 레지스터가 아니라 특정 값에서 시작하도록 데이터를 적재(load)할 수 있는 기능의 레지스터를 생각해보자.

보통 *load*라는 제어 신호가 1일 때 입력 값을 적재하게 하자면 간단히 AND 게이트를 연결하면 될 거라 생각할 수 있다. 그림 5.24와 같이 1-비트에 대한 동작을 먼저 살펴보자. 이 경우, *load* = 1이면 데이터가 정상적으로 기록된다. 그러나 *load* = 0이면 D F/F에는 계속 0이 기록되어 reset이 반복된다. *load* = 0일 때 현재 상태가 유지되게 하는 두 가지 구현 방식이 있다.

첫 번째는 현재 기록된 D F/F의 상태 값이 다시 피드백되어 기록되는 방식이 있을 수 있고, 다른 하나는 변화가 없

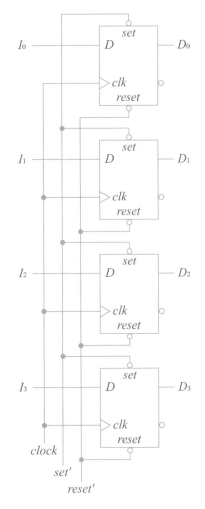

그림 5.23　D F/F으로 구현된 4-비트 병렬 레지스터

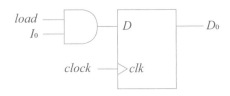

그림 5.24　*Load* 라인을 직접 연결하여 문제가 발생한 경우
(*load* = 0일 때 reset 문제가 발생함)

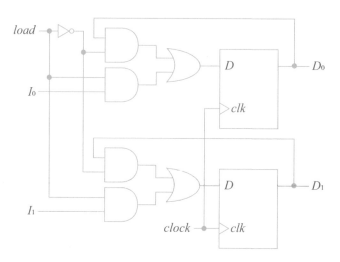

그림 5.25　　D F/F을 이용한 병렬 로드 레지스터

도록 no change 형태가 유지되게 할 수도 있다. 두 번째 경우에는 D F/F으로 no change를 구현하려면 클럭을 차단해야 하는데 이 방법은 잘 사용하지 않는다. 따라서 주로 SR 래치나 JK F/F으로 변경해 사용한다.

첫 번째 방식을 먼저 구현하면 그림 5.25와 같이 표현할 수 있다. 간단한 설명을 위해 하위 2-비트에 대해서만 표시하였다. 먼저 $load = 0$이라 가정하면, 1단의 위쪽 AND 게이트는 $load$가 반전되어 1이 되므로 D_0가 통과되어 D에 도착하고 클럭이 입력되면 이전 값이 그대로 다시 기록된다. 그리고 1단의 아래쪽 AND 게이트는 $load = 0$이므로 I_0가 통과하지 못한다. 반대인 경우에 $load = 1$이면, 이번에는 1단의 위쪽 AND 게이트는 $load$가 반전되며 0이 되어 D_0가 통과하지 못한다. 아래쪽 AND 게이트는 $load = 1$이므로 I_0가 통과하여 D에 도착하고, 클럭이 인가되면 D F/F에 기록되므로 $load$ 신호에 따라 유지와 적재가 적절하게 동작한다.

두 번째 방식은 JK F/F으로 구현한 것으로 그림 5.26에 표현하였으며, 위의 경우와 같이 하위 2-비트에 대해서만 나타내었다. 먼저 $load = 0$이라 가정하면, 2개의 AND 게이트 입력에 $load$ 단이 연결되어 있으므로 출력이 모두 0이 되어 $JK = 00$이 입력되고, 현재의 F/F 상태 값은 변함없이 유지된다. 그러므로 D F/F으로 구현된 그림 5.25에서처럼 현재 단계 출력 값을 피드백으로 연결할 필요가 없다.

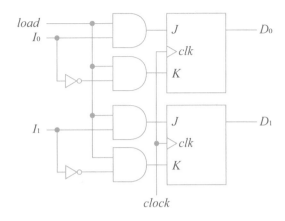

그림 5.26   *JK* F/F을 이용한 병렬 로드 레지스터

load = 1이고 데이터가 1이면 *J* = 1이 되고, 아래의 AND 게이트는 데이터가 반전되어 입력되므로 *K* = 0이 된다. 그 결과 *JK* = 10이 되어 F/F이 set 되면서 데이터 1이 정상적으로 저장된다. 반대로 *load* = 1이고 데이터가 0이면 위의 AND 게이트 출력 *J* = 0이 되며, 아래의 AND 게이트는 데이터가 반전되어 입력되므로 *K* = 1이 된다. 그 결과 *JK* = 01이 되어 F/F을 reset시키면서 데이터 0이 저장된다. 이 경우에도 *load* 신호에 의해 유지와 적재가 제대로 동작한다.

    F/F을 *SR* 래치로 변경해도 유지, set, reset만 사용하므로 F/F 부분만 교체하면 동일한 결과를 얻을 수 있다. 그러므로 두 번째 방법이 결선과 게이트를 적게 사용하므로 훨씬 효과적이다.

시프트 레지스터

D F/F을 직렬로 연결하면 1-비트씩 데이터를 이동(shift)시킬 수 있다. 이렇게 직렬로 연결된 레지스터를 시프트 레지스터(shift register)라고 한다.

    그림 5.27(a)는 4-비트 시프트 레지스터의 블록도이며, 그림 5.27(b)는 타이밍도(timing diagram)이다. 그림에서 보는 것과 같이 클럭이 입력될 때마다 왼쪽에서 오른쪽으로 하나의 *D* F/F을 통과하고 마지막에는 입력된 데이터를 차례로 수신한다. F/F은 클럭의 1주기마다 천이되므로 클럭보다 2배 느리게 동작한다.

    그림 5.27의 예는 직렬 입력 데이터가 4-비트라 클럭을 계속 인가하면 시프트 레지스터를 통과하게 된다. 만약 *n*-비트 길이에 맞춰 이동을 멈추게 하거나 회

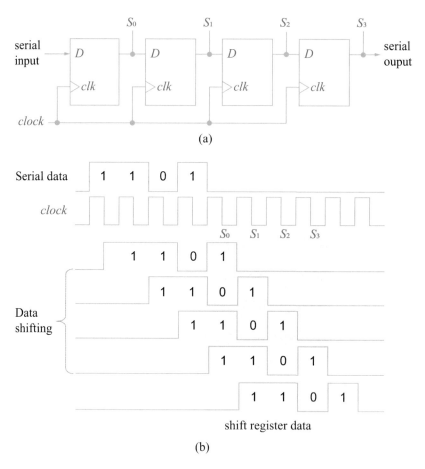

(b)

그림 5.27   *D* F/F을 직렬 연결한 4-비트 시프트 레지스터: (a) 블록도, (b) 타이밍도

전(rotate)하려면 클럭의 입력을 통과시키고 차단하는 게이트가 필요하다.

그림 5.28은 시프트와 회전을 4-비트씩 수행하는 레지스터의 예이다. 클럭을 차단하는 게이트로는 AND 게이트를 많이 사용한다. 이동 제어(shift control) 입력을 4-비트 길이로 조정하면 클럭이 4주기만 통과하므로 처음 4주기에는 직렬 입력 데이터가 모두 시프트 레지스터에 차례대로 저장되고, 그 다음 직렬 데이터 입력을 차단하고 클럭만 4주기가 통과되면 이전의 4-비트 데이터가 회전되어 직전에 저장된 값과 같게 된다.

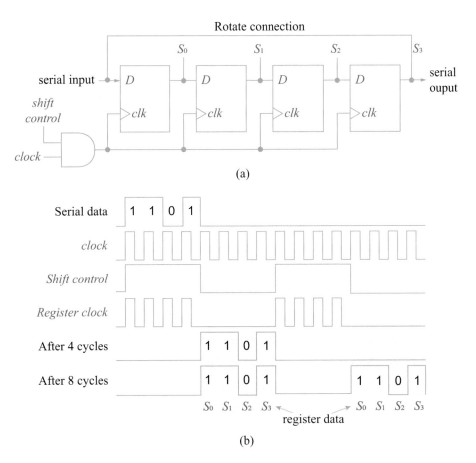

그림 5.28 4-비트 시프트 및 회전 레지스터: (a) 블록도, (b) 타이밍도

Universal 시프트 레지스터

만능(universal) 시프트 레지스터는 좌우측 이동과 병렬 로드 및 현재 값 유지와 같이 4개의 기능을 4×1 MUX로 구현한 레지스터이다. 4-비트 레지스터에 대한 회로도는 그림 5.29와 같다. 회로도의 결선을 쉽게 이해하기 위해 입력 결선에 화살표를 표기하고, 각 MUX마다 입력 라인 1개씩 데이터 흐름을 표시하였다.

먼저 MUX의 선택 입력이 $s_1 s_0 = 00$이면 MUX는 0번 라인 입력이 출력되고 D F/F으로 연결된다. MUX의 0번 라인을 따라가면 바로 위에 위치한 D F/F의 출력과 연결되어 있으므로 클럭 인가 시 D F/F의 값은 자신의 값이 저장되어 no change된다.

다음 MUX의 선택 입력이 $s_1 s_0 = 01$이면 MUX는 1번 라인 입력이 출력되어

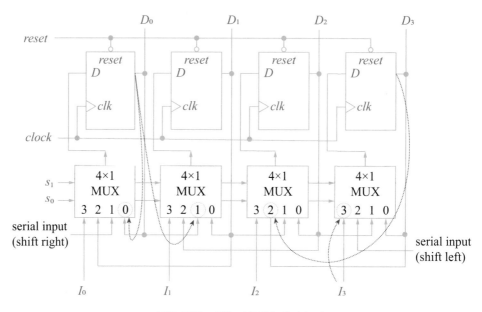

그림 5.29　만능 시프트 레지스터

위의 D F/F으로 연결된다. MUX 1번 라인의 결선은 왼쪽에 위치한 D F/F의 출력과 연결되어 있으므로 클럭 인가 시 D F/F의 값은 왼쪽에 위치한 D F/F의 값이 오른쪽으로 전달되므로 shift right된다.

　　MUX의 선택 입력이 $s_1 s_0 = 10$이면 MUX는 2번 라인 입력이 출력되고 위의 D F/F과 연결된다. MUX 2번 라인은 오른쪽에 위치한 D F/F의 출력과 연결되어 있으므로 클럭 인가 시 D F/F의 값은 왼쪽으로 전달되어 shift left된다.

　　마지막으로 MUX의 선택 입력이 $s_1 s_0 = 11$이면 MUX는 3번 라인이 출력되며, MUX 3번 라인은 아래의 병렬 로드 데이터와 연결되어 있으므로 클럭 인가 시 병렬 데이터가 load된다.

가장 왼쪽과 오른쪽의 직렬 입력은 shift left/right 시 끝 비트를 채워주는 1-비트 데이터 입력이다. 이 기능을 정리하면 표 5.14와 같다. 네 가지 기능을 제공하므로 만능 시프트 레지스터라고 한다.

표 5.14　만능 시프트 레지스터의 동작표

MUX 선택 입력		시프트 레지스터 모드
s_1	s_0	
0	0	no change
0	1	shift right
1	0	shift left
1	1	data load

1. 순차 논리 회로의 특징을 설명할 수 있다. ☐ ☐

2. 트리거 모드를 구분할 수 있다. ☐ ☐

3. SR 래치의 동작을 설명할 수 있다. ☐ ☐

4. NOR형과 NAND형 SR 래치를 구현할 수 있다. ☐ ☐

5. SR 래치의 금지 입력을 설명할 수 있다. ☐ ☐

6. D 래치의 원리를 설명하고 구현할 수 있다. ☐ ☐

7. D F/F을 만드는 주종 연결을 설명할 수 있다. ☐ ☐

8. JK 및 T F/F을 D F/F으로 설계할 수 있다. ☐ ☐

9. 각 F/F의 상태표와 여기표를 작성하고 설명할 수 있다. ☐ ☐

10. 저장 장치에서의 클럭의 역할을 설명할 수 있다. ☐ ☐

11. 순차 회로의 설계 방법을 설명할 수 있고 기본 F/F을 설계에 ☐ ☐

    이용할 수 있다.

12. 병렬 레지스터를 설명할 수 있고 구현할 수 있다. ☐ ☐

13. 병렬 레지스터의 데이터 적재를 이해하고 D, JK F/F으로 ☐ ☐

    구현할 수 있다.

14. 시프트 레지스터의 동작을 설명할 수 있다. ☐ ☐

15. 만능 시프트 레지스터를 설명하고 구현할 수 있다. ☐ ☐

학번		이름	

■ Feedback

※ 학습 내용 중 보충 설명이 필요하거나 학습 관련 문의 및 건의사항은 무엇인가요?

절취선

연습 문제

5.1 순차 논리 회로의 특징을 블록도로 표현하고 설명하라.

5.2 SR 래치를 NOR 게이트만으로 구현하고 동작을 상태표를 작성하여 설명하라.

5.3 $S'R'$ 래치를 NAND 게이트만으로 구현하고 상태표로 동작을 설명하라.

5.4 클럭 인가형 SR 래치를 NAND 게이트만으로 구현하고 상태표를 작성하라.

5.5 D, T, JK F/F의 상태표와 여기표를 작성하고 설명하라.

5.6 JK F/F을 T F/F을 사용해 구현하라.

5.7 SR 래치로 병렬 로드가 가능한 4-비트 병렬 레지스터를 설계하라.

참고 문헌

1. M. Michael Vai, *VLSI Design*, CRC Press, 2000.

2. Joseph Cavanagh, *Sequential Logic: Analysis and Synthesis*, CRC Press, 2006.

3. Ed Lipiansky, *Electrical, Electronics, and Digital Hardware Essentials for Scientists and Engineers*, John Wiley and Sons, 2012.

4. R. Katz, G. Boriello, *Contemporary Logic Design 2nd edition*, Prentice Hall, 2005.

5. Volnei A. Pedroni, *Digital electronics and design with VHDL*, Morgan Kaufmann, 2008.

6. Sajjan G. Shiva, *Computer design and architecture 3rd edition*, CRC Press, 2000.

7. Diederich Hinrichsen, Anthony J. Pritchard, *Mathematical Systems Theory I: Modelling, State Space Analysis, Stability and Robustness*, Springer, 2006.

8. Hassan A. Farhat, *Digital design and computer organization*, CRC Press, 2004.

9. 74x4000 series: *4015, 4094 Data sheet*, from Nexperia and Texas Instruments, 2016.

10. Michael D. Ciletti, M. Morris R. Mano, *Digital Design 6th Edition*, Pearson Education Ltd., 2018.

6장

순차 논리 회로 설계와 카운터

학습 목표

❖ 순차 논리 회로의 표현 방법을 이해한다.
❖ 순차 회로의 상태 방정식 작성을 이해한다.
❖ 상태도를 이해한다.
❖ 동기식과 비동기식 순차 회로의 구분을 이해한다.
❖ 동기식 카운터 설계 방법을 이해한다.
❖ 비동기식 카운터 설계 방법을 이해한다.
❖ *D*, *T*, *JK* F/F으로 동기식 및 비동기식 카운터를 설계한다.
❖ 2진, BCD, 랜덤 카운터 등 다양한 카운터를 설계한다.
❖ 순환 및 존슨 카운터의 특징을 이해한다.

6.1 순차 논리 회로 해석

순차 논리 회로 표현 방법

5장에서 순차 회로의 설계 기법을 다루면서 우리는 상태표와 여기표를 작성하였다. 순차 회로를 설계하려면 회로의 동작을 표현할 수 있는 다양한 방법에 대해 알아야 한다. 예를 들어, 그림 6.1과 같은 순차 논리 회로도가 있다고 가정해보자. 이 회로도를 보고 동작을 해석하기 위해서는 논리식이나 진리표와 같은 형태로 표현되어야 회로의 동작 특성을 체계적으로 쉽게 파악할 수 있다.

상태 방정식 표현

회로도로 표현된 순차 회로를 해석하기 위해서는 가장 먼저 그림 6.1과 같은 **회로도에 변수/리터럴을 할당**하여야 한다. 순차 회로의 리터럴 할당에는 일종의 관례가 있는데, 일반적으로 조합 논리의 입력과 출력에는 영어 소문자를 맵핑하고 F/F과 같은 저장 장치에는 대문자를 부여한다. 따라서 그림 6.1에서는 3개의 조

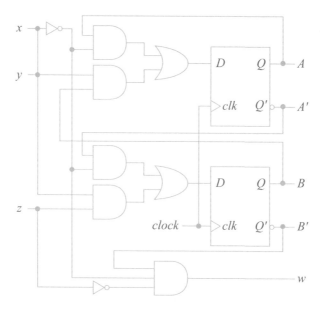

그림 6.1 　순차 논리 회로도의 예

입력 변수	출력 변수
1. 모든 입력	1. 조합 회로의 출력
2. 저장 장치의 현재 상태	2. 저장 장치의 다음 단계 상태

합 논리 입력과 1개의 조합 논리 출력에 대해 각각 $wxyz$를 할당하였고, 2개의 D F/F에는 AB 문자를 표기하였다.

상태 방정식(state equation)은 저장 장치의 **출력 상태($A(t)$)를 시간 t의 함수로 표현한 논리식**이다. 그러므로 표현되어야 하는 변수들은 표 6.1과 같이 입력 변수와 출력 변수로 구분되어야 하며, 출력에 존재하는 변수를 입력 변수 값으로 표현해야 한다. 입출력 변수의 구분을 당연하게 받아들일 수 있으나, 이 구분은 설계에서 매우 중요하므로 공식화(formularize)하기 위해 표로 정리한 것이다.

그렇다면, 그림 6.1에 나타낸 회로도에서 할당된 입력과 출력 변수를 표 6.1의 구분에 따라 각각에 해당하는 변수들을 나열하면,

입력 변수: $x, y, z, A(t), B(t)$

출력 변수: $w, A(t+1), B(t+1)$

와 같이 입력 변수 5개와 출력 변수 3개로 분류된다. 그럼, 첫 번째 순차 회로 표현 방법인 상태 방정식으로 각 출력 변수를 표현해보자.

$$w = B(t)'x'z'$$
$$A(t+1) = x'A(t) + yB(t)$$
$$B(t+1) = x'A(t)' + xz$$

위와 같이 모든 출력 변수는 입력과 저장 장치의 현재 상태 값의 논리식으로 표현된 상태 방정식을 얻을 수 있다. 그러므로 이 상태 방정식을 이용하면 손쉽게 상태표를 작성할 수 있고 동작을 해석할 수 있다. 또한 상태 방정식으로 표현되면 회로도를 구현할 수도 있다.

참고로 순차 논리 회로를 구분하는 모델은 **밀리(Mealy) 머신 모델**과 **무어(Moore) 머신 모델** 두 가지로 나뉜다. 밀리 머신은 1955년 밀리(George H.

Mealy)가 자신의 순차 회로 해석 논문을 발표한 후 명명되었는데, 그림 6.1과 같이 출력 변수에 저장 장치의 출력만 존재하는 것이 아니라 조합 논리의 출력 w도 존재하는 경우로, **시스템(머신) 출력이 입력과 현재 상태 출력 모두에 영향**받아 동작하는 **순차 논리 회로**를 뜻한다. 이와 달리 무어 머신은 1956년 무어(Edward F. Moore)가 처음 소개한 것으로 그림 6.1에서 출력 w가 없다면 무어 머신 모델에 해당하며 **출력 변수는 오로지 저장 장치의 출력 상태만으로 구성**되는 특징이 있다. 이런 순차 회로는 무한(infinite) 상태에 대해 시스템을 구성할 수 없기 때문에 모두 유한 상태 머신(finite state machine)이라고 부른다.

상태표 표현

앞 장에서 사용된 저장 장치의 상태표는 단순히 D, T 및 JK의 입력에 대한 F/F의 상태표였다. 그러나 그림 6.1과 같이 설계된 회로는 조합 논리 회로와 저장 장치가 포함된 복합적인 순차 논리 회로이다. 그러므로 입력 변수들에 대해 작성된 상태 방정식을 이용해 전체 회로의 동작에 대한 상태표를 작성해야 한다.

상태표는 어떻게 작성해야 할까? 우리는 순차 회로 해석에서 중요하다고 했던 입력 및 출력 변수를 표 6.1에서 분류했으므로 이 구분에 따라 작성한다. 먼저 그림 6.1의 회로도에서 추출한 입력은 5개이고 출력이 3개이므로 이들을 좌우측으로 구분해 표의 첫 번째 행을 채우는데, 입력 변수가 5개이므로 모든 경우의 수는 32가지이다. 이후 출력 변수의 값은 상태 방정식으로 표현되었으므로 각 경우에 대해 값을 계산하면 표 6.2와 같은 상태표가 완성된다.

상태 할당과 상태도 표현

한 개의 F/F은 1-비트 2진 데이터를 저장하는 장치이므로 출력 상태가 0과 1인 2개의 안정된 상태를 가진다. 이것을 양안정 상태(bi-stable state) 기계(machine)라고 한다. 그러므로 상태는 저장 장치인 F/F에만 할당되며, 저장 장치의 수를 n개라 할 때 2^n개의 최대 상태를 할당할 수 있다. 상태의 수가 늘면 저장 장치의 수를 늘리면 되며, 2진수 비트 할당과 같은 방식으로 이루어진다.

표 6.2는 입력 변수의 개수가 5개이므로 상태표로 표현할 경우 표의 크기가 커서 다루기에 다소 번거로운 면이 있다. 그러므로 상태 변화를 도식적으로 간단

표 6.2　　그림 6.1 순차 논리 회로의 상태표

번호	입력 변수					출력 변수		
	x	y	z	$A(t)$	$B(t)$	w	$A(t+1)$	$B(t+1)$
0	0	0	0	0	0	1	0	1
1	0	0	0	0	1	0	0	1
2	0	0	0	1	0	1	0	0
3	0	0	0	1	1	0	0	0
4	0	0	1	0	0	0	1	1
5	0	0	1	0	1	0	1	1
6	0	0	1	1	0	0	1	0
7	0	0	1	1	1	0	1	0
8	0	1	0	0	0	1	0	1
⋮	⋮	⋮	⋮	⋮	⋮	⋮	⋮	⋮
31	1	1	1	1	1	0	1	1

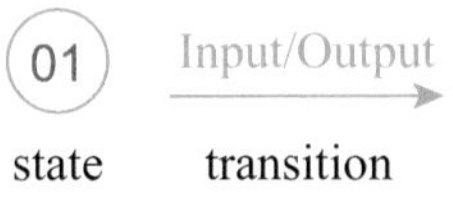

그림 6.2　　상태도 표현 기호

하게 표현하는 **상태도(state diagram)** 방법을 배워보자.

상태도를 표현하는 방법은 그림 6.2에서와 같은 기호를 사용한다. 상태의 표현은 원으로 하고 원 내부에 상태 값을 표기한다. 그림 6.2의 경우 2-비트의 01이 표기되어 있으므로 2개의 저장 장치가 사용되었음을 의미하며, 최대 4개의 상태가 존재할 수 있고 현재 상태는 01이라는 것을 나타낸다. 그리고 상태 간 천이 (transition)는 화살표로 표시하며, 천이를 발생시키는 입력과 그 입력에 의한 출력 값은 화살표 위에 입력/출력 형태로 함께 표기한다.

표 6.2 상태표를 상태도로 변환해 표현해보자. 일단 상태의 수를 확인해야 한다. 여기에서는 2개의 저장 장치 출력인 A와 B가 있으므로 총 4개의 상태 AB = 00, 01, 10, 11이 가능하다고 하였다. 전체를 표현하지 않고 표에 표기된 0 ~ 8, 31의 10가지 항목에 대해 상태도를 그리면, 그림 6.3과 같이 표현된다.

표 6.2 상태표의 표현보다 훨씬 함축적으로 간단히 표현된 것을 확인할 수 있다. 상태표에 음영으로 표시된 번호 0과 8에 해당하는 상태 천이가 00 → 01로

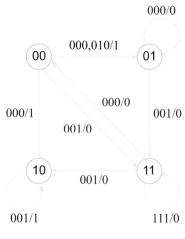

그림 6.3　표 6.2의 상태도

같으므로 입력이 다른 다수의 경우가 발생하면, 그림 6.3에 표기된 것처럼 입력 값을 쉼표(, comma)로 구분해 000,010/1처럼 함께 표기한다.

　　무어 머신처럼 조합 회로의 출력이 없는 경우가 많은데, 이 경우에는 그림 6.4와 같이 입력만 표시하고 입출력 구분 표시자(descriptor)인 슬래시(/, slash)부터 삭제한다.

　　그림 6.4의 경우는 매 상태에서 입력이 1이면 다른 상태로 천이되고 입력이 0이면 현재 상태가 유지되어 변화가 없는 시스템인 것을 쉽게 알 수 있다. 상태도는 회로를 표현하는 데 굉장히 함축적이어서 복잡한 상태 변화를 한 장의 그림으

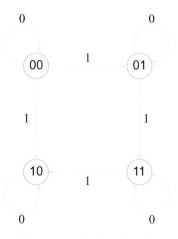

그림 6.4　조합 회로 출력이 없는 무어 머신의 상태도 예

로 표현할 수 있다는 장점이 있지만 구현을 위해서는 다시 상태표로 변환되어야 한다.

지금까지 순차 회로를 해석하기 위해 표현하는 네 가지 방법을 살펴보았다. 사실 세 가지만 나열된 것 같지만, 처음 시작한 회로도 표현 역시 하나의 표현 방식이다. 그러므로 설계된 회로를 해석하고 검증할 경우에는 회로도에서 출발해 상태 방정식, 상태표 그리고 상태도로 순차적으로 표현하여 해석과 검증을 수행하면 된다. 만약, 이들 방법 중 하나의 방법으로만 표현되었다 하더라도 다른 표현으로 변환할 수 있을 것이다.

회로를 설계할 경우에는 대부분 상태표 작성에서 시작한다. 5장에서 배운 것처럼 진리표 또는 상태표에서 시작해 여기표에 기초한 여기 입력을 추가하고 간소화한 뒤, 논리식으로 표현되는 간소화된 상태 방정식을 유도하여 회로를 구현한다.

그러면, 상태도는 언제 사용될까? 때로는 상태표를 만들기 어려운 경우가 발생할 수 있다. 예를 들어, **사고적 논리의 흐름이 매우 복잡한 설계**의 경우 **상태도로 표현**하면 훨씬 쉽게 알고리즘이 정리될 수 있으며 설계하려는 시스템의 동작을 잘 파악할 수 있다. 이런 환경에서는 상태표보다 상태도로 문제를 모델링한 후 상태표로 변환하는 것이 설계에 많은 도움이 된다. 최근의 설계 환경에서 통합 모델링 언어(UML)*가 많이 사용되는 것도 같은 맥락이라고 볼 수 있다.

통합 모델링 언어(UML)

UML(unified modeling language)은 소프트웨어 개발뿐 아니라 많은 설계 환경에서 사용하는 표준화된 시각적 범용 모델링 언어이다.

이 절의 내용에서 상태 방정식, 상태표 그리고 상태도 표현도 물론 중요하지만, **가장 중요한 것은 입력 변수와 출력 변수 구분 방법**이다. 다시 정리하면, 조합 회로의 입력이든 저장 장치의 입력이든 **모든 입력은 입력 변수**이고 추가적으로 **저장 장치의 현재 단계 상태 또한 입력 변수**이다. 그리고 **조합 회로의 출력**과 **저장 장치의 다음 단계 상태가 출력 변수**이다.

6.2 동기식 카운터 설계

카운터의 분류

카운터(counter)는 숫자를 세는 계수기로 주어진 숫자 범위 내에서 반복적으로 **증가, 감소 및 순환 방식으로 동작하는 레지스터**의 일종으로 대표적인 **순차 논리 회로**이다. 숫자 표시는 여러 개의 저장 장치(F/F)를 묶어 2진수로 표기하며, 각 저장 장치의 값은 클럭의 1주기 동안 안정되게 유지된다. 이렇게 클럭 1주기 동안의 안정된 출력 상태가 카운터 값이다. 예를 들어 10진수 카운터에서는 0 ~ 9까지 한 자릿수 값이 바뀌지만 F/F은 4-비트 BCD 카운터가 되어야 하고, 시계는 분과 초가 0 ~ 59까지 60진수로 변화하고, 시간은 0 ~ 11 또는 0 ~ 23까지 12진 또는 24진 카운터가 된다. 60진 카운터가 필요한 경우 한 번에 설계하는 것이 아니라, 6진(modulo*-6, mod-6) 카운터와 10진(mod-10) 카운터를 각각 설계해 직렬 연결하면 된다. 한편 타이머의 경우는 이들이 감소되는 형태로 동작하는 카운터이다. 이렇게 일상생활에는 다양한 카운터가 존재하며 매우 다양한 분야에 활용된다.

모듈로

모듈로(modulo)는 나머지라는 뜻을 갖는다. mod-n은 n으로 나누었을 때 나머지가 0 ~ $n-1$까지 나오기 때문에 n진 카운터에서 나타나는 수와 같다. 따라서 해당 카운터를 mod-n 카운터라고 부른다.

카운터는 진법이나 숫자가 아니라 **동작 방식**에 따라 **동기 방식(synchronous mode)**과 **비동기 방식(asynchronous mode)**으로 구분한다. 그림 6.5는 4-비트 카운터의 예를 보여준다.

각 저장 장치에 입력되는 조합 회로의 출력이 F/F의 여기 입력으로 연결된다. 여기까지는 두 방식이 같지만, **동기식**은 그림 6.5(a)에 나타낸 것과 같이 모든 저장 장치에 **클럭이 동시에 직접 인가**되므로 전체 카운터 시스템을 구성하는 모든

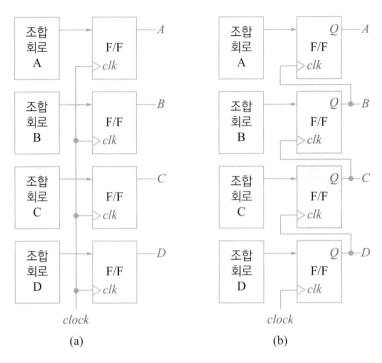

그림 6.5 　카운터의 종류: (a) 동기식, (b) 비동기식

F/F이 동일한 순간에 바뀌는 방식이고, 비동기식은 그림 6.5(b)와 같이 클럭이 일부 기억 장치에 입력되고 나머지 장치의 클럭은 내부 F/F의 출력을 활용하는 방식이다. 그러므로 **비동기식**은 어떤 **F/F 출력이 다른 F/F 클럭으로 이용되는 방식**이다. 설계는 비동기식이 복잡하지만, 구현하면 동기식보다 부품이 적게 소요되어 구조적으로 단순한 특징을 가진다.

　　카운터 설계에서 주요한 또 다른 특징 하나는 특별한 제어 입력이 필요하지 않으면 클럭을 제외하고 카운터 시스템으로 인가되는 **외부 입력이 없다**는 특징이 있다. 그러므로 각 카운터를 구성하는 다수의 **F/F은 자체 내부 상태들의 조합으로 상태 천이를 모두 일으킬 수 있다.** 다만, 각 F/F의 여기 입력을 만들기 위해 F/F의 현재 단계의 출력 상태들이 논리 연산되어 입력되므로 카운터 시스템 내부에 속하는 **여기 입력단에서만 기본 논리 게이트가 필요**하다. 이 부분은 카운터를 설계하면서 살펴보기로 하자. 그리고 **카운터 설계**는 현재 상태에서 원하는 다음 단계의 상태로 F/F이 변화되도록 **여기 입력을 결정**하는 것이므로, 올바른 **여기 입력의 제어가 카운터 설계에서 가장 중요**하다.

동기식 카운터 설계

동기식 카운터는 설계 방법이 단순하지만, 구현 결과에서는 F/F의 입력단에 많은 게이트를 요구한다. 그러므로 동기식 카운터는 5장에서 배웠던 순차 회로 설계 방법과 매우 유사하다. 설계 방법을 정리하면 다음과 같다.

동기식 카운터 설계 방법

1) 카운터의 상태 개수에 따라 F/F의 개수 결정
2) 현재 상태와 다음 상태의 천이를 표시한 상태표 작성(진리표에 해당)
3) 사용할 F/F에 따라 천이에 맞는 여기 입력을 상태표에 추가
4) 여기 입력을 카노맵으로 간소화
5) 논리 회로 구현
6) 검증

3-비트 2진 카운터 설계 1(D F/F)

첫 번째 예로 다음의 설계 미션을 수행해보자.

 D F/F을 사용해 앞서 설명한 설계 순서대로 동기식 3-비트 2진 카운터를 설계하라.

1) F/F 개수 결정

3-비트이므로 3개의 F/F이 필요하며 전체 8가지 상태가 존재할 것이다. F/F의 각 상태를 표기하는 리터럴은 ABC로 하고, A를 MSB로 설정하자.

2) 상태 천이표 작성

3-비트 카운터는 000 ~ 111(0 ~ 7)까지 상태가 변화되므로 6.1절에서 배웠던 상태표 작성 방법에 따라 표의 왼쪽 입력 변수 열에 F/F의 현재 상태를 표시하고, 오른쪽 출력 변수 열에 다음 단계의 상태를 표시하여 표 6.3과 같이 설계에 필요

표6.3　3-비트 2진 카운터의 상태표

번호	입력 변수(현재 상태)			출력 변수(다음 상태)		
	$A(t)$	$B(t)$	$C(t)$	$A(t+1)$	$B(t+1)$	$C(t+1)$
0	0	0	0	0	0	1
1	0	0	1	0	1	0
2	0	1	0	0	1	1
3	0	1	1	1	0	0
4	1	0	0	1	0	1
5	1	0	1	1	1	0
6	1	1	0	1	1	1
7	1	1	1	0	0	0

한 상태표를 얻을 수 있다. F/F의 현재 상태가 입력 변수이고 출력 변수가 다음 단계 F/F의 상태이다. 이 상태표를 보면 바로 앞서 설명한 것과 같이 외부 입력 없이 카운터를 설계할 수 있으며, 카운터의 상태 변화를 트리거하기 위해 클럭만 입력된다.

3) D F/F의 여기 입력을 상태표에 추가

카운터 설계 도구로 D F/F을 결정했으므로 D F/F의 여기 입력 작성은 5장에서 했던 여기표에 기초해 작성한다. D F/F의 여기표를 간단하게 표현하면,

출력 상태 변화	여기 입력(D)
Q_{t+1}	
0	0
1	1

와 같으므로 표 6.4와 같이 추가된다. 참고로 D F/F의 입력은 다음 상태의 출력과 여기 입력이 같으므로 출력 변수 열과 동일하다.

4) 여기 입력의 간소화

각 F/F의 첨자로 표기된 세 여기 입력의 카노맵 간소화를 그림 6.6에 나타내었

표 6.4   D F/F의 여기 입력이 추가된 동기식 3-비트 2진 카운터의 상태표

번호	입력 변수			출력 변수			여기 입력		
	$A(t)$	$B(t)$	$C(t)$	$A(t+1)$	$B(t+1)$	$C(t+1)$	D_A	D_B	D_C
0	0	0	0	0	0	1	0	0	1
1	0	0	1	0	1	0	0	1	0
2	0	1	0	0	1	1	0	1	1
3	0	1	1	1	0	0	1	0	0
4	1	0	0	1	0	1	1	0	1
5	1	0	1	1	1	0	1	1	0
6	1	1	0	1	1	1	1	1	1
7	1	1	1	0	0	0	0	0	0

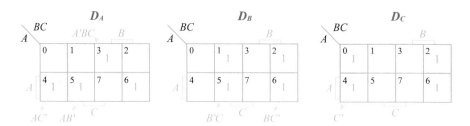

그림 6.6   D F/F을 이용한 동기식 3-비트 2진 카운터 설계의 간소화

다. 그 결과 각 여기 입력의 간소화 논리식(상태 방정식)은 아래와 같다. 정확하게는 $A(t+1) = F(A(t), B(t), C(t))$로 표현해야 하지만, 편의상 이제부터는 상태 방정식의 시간 표기 t를 생략하며, 동일한 인자의 함수이므로 괄호로 표현되는 함수 표기도 생략한다.

$$D_A(A,B,C) = \sum(3,4,5,6) = A'BC + AC' + AB'$$
$$D_B = \sum(1,2,5,6) = B'C + BC' = B \oplus C$$
$$D_C = \sum(0,2,4,6) = C'$$

5) 논리 회로 구현

위의 간소화 결과를 바탕으로 구현한 회로도가 그림 6.7이다. 가장 먼저 F/F을 배치하고 클럭을 연결해야 한다. 클럭은 동기식이므로 모든 클럭을 동시에 결선한다. D_A가 다소 복잡하지만, 나머지 F/F의 입력은 비교적 간소하게 표현되었다. 그

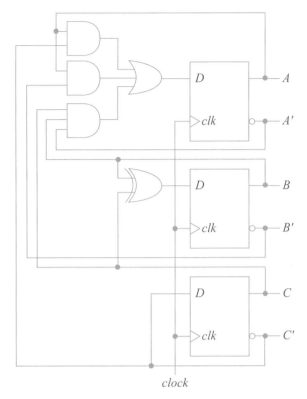

그림 6.7　*D* F/F을 이용한 동기식 3-비트 2진 카운터 설계 회로도

리고 저장 장치는 만들 때 보수도 함께 출력되도록 설계되므로 출력 상태 Q와 Q'이 같이 존재한다. 그 결과 인버터를 사용하지 않아도 되는 장점이 있다.

6) 검증

다음에 T F/F으로 설계할 예정이고 그 결과가 비교적 단순하므로 이번 설계에서는 검증을 생략한다. T F/F의 설계에서 상태 방정식을 작성해 검증해보자. 첫 설계이므로 과정에 주의해 방법을 다시 한 번 숙지하자.

3-비트 2진 카운터 설계 2(T F/F)

같은 설계 문제에 대해 이번에는 T F/F을 사용해 동기식 3-비트 2진 카운터를 설계해보자.

T F/F을 사용해 동기식 3-비트 2진 카운터를 설계하라.

설계 순서의 1) ~ 2)번 과정은 위의 설계와 동일하므로 3)번 과정부터 진행해보자.

1) F/F 개수 결정과 상태표 작성

위의 *D* F/F을 이용한 설계의 경우와 동일하다.

2) *T* F/F의 여기 입력을 상태표에 추가

T F/F의 여기 입력을 아래에 표시하였다.

출력 상태 변화		여기 입력(T)
Q_t	Q_{t+1}	
0	0	0
0	1	1
1	0	1
1	1	0

여기 입력은 표 6.5와 같이 추가된다. 다음 단계로 상태가 유지되면 $T = 0$이 되고, 변화되면 $T = 1$이 되게 작성하면 된다.

표 6.5 *T* F/F의 여기 입력이 추가된 동기식 3-비트 2진 카운터의 상태표

번호	입력 변수			출력 변수			여기 입력		
	$A(t)$	$B(t)$	$C(t)$	$A(t+1)$	$B(t+1)$	$C(t+1)$	T_A	T_B	T_C
0	0	0	0	0	0	1	0	0	1
1	0	0	1	0	1	0	0	1	1
2	0	1	0	0	1	1	0	0	1
3	0	1	1	1	0	0	1	1	1
4	1	0	0	1	0	1	0	0	1
5	1	0	1	1	1	0	0	1	1
6	1	1	0	1	1	1	0	0	1
7	1	1	1	0	0	0	1	1	1

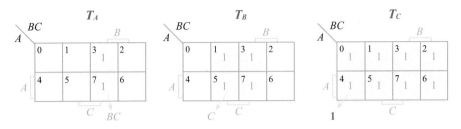

그림 6.8 *T* F/F을 이용한 동기식 3-비트 2진 카운터 설계의 간소화

3) 여기 입력의 간소화

세 가지 여기 입력을 카노맵으로 간소화한 결과를 그림 6.8에 나타내었다. 상태 방정식의 표현은 다음과 같다.

$$T_A = \sum(3,7) = BC$$
$$T_B = \sum(1,3,5,7) = C$$
$$T_C = \sum(0,1,2,3,4,5,6,7) = 1$$

4) 논리 회로 구현

위의 상태 방정식으로 구현된 회로는 그림 6.9와 같다. *D* F/F의 결과와 비교할 때 더욱 단순하므로 2진 카운터는 *D* F/F보다 *T* F/F이 효과적이라는 것을 확인할 수 있다.

5) 검증

앞의 설계에서 생략했던 검증을 수행해보자. 모든 경우의 입력이 *T* 입력에 따라 다음 단계 상태로 제대로 천이되는지 확인하면 된다. 이것을 표로 정리하면 표 6.6과 같다. 현재 상태를 *T* F/F의 값에 따라 *T* = 0이면 유지시키고, *T* = 1이면 토글

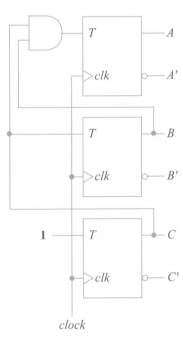

그림 6.9 *T* F/F을 이용한 동기식 3-비트 2진 카운터 설계 결과

표 6.6 T F/F 설계의 여기 입력식에 의한 다음 단계 상태 검증표

번호	현재 상태			여기 입력의 상태 방정식			다음 단계의 상태 변화		
	$A(t)$	$B(t)$	$C(t)$	$T_A=BC$	$T_B=C$	$T_C=1$	$A(t+1)$	$B(t+1)$	$C(t+1)$
0	0	0	0	0	0	1	0	0	1
1	0	0	1	0	1	1	0	1	0
2	0	1	0	0	0	1	0	1	1
3	0	1	1	1	1	1	1	0	0
4	1	0	0	0	0	1	1	0	1
5	1	0	1	0	1	1	1	1	0
6	1	1	0	0	0	1	1	1	1
7	1	1	1	1	1	1	0	0	0

시켜 작성한 표 6.6의 '다음 단계의 상태 변화'와 표 6.3 또는 표 6.5의 '출력 변수' 열과 비교하여 동일하면 정상적으로 설계되었음을 검증할 수 있다.

3-비트 2진 카운터 설계 3(JK F/F)

이번에는 JK F/F을 이용해 동기식 3-비트 2진 카운터를 설계해보자.

 JK F/F을 사용해 동기식 3-비트 2진 카운터를 설계하라.

이 설계 또한 위의 설계와 같이 1) ~ 2)번 과정은 동일하므로 3)번 과정부터 진행한다.

1) F/F 개수 결정과 상태표 작성

위의 D 및 T F/F을 이용한 설계의 경우와 동일하다.

2) JK F/F의 여기 입력을 상태표에 추가

JK F/F의 여기 입력도 빠른 참조를 위해 아래에 표시하였다.

출력 상태 변화		여기 입력	
Q_t	Q_{t+1}	J	K
0	0	0	X
0	1	1	X
1	0	X	1
1	1	X	0

표 6.7과 같이 추가하고, *JK* F/F은 입력이 2단자이므로 각 F/F에 2개의 입력이 존재한다. 특히 **JK 여기 입력 작성 시 주의를 요한다.**

3) 여기 입력의 간소화

전체 여섯 개의 여기 입력을 카노맵으로 간소화한 결과를 그림 6.10에 표기하였다. 상태 방정식으로 표현하면 다음과 같이 정리된다.

$$J_A = \sum(3) = BC, \text{don't care term} = \sum(4,5,6,7)$$

$$K_A = \sum(7) = BC, \text{don't care term} = \sum(0,1,2,3)$$

$$J_B = \sum(1,5) = C, \text{don't care term} = \sum(2,3,6,7)$$

$$K_B = \sum(3,7) = C, \text{don't care term} = \sum(0,1,4,5)$$

$$J_C = \sum(0,2,4,6) = 1, \text{don't care term} = \sum(1,3,5,7)$$

$$K_C = \sum(1,3,5,7) = 1, \text{don't care term} = \sum(0,2,4,6)$$

표 6.7 *JK* F/F의 여기 입력이 추가된 동기식 3-비트 2진 카운터의 상태표

번호	입력 변수			출력 변수			여기 입력					
	$A(t)$	$B(t)$	$C(t)$	$A(t+1)$	$B(t+1)$	$C(t+1)$	J_A	K_A	J_B	K_B	J_C	K_C
0	0	0	0	0	0	1	0	X	0	X	1	X
1	0	0	1	0	1	0	0	X	1	X	X	1
2	0	1	0	0	1	1	0	X	X	0	1	X
3	0	1	1	1	0	0	1	X	X	1	X	1
4	1	0	0	1	0	1	X	0	0	X	1	X
5	1	0	1	1	1	0	X	0	1	X	X	1
6	1	1	0	1	1	1	X	0	X	0	1	X
7	1	1	1	0	0	0	X	1	X	1	X	1

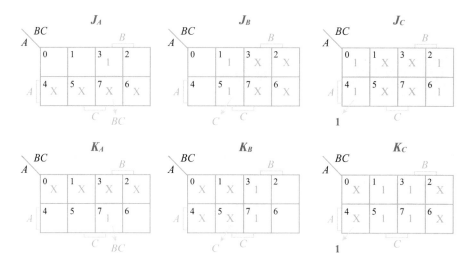

그림 6.10 JK F/F을 이용한 동기식 3-비트 2진 카운터 설계의 간소화

그러므로 각 최소항의 위치는 다르지만,

$$J_A = K_A = BC$$
$$J_B = K_B = C$$
$$J_C = K_C = 1$$

로 T F/F의 결과와 같이 나타나는데, JK F/F의 JK 입력을 묶으면 T F/F이 되기 때문이다.

4) 논리 회로 구현 및 검증

위의 식으로 구현된 회로는 그림 6.11과 같다. 검증은 T F/F의 결과와 같으므로 생략한다.

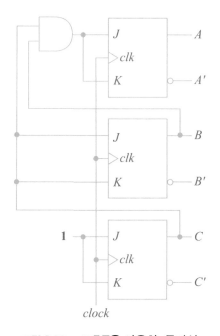

그림 6.11 JK F/F을 이용한 동기식 3-비트 2진 카운터 설계 회로도

예제 6.1
111 ~ 000으로 역(reverse) 카운팅하는 3-비트 2진 카운터를 T F/F으로 설계하라.

풀이 및 해답

1) F/F 개수 결정

3개 F/F의 리터럴은 ABC로 하며, A를 MSB로 설정한다.

2) 상태 천이표 작성

아래 표와 같이 현재 상태와 다음 상태를 작성한다. 여기서 주의해야 할 사항은 번호 열의 숫자는 입력 변수의 2진수 비트 값을 10진수로 변환한 값이며, 이것은 카노맵상에 나열되는 순서 번호가 아니라는 점이다.

번호	입력 변수			출력 변수		
	$A(t)$	$B(t)$	$C(t)$	$A(t+1)$	$B(t+1)$	$C(t+1)$
7	1	1	1	1	1	0
6	1	1	0	1	0	1
5	1	0	1	1	0	0
4	1	0	0	0	1	1
3	0	1	1	0	1	0
2	0	1	0	0	0	1
1	0	0	1	0	0	0
0	0	0	0	1	1	1

3) T F/F의 여기 입력을 상태표에 추가

번호	입력 변수			출력 변수			여기 입력		
	$A(t)$	$B(t)$	$C(t)$	$A(t+1)$	$B(t+1)$	$C(t+1)$	T_A	T_B	T_C
7	1	1	1	1	1	0	0	0	1
6	1	1	0	1	0	1	0	1	1
5	1	0	1	1	0	0	0	0	1
4	1	0	0	0	1	1	1	1	1
3	0	1	1	0	1	0	0	0	1
2	0	1	0	0	0	1	0	1	1
1	0	0	1	0	0	0	0	0	1
0	0	0	0	1	1	1	1	1	1

4) 여기 입력의 간소화

세 개의 각 여기 입력이 순방향 3-비트 2진 카운터와 같지만 카노맵의 위치가 다르다. 간소화는 아래 그림과 같고, 상태 방정식의 표현은 다음 식과 같다. 순방향 카운터와 비교해 T_A와 T_B에 보수가 추가된 결과를 얻을 수 있다.

$$T_A = \sum(0,4) = B'C'$$

$$T_B = \sum(0,2,4,6) = C'$$

$$T_C = \sum(0,1,2,3,4,5,6,7) = 1$$

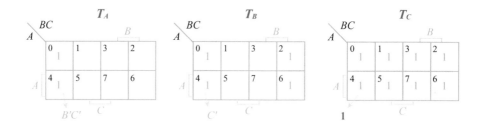

5) 논리 회로 구현

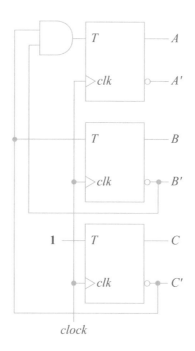

6) 검증

상태 방정식의 값이 1이면 현재 상태를 토글한 후 결과를 도출하며, 다음 단계 상태표 결과와 같으므로 설계가 잘됐음을 검증할 수 있다.

번호	현재 상태			여기 입력의 상태 방정식			다음 단계의 상태 변화		
	$A(t)$	$B(t)$	$C(t)$	$T_A=B'C'$	$T_B=C'$	$T_C=1$	$A(t+1)$	$B(t+1)$	$C(t+1)$
7	1	1	1	0	0	1	1	1	0
6	1	1	0	0	1	1	1	0	1
5	1	0	1	0	0	1	1	0	0
4	1	0	0	1	1	1	0	1	1
3	0	1	1	0	0	1	0	1	0
2	0	1	0	0	1	1	0	0	1
1	0	0	1	0	0	1	0	0	0
0	0	0	0	1	1	1	1	1	1

BCD 카운터 설계(T F/F)

카운터 설계에서 **T F/F을 사용**하면 다른 F/F보다 **단순한 결과**를 얻을 수 있다. **D F/F**의 경우에는 **여기 입력을 그대로 저장**하는 강한 메모리 속성을 가지므로 매번 다음 단계 상태 값을 기록하는 방식이고, **T F/F의 동작은 현재 상태를 유지**하거나 **반전만 수행**하는 특징이 있다. 카운터는 어떤 비트는 유지하고 다른 비트는 반전하면서 순차적으로 수를 증가시키거나 감소시키는 동작을 하므로 **T F/F의 특성과 카운터의 동작이 잘 맞는다.** 그러므로 이번 설계에는 T F/F만 사용한 경우를 예로 들어 설명한다. 이제 10진수를 위한 BCD 4-비트 카운터를 설계 순서에 맞춰 설계해보자.

 T F/F을 사용해 BCD 4-비트 카운터를 설계하라.

1) F/F 개수 결정

BCD는 4-비트이므로 4개의 F/F이 필요하다. 그러므로 F/F의 각 상태를 표기하는 리터럴은 $ABCD$로 하고 A를 MSB로 설정한다.

2) 상태 천이표 작성

0000 ~ 1001(0 ~ 9)까지의 상태표를 작성한다. 기존에는 그림 6.12(a)처럼 표의 왼쪽 열에는 현재 상태, 오른쪽 열에는 다음 단계 상태를 기록하였는데, 그 이유는 입출력 구분에 따라 이해하기 쉽게 상태표를 작성하기 위함이었다. 하지만 **F/F의 다음 상태는 현재 상태의 아래 행**에 있으므로 이것을 참고하면 더욱 편리하게 설계할 수 있다.

지금까지는 입력과 출력을 명확히 구분하기 위해 별도의 열로 구분하여 사용하였다. 따라서 표의 공간을 많이 차지해 F/F의 다음 상태 변화 참조를 위해서는 여러 칸을 건너 확인해야 하는 번거로움이 있었다. 그림 6.12(b)와 같이 표의 마지막 행에 **시작 상태를 하나 더 추가**해 다음 상태로의 변화를 **아래 방향으로 참조**하는 방식으로 바꾸면 표를 더 간단히 만들고 각 F/F의 변화를 더 쉽게 관찰할 수 있다. 앞으로는 이와 같은 방식으로 설명한다. 입력 변수(현재 상태) 및 출력 변수(다음 상태)도 분리하지 않고 동시에 표현해 표에서 생략한다.

이와 같은 편리한 방법으로 상태표를 작성하면 표 6.8과 같이 표현할 수 있으며, 이제 t의 함수 표기도 생략 가능하다.

번호	입력 변수			출력 변수		
	$A(t)$	$B(t)$	$C(t)$	$A(t+1)$	$B(t+1)$	$C(t+1)$
0	0	0	0	0	0	1
1	0	0	1	0	1	0
2	0	1	0	0	1	1
3	0	1	1	1	0	0
4	1	0	0	1	0	1
5	1	0	1	1	1	0
6	1	1	0	1	1	1
7	1	1	1	0	0	0

번호	$A(t)$	$B(t)$	$C(t)$
0	0	0	0
1	0	0	1
2	0	1	0
3	0	1	1
4	1	0	0
5	1	0	1
6	1	1	0
7	1	1	1
0	0	0	0

(a) (b)

그림 6.12 상태표 작성 방법: (a) 수평 방향, (b) 수직 방향 통합

표 6.8 BCD 카운터의 상태표

표 6.8 BCD 카운터의 상태표

번호	A	B	C	D
0	0	0	0	0
1	0	0	0	1
2	0	0	1	0
3	0	0	1	1
4	0	1	0	0
5	0	1	0	1
6	0	1	1	0
7	0	1	1	1
8	1	0	0	0
9	1	0	0	1
0	0	0	0	0

3) T F/F의 여기 입력을 상태표에 추가

T의 여기 입력을 추가하면 표 6.9와 같다. 표의 형식이 바뀌었으므로 아래 칸으로의 변화만 확인하여 변화가 발생하면 1을 기록한다. 마지막 행은 9 → 0으로 변환된 경우이므로 9까지 작성한다.

표 6.9 T F/F의 여기 입력이 추가된 동기식 BCD 카운터의 상태표

번호	A	B	C	D	T_A	T_B	T_C	T_D
0	0	0	0	0	0	0	0	1
1	0	0	0	1	0	0	1	1
2	0	0	1	0	0	0	0	1
3	0	0	1	1	0	1	1	1
4	0	1	0	0	0	0	0	1
5	0	1	0	1	0	0	1	1
6	0	1	1	0	0	0	0	1
7	0	1	1	1	1	1	1	1
8	1	0	0	0	0	0	0	1
9	1	0	0	1	1	0	0	1
0	0	0	0	0				

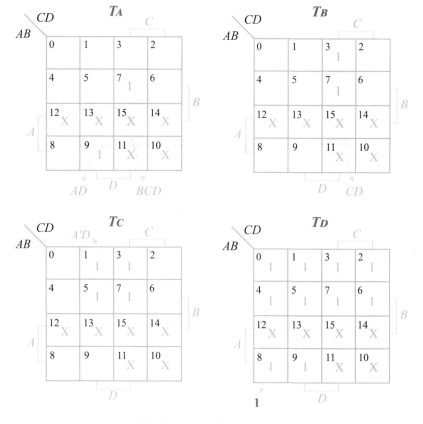

그림 6.13 T F/F을 이용한 동기식 BCD 카운터 설계의 간소화

4) 여기 입력의 간소화

BCD 코드에서 10 ~ 15까지의 입력은 사용하지 않으므로 무관항으로 처리한다.
각 여기 입력을 카노맵으로 간소화하면 그림 6.13과 같고 상태 방정식은 다음과
같이 정리된다.

$$\text{don't care term} = \sum(10,11,12,13,14,15)$$
$$T_A = \sum(7,9) = AD + BCD$$
$$T_B = \sum(3,7) = CD$$
$$T_C = \sum(1,3,5,7) = A'D$$
$$T_D = \sum(0\sim9) = 1$$

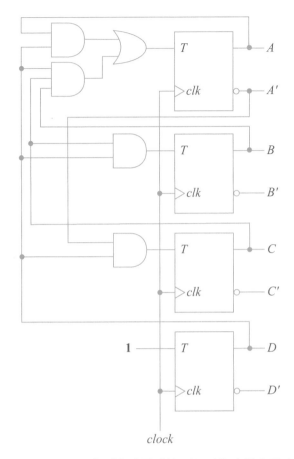

그림 6.14 *T* F/F을 이용한 동기식 BCD 카운터 설계 결과

5) 논리 회로 구현

위의 간소화 결과를 바탕으로 구현한 회로도는 그림 6.14와 같다. 동기식 카운터 설계에서의 공통점은 **MSB로 갈수록 비트 변화가 적어 입력에서 0이 많아지고, 결과적으로 여기 입력의 간소화가 덜 이루어지므로 많은 게이트가 소요**된다는 특징을 가진다.

6) 검증

단계별 상태 방정식을 완성해 결과를 정리하면 표 6.10과 같다. 중간 단계의 논리식 결과와 각 F/F의 여기 입력이 같으며, **아래 칸이 다음 상태이므로 각 *T* = 1인 곳**

표 6.10 　*T* F/F을 이용한 동기식 BCD 카운터 설계의 검증표

번호	*A*	*B*	*C*	*D*	*AD*	*BCD*	*CD*	*A'D*	T_A	T_B	T_C	T_D
0	0	0	0	0	0	0	0	0	0	0	0	1
1	0	0	0	1	0	0	0	1	0	0	1	1
2	0	0	1	0	0	0	0	0	0	0	0	1
3	0	0	1	1	0	0	1	1	0	1	1	1
4	0	1	0	0	0	0	0	0	0	0	0	1
5	0	1	0	1	0	0	0	1	0	0	1	1
6	0	1	1	0	0	0	0	0	0	0	0	1
7	0	1	1	1	0	1	1	1	1	1	1	1
8	1	0	0	0	0	0	0	0	0	0	0	1
9	1	0	0	1	1	0	0	0	1	0	0	1

에서 아래 방향으로의 변화를 확인하면 된다. 그 결과 모두 일치하므로 설계를 검증하였다. 이와 같이 설계 방법을 준수해 진행하면 여러분도 *D* F/F이나 *JK* F/F으로 BCD 카운터를 설계할 수 있을 것이다.

랜덤 2진 카운터 설계(*T* F/F)

카운터의 단계가 무작위(random)로 진행되고, 정의되지 않은 숫자가 있는 경우의 카운터를 설계해보자.

 　그림 6.15와 같이 4 → 1 → 2 → 5 → 0 → 3 → 4로 순환하는 랜덤 카운터를 *T* F/F을 이용해 설계하자.

　이 경우에는 0 → 3 → 4 → 1 → 2 → 5 → 0과 같이 어느 시점에서 시작해도 순환하므로 결과는 같게 나오지만, 특이 상황에 대한 대처 능력을 키우기 위해 4에서 시작하는 것을 선택해 설계해보자.

　일반적으로 대부분의 카운터는 0에서 시작하지만 드물게 초기 값이 다른 값일 수 있으며, 초기 상태가 0이 아닌 수에서 시작하려면 카운터를 구성하는 각 F/F에 데이터를 병렬로 로드하는 기능이 구현되어 있어야 한다. 직접 입력인 reset과 preset 기능이 있다면 카운터는 모두 0이나 1인 상태에서만 시작할 수 있다. 그러나 카운터 상태가 0과 최대 수를 포함하지 않는다면 병렬 로드 기능이 추

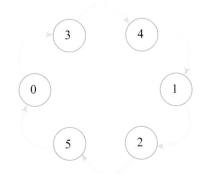

표 6.11　랜덤 카운터의 상태표

번호	A	B	C
4	1	0	0
1	0	0	1
2	0	1	0
5	1	0	1
0	0	0	0
3	0	1	1
4	1	0	0

그림 6.15　정의되지 않은 상태가 있는 랜덤 카운터

가되어야 한다. 이 설계는 병렬 로드 기능이 있고 임의의 수에서 시작할 수 있다고 가정하고 출발한다.

※ 설계 과정

1) F/F 개수 결정

카운터 상태가 6개이므로 3-비트의 저장 장치가 필요하다. F/F의 각 상태를 표기하는 리터럴은 ABC로 하고 A를 MSB로 설정한다.

2) 상태 천이표 작성

상태의 진행이 무작위이므로 각 상태의 10진수에 해당하는 번호를 첫째 열에 순서대로 기입하고 표를 작성하면 표 6.11과 같이 정리할 수 있다.

3) T F/F의 여기 입력을 상태표에 추가

T의 여기 입력을 추가하면 표 6.12와 같다.

4) 여기 입력의 간소화

이 설계 문제에서도 3-비트 2진수에서 사용하지 않는 숫자가 있으므로 6과 7은

표 6.12 T F/F의 여기 입력이 추가된 동기식 랜덤 카운터의 상태표

번호	A	B	C	T_A	T_B	T_C
4	1	0	0	1	0	1
1	0	0	1	0	1	1
2	0	1	0	1	1	1
5	1	0	1	1	0	1
0	0	0	0	0	1	1
3	0	1	1	1	1	1
4	1	0	0			

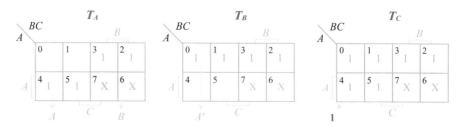

그림 6.16 T F/F을 이용한 랜덤 카운터 설계의 간소화

무관항이 되어야 한다. 그러므로 각 여기 입력을 카노맵으로 간소화하면 그림 6.16이 되고 간소화된 상태 방정식은 다음과 같다.

$$\text{don't care term} = \sum(6,7)$$
$$T_A = \sum(2,3,4,5) = A + B$$
$$T_B = \sum(0,1,2,3) = A'$$
$$T_C = \sum(0\sim5) = 1$$

5) 논리 회로 구현

회로도는 그림 6.17과 같이 표현된다. 이 카운터는 순환 카운터로 **어떤 상태에서 시작해도 같은 결과**가 나오는데, **상태표에서 다른 순서로 정리되어도 카노맵에서 동일한 위치에 최소항의 값이 배치**되기 때문이다.

6) 검증

단계별 상태 방정식을 완성하여 결과를 표 6.13에 작성하면, 위의 표 6.12와 동일한 것을 알 수 있고 아래 방향으로 변화를 확인하면 일치하므로 설계가 정확하다는 것을 검증할 수 있다.

　만약 카운터 시스템 오류로 정의되지 않은 상태인 6과 7이 발생했다면 어떻게 될까? **F/F의 천이를 유발하는 각 입력을 상태 방정식으로 계산하면 다음 상태로의 변화를 알 수 있다.** 현재 상태에 ABC = 110(6)을 대입하여 각 상태 방정식을 풀이하면 다음과 같다.

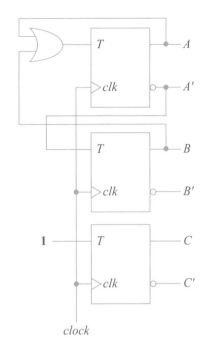

그림 6.17 T F/F을 이용한 동기식 랜덤 카운터 설계 회로도

$$T_A = A + B = 1$$
$$T_B = A' = 0$$
$$T_C = 1$$

　T F/F의 입력이 1이면 현재 상태를 반전시키므로 첫 번째와 세 번째 비트를 토글시켜 다음 상태는 ABC = 110 → 011(3)이 됨을 알 수 있다.

표 6.13 T F/F을 이용한 동기식 랜덤 카운터 설계의 검증표

번호	A	B	C	$T_A = A + B$	$T_B = A'$	$T_C = 1$	T_A	T_B	T_C
4	1	0	0	1	0	1	1	0	1
1	0	0	1	0	1	1	0	1	1
2	0	1	0	1	1	1	1	1	1
5	1	0	1	1	0	1	1	0	1
0	0	0	0	0	1	1	0	1	1
3	0	1	1	1	1	1	1	1	1

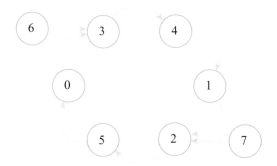

그림 6.18 정의되지 않은 상태가 입력된 경우의 랜덤 카운터 동작

이번에 $ABC = 111(7)$이 발생하였다면, 상태 방정식은

$$T_A = A + B = 1$$
$$T_B = A' = 0$$
$$T_C = 1$$

이 되어 위의 경우와 같이 첫 번째와 세 번째 비트를 토글시켜 다음 상태는 ABC = 111 → 010(2)가 된다. 이것을 그림으로 표현하면 그림 6.18과 같다. 이제 우리는 어떤 형식의 동기식 카운터 시스템이라 하더라도 D, T, JK F/F을 사용하여 설계할 수 있다.

예제 6.2 아래의 상태로 천이되는 랜덤 2진 카운터를 T F/F으로 설계하라. 그리고 정의되지 않은 상태가 발생되었을 때, 어떤 상태로 천이되는지 계산하라.

$$0 \rightarrow 5 \rightarrow 2 \rightarrow 1 \rightarrow 4 \rightarrow 0$$

풀이 및 해답

1) F/F 개수 결정

3개의 F/F의 리터럴은 ABC로 하며, A를 MSB로 설정한다.

2) 상태 천이표 작성

번호	A	B	C
0	0	0	0
5	1	0	1
2	0	1	0
1	0	0	1
4	1	0	0
0	0	0	0

3) T F/F의 여기 입력을 상태표에 추가

번호	A	B	C	T_A	T_B	T_C
0	0	0	0	1	0	1
5	1	0	1	1	1	1
2	0	1	0	0	1	1
1	0	0	1	1	0	1
4	1	0	0	1	0	0
0	0	0	0			

4) 여기 입력의 간소화

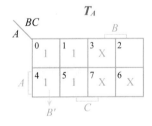 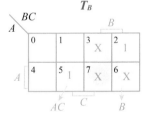 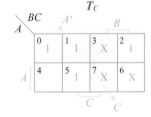

don't care term $= \sum(3,6,7)$

$T_A = \sum(0,1,4,5) = B'$

$T_B = \sum(2,5) = B + AC$

$T_C = \sum(0,1,2,5) = A' + C$

5) 논리 회로 구현

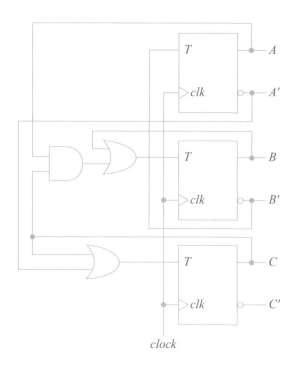

6) 검증

번호	A	B	C	$T_A=B'$	$T_B=B+AC$	$T_C=A'+C$	T_A	T_B	T_C
0	0	0	0	1	0	1	1	0	1
5	1	0	1	1	1	1	1	1	1
2	0	1	0	0	1	1	0	1	1
1	0	0	1	1	0	1	1	0	1
4	1	0	0	1	0	0	1	0	0

7) 정의되지 않은 상태(3,6,7)

$$3:\ ABC = 011$$
$$T_A = B' = 0$$
$$T_B = B + AC = 1$$
$$T_C = A' + C = 1$$
$$ABC = 011 \rightarrow 000(0):\ \text{2번째와 3번째 비트 토글}$$

6: $ABC = 110$

$\quad T_A = B' = 0$

$\quad T_B = B + AC = 1$

$\quad T_C = A' + C = 0$

$\quad ABC = 110 \rightarrow 100(4)$: 2번째 비트 토글

7: $ABC = 111$

$\quad T_A = B' = 0$

$\quad T_B = B + AC = 1$

$\quad T_C = A' + C = 1$

$\quad ABC = 111 \rightarrow 100(4)$: 2번째와 3번째 비트 토글

기타 2진 카운터

지금부터 소개할 카운터는 논리적 사고에 의해 제작된 카운터이며, reset과 상향 및 하향을 제어할 수 있고 병렬 로드 기능 등이 포함된 카운터들이다.

상향 카운터

먼저 그림 6.19의 카운터는 $count = 1$로 활성화될 때 F/F이 동작하는 상향 카운터이다. 그림 6.19(a)는 reset 기능을 포함한 T F/F과 여러 개의 AND 게이트가 cascade하게 연결되어 있는 회로도를 보여준다. 각 AND 게이트 연결을 분리해 표기하면 그림 6.19(b)와 같이 나타낼 수 있다.

초기 모든 F/F이 0으로 초기화된 후, 카운터 enable 입력인 $count = 1$이고 클럭이 인가되면 첫 번째 F/F이 1로 토글된다. 그러면 첫 AND 게이트의 출력인 $countD_0 = 1$이 되고 두 번째 F/F을 $0 \rightarrow 1$로 토글시킨다. 이 카운터의 동작은 하위 비트가 모두 1일 때 바로 다음 비트의 T F/F을 토글시키는 여기 입력을 연속적으로 AND 게이트가 1로 만들어 변화를 주는 구조이다.

그림 6.19(b)는 **2-입력 AND 게이트를 다중 입력 AND 게이트로 만드는 형식**이다. 그림 6.19(c)는 카운터의 비트 값에 따라 토글 신호를 상위 비트로 주는 시점을 표기한 것이다. 일반적으로 **2진 카운터는 하위 비트가 모두 1일 때 바로 위의 비**

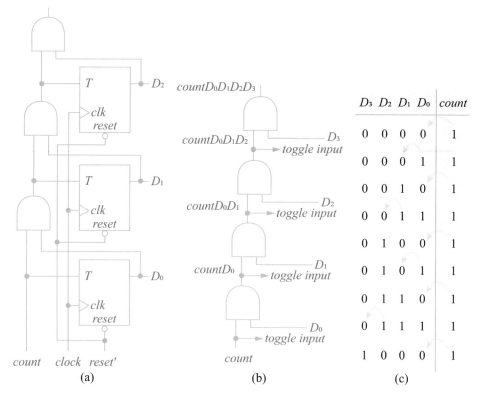

count clock reset'

(a)　　　(b)　　　(c)

D_3	D_2	D_1	D_0	count
0	0	0	0	1
0	0	0	1	1
0	0	1	0	1
0	0	1	1	1
0	1	0	0	1
0	1	0	1	1
0	1	1	0	1
0	1	1	1	1
1	0	0	0	1

그림 6.19　동기식 2진 상향 카운터: (a) 회로도, (b) T F/F의 토글 신호, (c) 카운터 동작

트가 변경되는 구조이므로 이 현상을 이용하여 만든 **동기식 2진 상향 카운터**이다.

상하향 카운터

같은 방식으로 2진 상하향 카운터를 제작할 수 있다. 그림 6.20(a)는 count_up과 count_down 입력으로 카운트 업과 다운을 제어할 수 있다. count_up = 1, count_down = 0이면 그림 6.19와 동일하게 상향 카운터로 작동하며, count_up = 0, count_down = 1이면 하향 카운터로 동작한다.

동작 원리는 그림 6.20(b)와 같이 **각 F/F의 하위 비트가 모두 0이 될 때, 바로 위의 비트를 토글시키도록 반전 출력단과 연결**되어 있다. 그림 6.20(a)의 박스는 두 제어 신호가 모두 1인 경우를 대비해 다운 카운팅 입력을 무력화시키는 부분이다. count_up = 1이면 반전되어 count_down 입력단을 0으로 만들며, **두 신호의 제어가 완벽하게 보수로 동작하면 불필요**한 부분이다. 모두 0이면 카운터는 동작

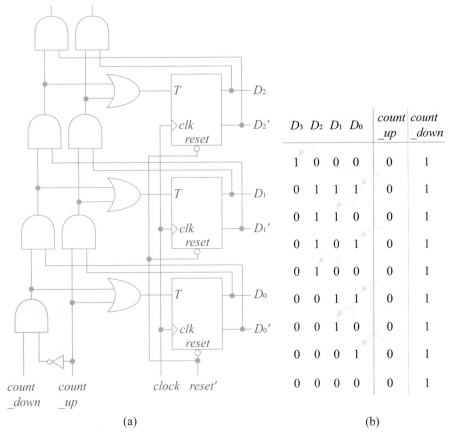

D_3	D_2	D_1	D_0	count_up	count_down
1	0	0	0	0	1
0	1	1	1	0	1
0	1	1	0	0	1
0	1	0	1	0	1
0	1	0	0	0	1
0	0	1	1	0	1
0	0	1	0	0	1
0	0	0	1	0	1
0	0	0	0	0	1

(a)   (b)

그림 6.20 동기식 2진 상하향 카운터: (a) 회로도, (b) 카운터 동작

하지 않고 모두 1이면 *count_down* 입력은 무력화되지만 *count_up*은 1을 유지하므로 상향 카운터로 동작한다.

병렬 로드 카운터

5.5절에서 언급했듯 데이터를 병렬로 로드하려면 *T* F/F으로는 구현 불가능하므로 *D* F/F, *JK* F/F 또는 *SR* 래치를 사용해야 한다. 그러나 카운터를 만드는 데 *D* F/F은 복잡하므로 *JK* F/F이나 *SR* 래치를 사용하는 것이 좋다.

　앞서 2진 상향 카운터를 *T* F/F으로 설계했으므로 연관성이 높은 *JK* F/F으로 데이터를 병렬로 로드할 수 있는 카운터를 설계해보자. 먼저 병렬 로드 회로는 그림 6.21(a)이고 그림 5.26을 가져온 것이다. 그림 6.21(b)는 *T* F/F으로 설계되

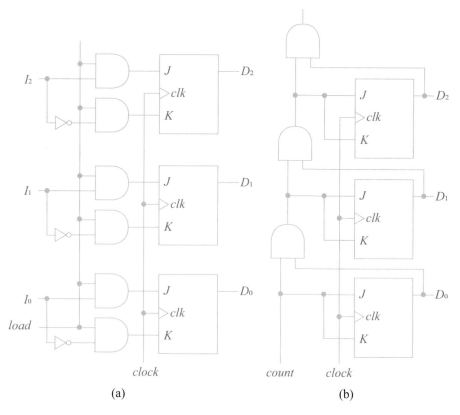

그림 6.21 *JK* F/F을 이용한 병렬 로드 기능과 2진 상향 카운터의 회로도:
(a) 병렬 로드 레지스터, (b) 상향 카운터

었던 상향 카운터를 *JK* F/F으로 변환하면서 토글 기능이 되도록 *JK* 두 입력을 같이 결선했다. 이 두 회로를 통합하면 그림 6.22와 같이 병렬 로드 기능을 가지는 상향 카운터가 된다.

로드되는 데이터 라인과 상향 카운팅 입력이 두 게이트므로 각 *JK* 입력단이 OR 게이트로 통합되어 있다. load = 0이고 count = 1이면 병렬 데이터는 AND 게이트에 의해 차단되고, 각 *JK* 입력에 연결된 OR 게이트를 통해 카운터 동작 신호가 입력되어 정상적인 카운터로 작동한다. 반대로 load = 1이고 count = 0이면 두 개의 AND 게이트를 통과하는 값이 10과 01이 되어 *JK* F/F을 set 또는 reset 하면서 병렬 데이터를 저장한다. 이 회로에서도 두 제어 입력이 모두 1인 load = 1, count = 1이면 병렬 로드가 우선적으로 수행하도록 카운터 enable이 동작하지 못하게 인버터와 AND 게이트를 음영 박스 표시 부분과 같이 추가하면 된다.

원리로 쉽게 배우는 디지털 논리회로 설계

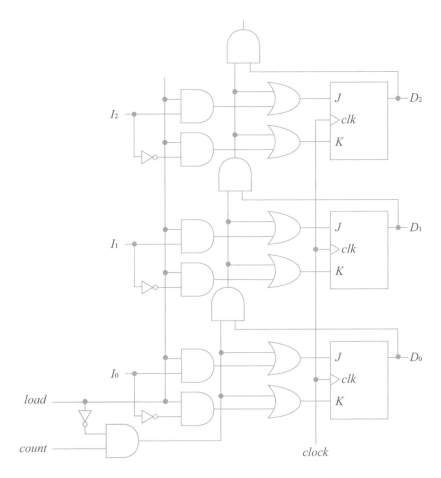

그림 6.22 병렬 로드 기능을 가진 동기식 2진 상향 카운터

순환/링 카운터

시스템에 여러 개의 장치가 연결된 경우, 각각의 장치를 사용하기 위해 한 번에 하나의 장치를 ON시키는 enable 신호를 순환(circulation)시킬 필요가 있다. 이는 디코더의 원리와 같으므로 디코더, DEMUX 및 순환 시프트 레지스터를 활용해 구현할 수 있다. 이런 용도로 구현된 그림 6.23의 카운터를 순환 또는 링 카운터 (circular/ring counter)라고 부른다.

그림 6.23(a)와 (b)는 디코더와 DEMUX에 2-비트 2진 카운터를 선택 입력으로 사용한 예이고, 그림 6.23(c)는 5장에서 소개된 그림 5.28의 순환/회전 시프트 레지스터이다. 각기 다른 세 가지 장치를 이용해 연결된 전체 4개의 장치에

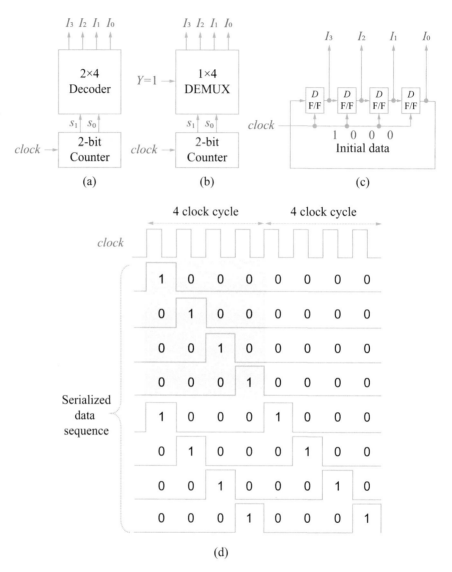

그림 6.23 **다양한 장치를 이용한 링 카운터의 종류:**
(a) 디코더, (b) DEMUX, (c) 시프트 레지스터, (d) 직렬로 변환된 파형 신호

enable 신호를 순환시키면서 ON시킬 수 있는 링 카운터 구조를 보여준다.

　　동작 신호의 파형은 동일한 클럭이 인가될 때 그림 6.23(d)와 같이 각 출력 신호를 직렬화하면 같은 신호 파형을 얻을 수 있다. 이렇게 클럭 주기만큼 1이 유지되면서 순환한다고 해서 원샷(one-shot) 또는 스트레이트 링(straight-ring) 카운터라고도 많이 부른다.

표 6.14 순환/링 카운터의 상태표와 D F/F의 여기 입력

번호	I_3	I_2	I_1	I_0	D_3	D_2	D_1	D_0
8	1	0	0	0	0	1	0	0
4	0	1	0	0	0	0	1	0
2	0	0	1	0	0	0	0	1
1	0	0	0	1	1	0	0	0
8	1	0	0	0				

이 절에서 동기식 카운터 설계를 배웠다. 따라서 그림 6.23(a)와 (b)는 조합 회로 IC에 2진 카운터를 연결한 것이므로 제외하고, 그림 6.23(d)에 사각형으로 표시된 순환 상태를 가지고 D F/F으로 설계해보자. 설계 결과가 그림 5.28과 같이 나오는지 확인할 수 있을 뿐 아니라 설계 문제에 대한 연습도 될 것이다. 위의 상태 파형을 보고 표 6.14와 같이 상태표를 작성하고, D F/F의 여기 입력까지 추가해보자.

이 설계 문제에는 정의되지 않은 상태가 많기 때문에 상태표에 나열되지 않은 나머지 수에 해당하는 최소항은 모두 무관항으로 처리된다. 간소화 과정은 그림 6.24에 나타내었다. 0인 항이 3개씩이므로 무관항과 함께 표시하였다. 그 결과 간소화된 상태 방정식은 그림과 같이 정리되고 4개의 F/F을 연속으로 연결하는 결과가 나온다. 구현 회로는 그림 6.25에 나타내었으며, 그림 5.28과 비교하면 같은 결과를 얻을 수 있다.

여기서 우리가 확인할 수 있는 게 하나 있다. **시프트 레지스터**를 이용한 카운터 설계에는 **D F/F이 적합**하고 **일반적인 카운터**는 **T F/F이 효과적**이라는 것이다. **D F/F의 동작 특성**이 입력 단 값을 저장하는 기능이므로 **연속적으로 값을 전달하기에 최적**이기 때문이다.

$$\text{don't care term} = \Sigma(0,3,5,6,7,9,10,11,12,13,14,15)$$

$$D_3 = I_0, \quad D_2 = I_3, \quad D_1 = I_2, \quad D_0 = I_1$$

트위스티드 링/존슨 카운터

원샷 순환 카운터는 4개의 F/F으로 만들 수 있는 신호의 종류가 네 가지 경우만 존재한다. 따라서 다양한 종류의 순환 카운터 생성과 다수의 장치 제어를 위해

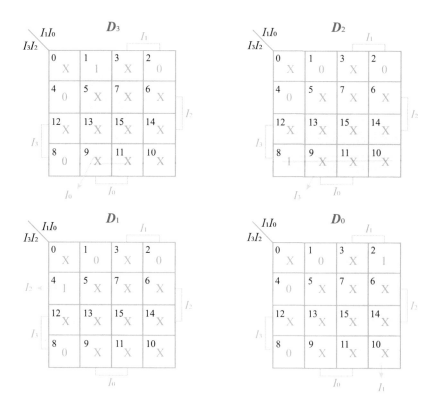

그림 6.24　D F/F을 이용한 4-비트 순환 카운터 설계의 간소화

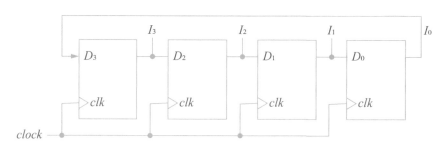

그림 6.25　D F/F을 이용한 4-비트 순환 카운터 설계 회로도

F/F에서 회전하는 값을 마지막 F/F의 보수 출력으로 순환시키면 **F/F의 개수가 n일 때 $2n$개의 신호를 만들 수 있다.** 이 카운터를 **트위스티드 링** 또는 **존슨 카운터(twisted ring/Johnson counter)**라고 부른다.

이 형태의 카운터를 스위치 테일(switch-tail) 링 카운터, 워킹(walking) 링 카운터 또는 뫼비우스(Möbius) 카운터라는 이름으로도 부르지만, 주로 존슨 카운

원리로 쉽게 배우는 디지털 논리회로 설계

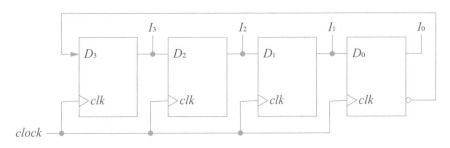

그림 6.26 　*D* F/F을 이용한 4-비트 존슨 카운터

터라고 부른다. 4-비트 시프트 레
지스터로 구현된 존슨 카운터는
그림 6.26과 같이 표현된다. **끝자
리가 보수 출력으로 뒤바뀌어 트위
스티드 또는 꼬리가 교환되었다는
뜻에서 스위치 테일 및 뫼비우스라
는 이름이 붙여졌다.** 각 비트에서
출력되는 파형을 직렬화하면 그림
6.27과 같다.

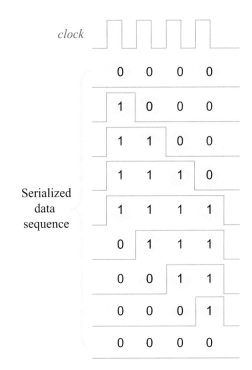

그림 6.27 　4-비트 존슨 카운터의 신호 파형

그림 6.27의 파형에서 원으로
음영 처리된 부분은 전체 8개 상
태들 중 유일하게 다른 상태와 구
별되는 위치를 표시한 것으로, 해
당 위치의 상태 값을 이용하면 최
소 비트인 2개 위치의 비트 값으로
전체 8개의 상태를 구별할 수 있는
위치를 나타낸다.

　예를 들어, 0000은 MSB와 LSB가 모두 0인 상태가 0000밖에 없고, 그 다음
1000은 처음 인접한 두 비트의 값이 10인 것은 1000이 유일하며, 1100은 두 번째
와 세 번째가 유일한 10인 상태다.

　존슨 카운터는 0과 1이 연속적으로 연결되어 있으므로 0111에서도 처음 두
개 비트가 01인 것은 0111이 유일하다. 이것이 존슨 카운터의 특징 중 하나로, **다**

표 6.15 존슨 카운터의 상태표와 D F/F의 여기 입력

번호	I_3	I_2	I_1	I_0	D_3	D_2	D_1	D_0
0	0	0	0	0	1	0	0	0
8	1	0	0	0	1	1	0	0
12	1	1	0	0	1	1	1	0
14	1	1	1	0	1	1	1	1
15	1	1	1	1	0	1	1	1
7	0	1	1	1	0	0	1	1
3	0	0	1	1	0	0	0	1
1	0	0	0	1	0	0	0	0
0	0	0	0	0				

른 상태와 구별되는 이 위치에 **2-입력 AND 게이트를 각각 설치하면 해당 상태에서 1
이 출력되는 8개의 enable 회로를 얻을 수 있다.**

존슨 카운터의 설계도 간단하므로 한번 구현해보기로 하자. 4개 D F/F 입력
과 출력을 MSB부터 D_3 ~ D_0 및 I_3 ~ I_0으로 표기하고 존슨 카운터 동작에 맞게
상태표를 작성하면 표 6.15가 된다. 이 상태표에 나열되지 않은 최소항은 모두 무
관항으로 처리한 후 간소화하면 그림 6.28처럼 정리되고, 구현하면 그림 6.26의
회로를 얻을 수 있다.

$$\text{don't care term} = \Sigma(2,4,5,6,9,10,11,13)$$
$$D_3 = I_0{}', \quad D_2 = I_3, \quad D_1 = I_2, \quad D_0 = I_1$$

6.3 비동기식 카운터 설계

동기식과 비동기식 카운터

비동기식 카운터를 설계하기에 앞서 두 카운터 시스템의 차이를 살펴보자. 이 장
의 도입부에서 잠깐 언급한 것과 같이 **동기식과 비동기식 카운터의 차이는 클럭의
인가 방식**에 있다. 따라서 클럭 인가의 차이를 알면 설계 방식에서의 차이를 쉽게
이해할 수 있을 것이다.

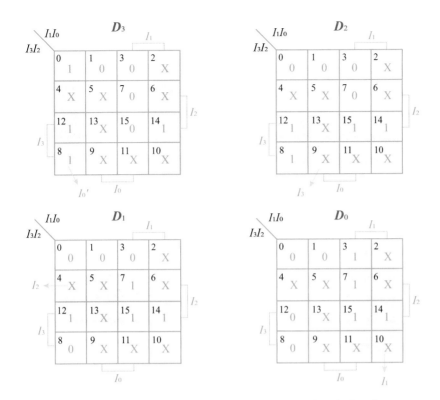

그림 6.28 *D* F/F을 이용한 4-비트 존슨 카운터 설계의 간소화

비동기식 카운터인 3-비트 2진 리플 카운터(ripple counter)를 예로 들어 설명해보자. 그림 6.29는 가장 대표적인 비동기식 카운터이며, 회로도와 클럭이 유효하게 동작하는 시점을 표시하였다. 순차 회로에서 사용하는 저장 장치 F/F은 클럭이 입력되어야 동작하며, **클럭이 인가되지 않으면 아무런 변화가 일어나지 않으므로 아무것도 고려할 필요가 없다.** 그러므로 **모든 상태에서 여기 입력을 고려**해야 하는 **동기식**과 달리 **비동기식은 고려해야 할 부분이 적어 단순하게 구현**할 수 있다는 특징을 가진다.

리플 카운터의 동작을 살펴 이 사실이 맞는지 확인해보자. 이전 절에서 2진 카운터의 동작은 하위 비트가 모두 1일 때 상위 비트가 변경되는 것을 보았다. 그림 6.29(a) 회로도를 보면, **모든 *T* F/F의 입력이 $T_A = T_B = T_C = 1$**로, 이것은 매번 **현재 상태를 토글하려고 준비 중인 상태**임을 의미한다. 그럼 반전은 언제 일어날까? **클럭만 인가되면 토글 동작이 바로 발생**한다. 한 가지 기억해야 할 점은 인가되는 **클럭의 속도는 가장 빠르게 바뀌는 F/F의 상태 변화보다 2배 빠르다**는 것이다.

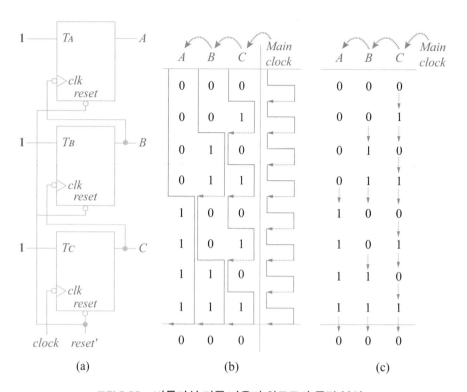

그림 6.29　비동기식 리플 카운터 회로도와 클럭 분석:
(a) 회로도, (b) 클럭의 트리거 시점, (c) 클럭에 의한 여기 입력 반영 위치

이것은 F/F은 클럭의 1주기에 1회 변화되므로, 만약 0 → 1로 1주기에 천이되었다면, 다시 1 → 0으로 천이되는 데 1주기가 소요된다. 따라서 클럭 2주기에 F/F은 1주기의 파형이 발생한다.

　　가장 하위 비트인 C의 변화가 가장 빠른데도 메인 클럭보다 2배 느리게 변화되는 것을 그림 6.29(b)에서 확인할 수 있다. 또한, **비동기식 카운터는 대부분 하강 에지 트리거 모드를 사용**한다. 펄스 파형으로 표시된 그림 6.29(b)를 보면, **모든 상위 비트의 천이가 하위 비트의 하강 에지에서 발생**하므로 **이 하위 비트의 F/F 출력을 상위 비트 F/F의 클럭에 인가해 천이시키려면 하강 에지 트리거 F/F을 사용**해야만 한다. 여기서 첫 행 F/F 문자 위의 점선으로 표현된 곡선 화살표는 각각 클럭의 인가를 나타낸다.

　　MSB부터 자세하게 파형의 변화를 살펴보자. 먼저 A의 변화는 011 → 100(3 → 4) 그리고 111 → 000(7 → 0) 두 곳이며, **A-비트는 바로 아래 B-비트가 1 → 0**

으로 천이될 때 변화된다. 다음 **B-비트의 변화**를 보면, $001 \rightarrow 010(1 \rightarrow 2)$, $011 \rightarrow$ $100(3 \rightarrow 4)$, $101 \rightarrow 110(5 \rightarrow 6)$, $111 \rightarrow 000(7 \rightarrow 0)$과 같이 **하위 비트 C가 $1 \rightarrow 0$으로 천이될 때 변화**된다.

마지막으로 **최하위 비트인 LSB C**는 가장 빠른 메인 클럭이 인가되고 있다. 클럭은 **매번 변화**되므로 C의 모든 경우($0 \rightarrow 1 \rightarrow 2 \rightarrow 3 \rightarrow 4 \rightarrow 5 \rightarrow 6 \rightarrow 7$)에 대해 상태를 토글시킨다. 그러므로 **비동기식 카운터에서 하강 에지 트리거링을 사용하는 이유**는 카운터의 천이 동작이 **하위 비트의 파형이 $1 \rightarrow 0$으로 변화될 때 자신의 F/F이 여기되어야 하기 때문**이다. 따라서 **클럭이 인가되는 순간에만 여기 입력이 유효**하며, 다른 곳은 **클럭 입력이 없으므로 설계 시 무관항으로 처리**되어야 한다. 그 결과, 그림 6.29(c)에는 **하위 비트에서 $1 \rightarrow 0$으로 천이되면서 클럭으로 동작하는 곳**(C에서는 메인 클럭)을 화살표로 표시하였으며, 설계 시 **이 부분에서의 상태 변화만 여기 입력으로 반영**하면 된다. 이 예에서는 총 24개 비트의 변화(8개 숫자 × 각 3-비트) 중 14곳만 클럭이 입력되고 있으므로 10곳은 don't care 처리한다. 그 결과 그림 6.29(a)의 카운터에는 어떤 게이트도 사용되지 않았으며, **동기식보다 회로가 매우 단순하다.**

그림 6.29의 카운터를 리플 카운터라고 하는 이유는 하위 비트에서 상위 비트로 가면서 파형의 주기가 2배씩 늘어나며 빠르기는 느리게 나타나기 때문이다. 마치 물결이 전파될 때 중심에서 멀어질수록 파장이 길어지면서 느리고 약하게 퍼져나가는 형상과 같다는 의미에서 붙여진 이름이다. 그리고 비동기식 카운터는 F/F의 입력이 1인 경우가 많으므로 병렬 로드 기능이 없으면 초기 값 설정을 위해 *reset'* 입력의 활용도가 높은 특징을 가진다. 위에서 설명한 비동기식 카운터의 동작 특징을 간단히 정리해보자.

비동기식 카운터의 특징

1) 클럭이 일부 F/F에만 입력된다.
2) 다른 F/F의 출력을 클럭으로 이용한다.
3) 하강 에지 트리거 모드의 클럭을 주로 사용한다.
4) 설계 시 클럭 입력이 없는 곳은 고려하지 않아도 된다.
5) 클럭이 인가되는 곳만 고려하므로 구현 회로가 단순하다.
6) 설계 시 세심한 주의를 요한다.

이제 동기식 카운터에 대해 살펴보자. 동기식 카운터는 6.2절에서 많이 설계해봤으므로 잘 이해하고 있을 것이다. 동기식 카운터를 먼저 학습한 이유는 설계에서 예외가 없으므로 설계 방법 순서대로 진행하면 되기 때문이다. 그러나 비동기식 카운터 구현 회로는 단순하게 결과를 보여주지만, 설계 시 클럭의 고려와 무관항 처리에서 주의해야 할 점이 많기 때문에 동기식 뒤에 학습하는 것이다.

그림 6.30은 6.2절에서 본 동기식 2진 카운터이다. 동기식 카운터 중에는 T F/F을 이용한 설계 결과가 비교적 단순한 편이지만, 비동기식과 비교하면 결선이 증가하고 추가의 게이트가 사용된 것을 볼 수 있다. 여기에서 중요한 사항은 회로도보다 클럭이 유효하게 동작하는 곳과 언제 여기 입력을 고려해야 하는지에 대해 비동기식 카운터와 비교하는 것이다.

그림 6.30(a)를 보면, **동기식 카운터 시스템은 메인 클럭이 모든 F/F에 입력되고 있으므로 매 순간 클럭이 활성으로(유효하게) 동작**하고 있다. 그림 6.30(b)에 두 가지 에지 트리거를 모두 표시하였는데, **트리거 순간이 다를 뿐 클럭의 1주기 내에**

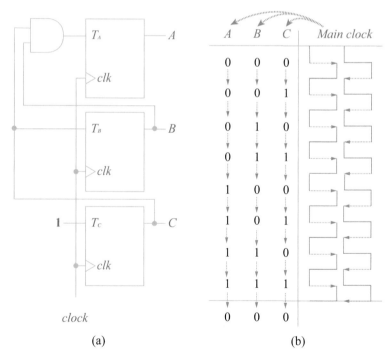

(a) (b)

그림 6.30 동기식 카운터 회로도와 클럭 분석:
(a) 회로도, (b) 클럭의 트리거 시점과 여기 입력 반영 위치

서 여기를 일으키는 것은 같으므로 상승 에지와 하강 에지 모두에서 같은 결과가 나온다. 총 24곳의 모든 비트 위치에서 클럭이 유효하게 입력되므로 **예외 없이 24곳 모든 위치의 천이에 대해 전체 상태표에 여기 입력을 빠짐없이 작성해야만 한다.** 6.2절 동기식 카운터 설계에서 여기표에 기반해 모든 상태표를 채웠던 이유가 바로 이 때문이다.

비동기식 카운터 설계

비동기식 카운터 설계의 핵심은 클럭 결정이라고 할 수 있는데, **클럭이 결정되고 여기 입력을 반영하는 위치를 표시하면, 동기식 카운터 설계 방식과 동일**하기 때문이다. 이제 클럭 결정에 대해 자세히 다루어보자. 클럭 결정에 대한 순서를 먼저 정리한 후 전체 설계 방법을 살펴보자.

그림 6.29의 3-비트 비동기식 2진 리플카운터의 예를 들어 설명한다. 설계해야 할 카운터의 상태도가 작성되었다고 가정하고, 먼저 MSB인 A F/F을 고려하자. 그림 6.31과 같이 A의 천이 부분을 체크하면 $3 \rightarrow 4$ 그리고 $7 \rightarrow 0$ 두 부분에

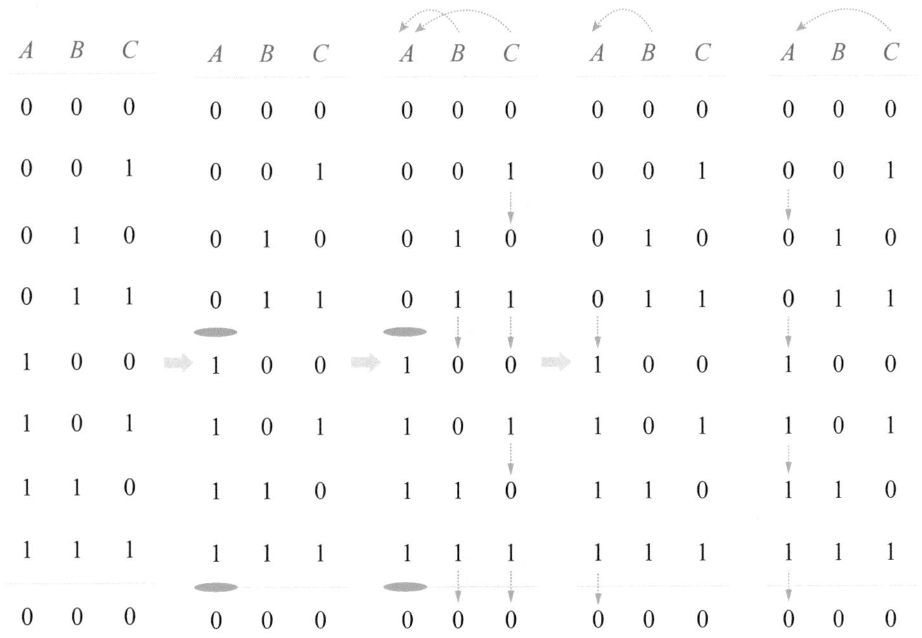

그림 6.31 *A* F/F의 클럭 결정 과정

서 변화가 발생한다. 이 부분에서 $1 \rightarrow 0$으로 천이되는 다른 비트의 변화를 체크하면, B와 C F/F이 해당되며 두 F/F의 출력 모두 A F/F의 클럭으로 사용될 수 있다. 그러나 4번째 그림과 같이 B F/F의 출력을 선택하면 2곳의 변화에서만 하강에지 클럭으로 동작하지만, C를 선택하면 5번째 그림처럼 4곳에서 클럭 입력이 발생하므로 A F/F의 값은 변화가 없지만 $1 \rightarrow 2(0 \rightarrow 0)$ 및 $5 \rightarrow 6(1 \rightarrow 1)$의 상태 변화도 고려 대상에 추가하여야 한다.

B를 선택하면 이 위치에서는 무관항으로 처리되어 간소화에 도움이 될 수도 있을 텐데 C를 선택하여 해당 변화에 대한 여기 입력이 추가됨으로써 오히려 간소화를 방해하는 결과가 초래된다. 그러므로 A F/F의 클럭은 변화율이 낮은 B F/F의 출력으로 결정하는 것이 최선의 선택이다. 그리고 클럭이 입력되는 위치, 즉 추후 여기 입력을 고려해야 할 위치를 사각형 음영으로 표시하면 4번째 그림처럼 2곳이 된다.

이번에는 B 비트를 살펴보자. B F/F의 천이 부분을 그림 6.32에서 체크하면 $1 \rightarrow 2, 3 \rightarrow 4, 5 \rightarrow 6, 7 \rightarrow 0$ 전체 4곳에서 변화가 발생하며, 이 부분에서 $1 \rightarrow 0$으로 천이되는 다른 비트의 변화를 찾아보면 C F/F만 유일하게 해당된다. 그리

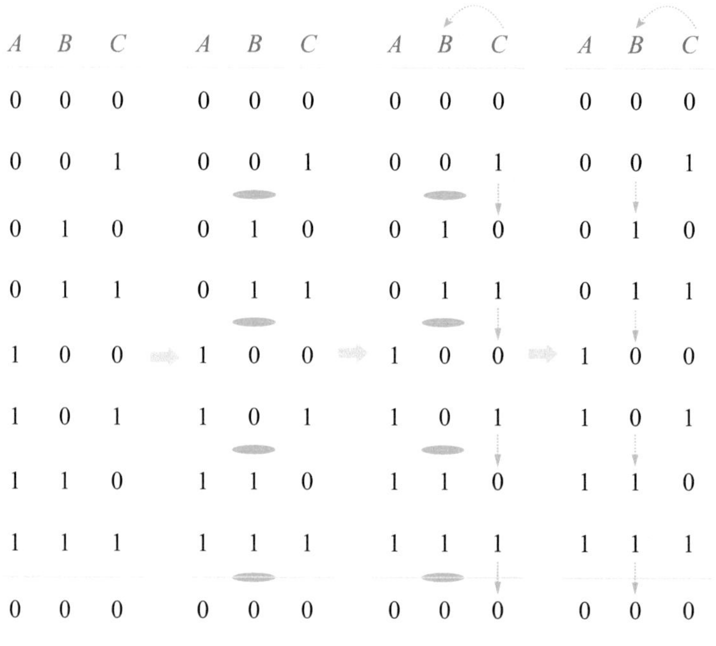

A	B	C		A	B	C		A	B	C		A	B	C
0	0	0		0	0	0		0	0	0		0	0	0
0	0	1		0	0	1		0	0	1		0	0	1
0	1	0		0	1	0		0	1	0		0	1	0
0	1	1		0	1	1		0	1	1		0	1	1
1	0	0		1	0	0		1	0	0		1	0	0
1	0	1		1	0	1		1	0	1		1	0	1
1	1	0		1	1	0		1	1	0		1	1	0
1	1	1		1	1	1		1	1	1		1	1	1
0	0	0		0	0	0		0	0	0		0	0	0

그림 6.32 B F/F의 클럭 결정 과정

A	B	C	A	B	C	A	B	C	Main clock	A	B	C	Main clock
0	0	0	0	0	0	0	0	0		0	0	0	
0	0	1	0	0	1	0	0	1		0	0	1	
0	1	0	0	1	0	0	1	0		0	1	0	
0	1	1	0	1	1	0	1	1		0	1	1	
1	0	0	1	0	0	1	0	0		1	0	0	
1	0	1	1	0	1	1	0	1		1	0	1	
1	1	0	1	1	0	1	1	0		1	1	0	
1	1	1	1	1	1	1	1	1		1	1	1	
0	0	0	0	0	0	0	0	0		0	0	0	

그림 6.33 C F/F의 클럭 결정 과정과 최종 클럭 결정 및 상태 변화 고려 위치

고 클럭이 입력되는 위치를 사각형 음영으로 표시하면 4번째 그림이 된다. 마지막으로 C F/F의 천이 부분은 그림 6.33과 같이 모든 부분에서 변화가 발생한다. 따라서 다른 F/F의 출력에서 인가될 수 있는 클럭이 없으므로 메인 클럭을 인가하면 된다.

앞서 언급한 것과 같이 메인 클럭은 C F/F의 상태 변화보다 2배 빠르게 변화되므로 모든 변화를 여기시킬 수 있는 능력이 있다. 그 결과 최종적으로 결정된 클럭은 그림 6.33의 마지막 그림과 같다.

설계할 때 클럭의 연결과 여기 입력을 반영해야 하는 위치를 함께 표시하였다. 앞의 클럭 결정 과정을 공식화하는 관점에서 정리하면 아래와 같이 요약할 수 있다.

 비동기식 카운터 설계의 클럭 결정 방법

1) MSB부터 1-비트씩 천이 위치를 표시

2) 자신의 모든 천이 위치와 일치하는 다른 비트의 $1 \rightarrow 0$ 천이가 있는지 확인
   ① 있으면 해당 F/F의 출력을 클럭으로 선택(복수 개이면 가장 변화율이 낮은 F/F 을 선택)
   ② 없으면 메인 클럭 인가를 선택
3) 클럭으로 결정된 F/F의 $1 \rightarrow 0$ 천이 부분에 해당하는 상태 변화 고려 시점 표시

가장 중요한 클럭 결정이 완료되었으므로 전체 비동기식 카운터의 설계 방법을 정리하고 순서에 맞게 설계를 시작해보자.

비동기식 카운터 설계 방법

1) 카운터의 상태 개수에 따라 F/F의 개수를 결정
2) 현재 상태와 다음 상태 천이를 표시한 상태표를 작성(진리표에 해당)
3) 클럭 결정 및 고려할 상태 변화 고려 시점의 위치 표시
4) 사용할 F/F에 따라 천이에 맞는 여기 입력을 클럭이 인가되는 위치에서만 상태표 에 추가하고, 클럭이 인가되지 않는 곳은 무관항으로 처리
5) 여기 입력을 카노맵으로 간소화
6) 논리 회로 구현
7) 검증

3-비트 2진 카운터 설계 1(T F/F)

우리가 비동기식 카운터 분석에 사용했던 T F/F을 활용한 3-비트 2진 카운터를 설계해보고 그림 6.29(a)의 결과가 나오는지 확인해보자.

T F/F을 활용한 3-비트 2진 카운터를 설계해보자.

1) F/F 개수 결정

3-비트이므로 3개의 F/F이 필요하고 카운터의 범위는 $0 \sim 2^3 - 1(0 \sim 7)$까지이며, F/F의 리터럴은 ABC로 설정하자.

표 6.16   3-비트 2진 카운터의 상태표

번호	A	B	C
0	0	0	0
1	0	0	1
2	0	1	0
3	0	1	1
4	1	0	0
5	1	0	1
6	1	1	0
7	1	1	1
0	0	0	0

2) 상태 천이표 작성

상태표는 표 6.16과 같고, 다음 단계의 상태는 아래 행에 표기하는 방식을 사용하였다.

3) 클럭 결정과 여기 입력 고려 시점(유효한 상태 변화 시점) 표시

설명에서 다루었으므로 해당 부분을 그림 6.33에서 가져오면 오른쪽 그림과 같다.

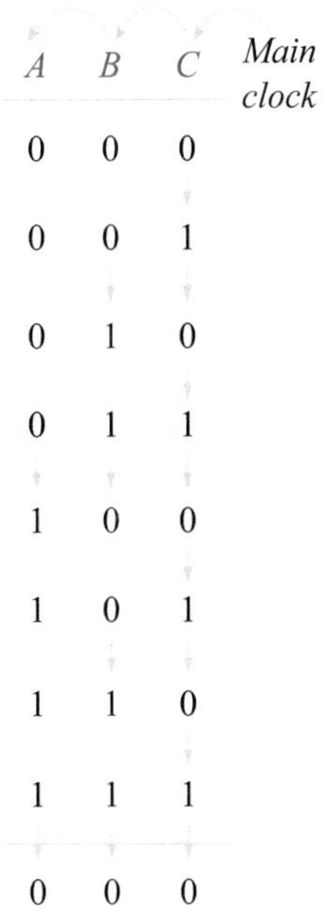

4) 상태표에 여기 입력 추가

먼저 여기 입력을 작성해야 할 부분은 남겨두고 무관항부터 표기하는 것이 편리하다. 비동기식 카운터 설계가 처음이므로 표 6.17과 6.18로 나누어 각 단계별로 작성해보자. 표 6.17에는 클럭이 인가되지 않는 곳이 10곳이므로 무관항 표시를 하였으며, 표 6.18에는 모든 T F/F에서 토글이 발생하였으므로 나머지 부분 전체에 여기 입력으로 1을 표기하였다.

A	B	C	Main clock
0	0	0	
0	0	1	
0	1	0	
0	1	1	
1	0	0	
1	0	1	
1	1	0	
1	1	1	
0	0	0	

표 6.17 여기 입력의 무관항이 표기된 비동기식 3-비트 2진 카운터 상태표

번호	A	B	C	T_A	T_B	T_C
0	0	0	0	X	X	
1	0	0	1	X		
2	0	1	0	X	X	
3	0	1	1			
4	1	0	0	X	X	
5	1	0	1	X		
6	1	1	0	X	X	
7	1	1	1			
0	0	0	0			

표 6.18 유효한 여기 입력이 작성된 비동기식 3-비트 2진 카운터 상태표

번호	A	B	C	T_A	T_B	T_C
0	0	0	0	X	X	1
1	0	0	1	X	1	1
2	0	1	0	X	X	1
3	0	1	1	1	1	1
4	1	0	0	X	X	1
5	1	0	1	X	1	1
6	1	1	0	X	X	1
7	1	1	1	1	1	1
0	0	0	0			

5) 여기 입력의 간소화

세 여기 입력을 카노맵으로 간소화한 것을 그림 6.34에 나타내었다. 1이 아니면 모두 무관항이므로 모든 간소화 결과가 1이다. 사실 0이 없고 1과 무관항만 있으면 간소화할 필요 없이 결과는 1이 된다. 그러므로 그림 6.29(a)의 회로도 입력과 일치한다. **각 F/F이 클럭을 다르게 사용하므로 무관항이 F/F마다 다르다**는 사실에 유의하여 기억하기 바란다.

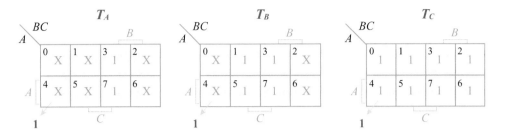

그림 6.34 T F/F을 이용한 비동기식 3-비트 2진 카운터 설계의 간소화

$$\text{don't care term} = \sum(0,1,2,4,5,6), \quad T_A = \sum(3,7) = 1$$
$$\text{don't care term} = \sum(0,2,4,6), \quad T_B = \sum(1,3,5,7) = 1$$
$$T_C = \sum(0,1,2,3,4,5,6,7) = 1$$

6) 논리 회로 구현 및 검증

비동기 카운터 설계 회로를 구현할 경우 가장 먼저 클럭을 결선해야 하며, 나머지 입력은 MSB → LSB 또는 LSB → MSB F/F 순서로 입력을 연결하도록 하자. 위의 간소화 단계의 결과와 그림 6.29(a) 회로도가 같으므로 회로도 표기는 생략하며, 검증 또한 분석 결과와 같으므로 생략한다.

3-비트 2진 카운터 설계 2(D F/F)

비동기식 카운터 설계의 두 번째 주제로 동기식에서 다소 결과가 복잡하게 나왔던 D F/F을 활용한 비동기식 3-비트 2진 카운터를 설계하고 동기식 카운터와의 차이를 비교해보자.

 D F/F을 활용한 비동기식 3-비트 2진 카운터를 설계하자.

1) 여기 입력

F/F 개수 결정에서 여기 입력의 무관항 표시까지는 위의 설계 과정과 동일하므로 여기 입력 작성부터 시작한다.

표 6.19 D F/F을 이용한 비동기식 3-비트 2진 카운터 상태표와 유효 여기 입력

번호	A	B	C	D_A	D_B	D_C
0	0	0	0	X	X	1
1	0	0	1	X	1	0
2	0	1	0	X	X	1
3	0	1	1	1	0	0
4	1	0	0	X	X	1
5	1	0	1	X	1	0
6	1	1	0	X	X	1
7	1	1	1	0	0	0
0	0	0	0			

2) 상태표에 여기 입력 추가

D F/F의 여기 입력이 다음 상태 출력이므로 작성하면 표 6.19와 같다.

3) 여기 입력의 간소화

카노맵으로 간소화한 결과를 그림 6.35에 나타내었다. 간소화된 상태 방정식은 모두 자기 자신의 보수 출력을 입력으로 사용하는 결과가 도출되었다. **D F/F**은 자기 자신의 현재 출력을 입력으로 연결하면 변화 없이 현재 값이 계속 유지되며, 자신의 보수 출력을 입력으로 인가하면 $T = 1$이 입력되는 T F/F과 같이 **항상 토글되는 F/F**이 된다. D F/F이 현재 0인 상태이면 보수는 1이므로 보수 출력을 입력으로 인가하면 다음 단계는 1이 되고, 이때의 보수는 다시 0이므로 다음 상태는 다시 현재 상태의 보수인 0이 되기 때문이다.

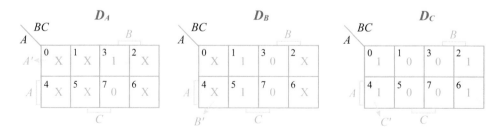

그림 6.35 D F/F을 이용한 비동기식 3-비트 2진 카운터 설계의 간소화

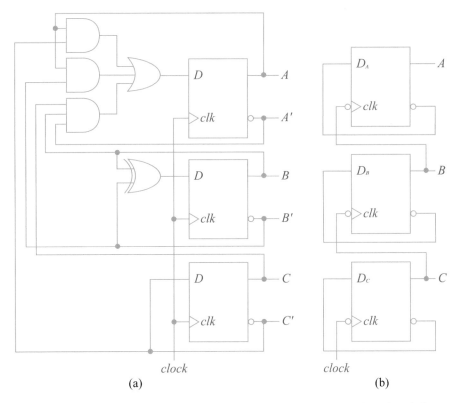

그림 6.36 D F/F을 이용한 3-비트 2진 카운터 설계 비교 (a)동기식 (b)비동기식

$$\text{don't care term} = \sum(0,1,2,4,5,6), \quad D_A = \sum(3) = A'$$
$$\text{don't care term} = \sum(0,2,4,6), \quad D_B = \sum(1,5) = B'$$
$$D_C = \sum(0,2,4,6) = C'$$

4) 논리 회로 구현

회로도는 그림 6.36(b)와 같이 구현되며, (a)의 동기식과 비교하면 복잡도에서 큰 차이가 나는 것을 알 수 있다.

5) 검증

상태 방정식을 완성하여 기존 여기 입력과 같은지 비교하여 검증한다. 표 6.20에 결과를 나타내었으며 상태 방정식으로 얻은 결과가 유효 입력에 모두 포함되어 조건을 만족하는 결과를 얻을 수 있다.

표 6.20 *D* F/F을 이용한 비동기식 3-비트 2진 카운터의 검증표

번호	A	B	C	$D_A=A'$	$D_B=B'$	$D_C=C'$	D_A	D_B	D_C
0	0	0	0	1	1	1	X	X	1
1	0	0	1	1	1	0	X	1	0
2	0	1	0	1	0	1	X	X	1
3	0	1	1	1	0	0	1	0	0
4	1	0	0	0	0	1	X	X	1
5	1	0	1	0	1	0	X	1	0
6	1	1	0	0	0	1	X	X	1
7	1	1	1	0	0	0	0	0	0

3-비트 2진 카운터 설계 3(*JK* F/F)

위의 2진 카운터 설계의 마지막 도구로 이번에는 *JK* F/F을 사용해보자. 예측건대, *JK* F/F의 입력 두 단을 묶으면 *T* F/F과 동일한 기능을 하므로 3-비트 2진 카운터 설계 1과 동일한 결과가 나올 것으로 예상된다. 설계 후 동기식 카운터와 차이를 비교해보자.

JK F/F을 활용한 비동기식 3-비트 2진 카운터를 설계하자.

1) 여기 입력

무관항 표시까지는 위의 *T* 및 *D* F/F 설계 과정과 동일하다.

2) 상태표의 여기 입력 추가

상태표에서 무관항의 위치가 같으므로 각 입력의 *J*와 *K* 위치에 무관항을 표시한 것이 표 6.21이며, 나머지 부분의 각 여기 입력을 작성하면 표 6.22와 같다.

3) 여기 입력의 간소화

카노맵 간소화 결과를 그림 6.37에 나타내었다. 무관항의 위치는 모두 다르지만

표 6.21 *JK* F/F을 이용한 비동기식 3-비트 2진 카운터 상태표와 무관항 위치

번호	A	B	C	J_A	K_A	J_B	K_B	J_C	K_C
0	0	0	0	X	X	X	X		
1	0	0	1	X	X				
2	0	1	0	X	X	X	X		
3	0	1	1						
4	1	0	0	X	X	X	X		
5	1	0	1	X	X				
6	1	1	0	X	X	X	X		
7	1	1	1						
0	0	0	0						

표 6.22 *JK* F/F을 이용한 비동기식 3-비트 2진 카운터 상태표와 여기 입력

번호	A	B	C	J_A	K_A	J_B	K_B	J_C	K_C
0	0	0	0	X	X	X	X	1	X
1	0	0	1	X	X	1	X	X	1
2	0	1	0	X	X	X	X	1	X
3	0	1	1	1	X	X	1	X	1
4	1	0	0	X	X	X	X	1	X
5	1	0	1	X	X	1	X	X	1
6	1	1	0	X	X	X	X	1	X
7	1	1	1	X	1	X	1	X	1
0	0	0	0						

예상했던 것과 같이 모든 여기 입력에 1을 입력하면 된다.

$$J_A = K_A = J_B = K_B = J_C = K_C = 1$$

4) 논리 회로 구현

회로도는 그림 6.38(b)와 같이 구현되며, (a)의 동기식 카운터도 단순한 편이지만 비동기식은 더욱 단순하고 T F/F과 같은 결과가 나옴을 확인할 수 있다.

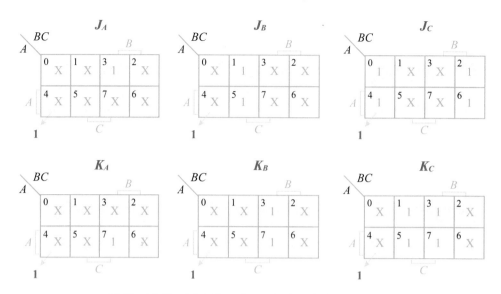

그림 6.37 JK F/F을 이용한 비동기식 3-비트 2진 카운터 설계의 간소화

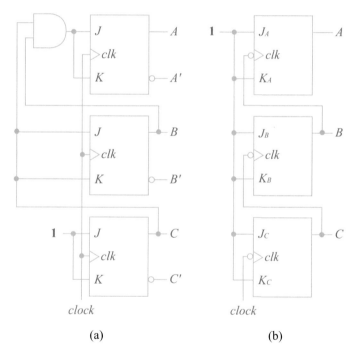

(a)   (b)

그림 6.38 JK F/F을 이용한 3-비트 2진 카운터 설계 회로도 비교: (a) 동기식, (b) 비동기식

원리로 쉽게 배우는 디지털 논리회로 설계

표 6.23   *JK* F/F을 이용한 3-비트 2진 카운터 상태표와 여기 입력 검증

번호	A	B	C	$J_A=1$	$K_A=1$	$J_B=1$	$K_B=1$	$J_C=1$	$K_C=1$	J_A	K_A	J_B	K_B	J_C	K_C
0	0	0	0	1	1	1	1	1	1	X	X	X	X	1	X
1	0	0	1	1	1	1	1	1	1	X	X	1	X	X	1
2	0	1	0	1	1	1	1	1	1	X	X	X	X	1	X
3	0	1	1	1	1	1	1	1	1	1	X	X	1	X	*1*
4	1	0	0	1	1	1	1	1	1	X	X	X	X	1	X
5	1	0	1	1	1	1	1	1	1	X	X	1	X	X	1
6	1	1	0	1	1	1	1	1	1	X	X	X	X	1	X
7	1	1	1	1	1	1	1	1	1	X	1	X	1	X	1

5) 검증

모든 상태 방정식이 1로 나왔으므로 검증이 무의미하지만 표 6.23에 표시하였다. 입력이 유효한 부분의 결과가 모두 1이며, 기존 값의 무관항을 모두 1로 간주하고 간소화하였으므로 결과는 동일하다고 할 수 있다.

BCD 카운터 설계 1(*T* F/F)

일상생활에서 우리는 고객 서비스 순서를 번호로 표시하는 환경을 많이 접할 수 있다. 이렇게 클럭 발생기를 한 번 누를 때마다 1씩 증가하여 숫자를 표시하는 시스템은 비동기식 BCD 카운터와 7-세그먼트 디코더를 주로 이용한다. 여기에 활용되는 비동기식 BCD 카운터를 설계해보자.

 T F/F을 활용한 비동기식 BCD 카운터를 설계하자.

n-비트의 2진 카운터는 단순히 n개의 F/F을 사용하면 0 ~ 2^n-1까지의 2진수가 순차적으로 발생하므로 각 비트별 F/F의 천이는 항상 하위 비트의 하강 에지에서 일어난다. 그러나 BCD 카운터는 9 → 0으로의 천이에서 불연속적 변화가 발생되므로 설계 시 이 부분에 주의해야 한다.

표 6.24　BCD 카운터의 상태표

번호	A	B	C	D
0	0	0	0	0
1	0	0	0	1
2	0	0	1	0
3	0	0	1	1
4	0	1	0	0
5	0	1	0	1
6	0	1	1	0
7	0	1	1	1
8	1	0	0	0
9	1	0	0	1
0	0	0	0	0

1) F/F 개수 결정

BCD는 4-비트이므로 4개의 F/F이 필요해 리터럴은 $ABCD$로 설정한다.

2) 상태 천이표 작성

상태표는 표 6.24와 같다.

3) 클럭 결정과 여기 입력 고려 시점(유효한 상태 변화 시점) 표시

수의 진행이 2진수 기준으로 불연속적인 부분이 있으므로 클럭 결정 과정을 자세히 기술하기로 한다. 그림 6.39의 각 F/F 클럭 결정 과정을 보자. 먼저 A F/F은 7 → 8과 9 → 0에서 변경되며, 이때 1 → 0으로 천이되는 다른 F/F은 D 출력이 유일하다. 왜냐하면, **B와 C의 출력이 7 → 8 천이에서는 클럭으로 동작이 가능하나 9 → 0에서는 천이가 발생되지 않으므로 A의 클럭으로 사용할 수 없다. 그런데, D 출력을 클럭으로 사용하면 1 → 2, 3 → 4 그리고 5 → 6에서도 1 → 0으로 천이되면서 클럭 펄스로 동작하므로 이 부분도 유효 클럭 반영 시점에 추가**되어야 한다. 따라서 D의 출력을 클럭으로 확정하고 유효 클럭 시점 5개를 표기하면 그림 6.39(a)와 같다. 그 다음 B F/F은 C의 출력을 그대로 연결하고, 고려 시점 2곳을 3, 7에 표시

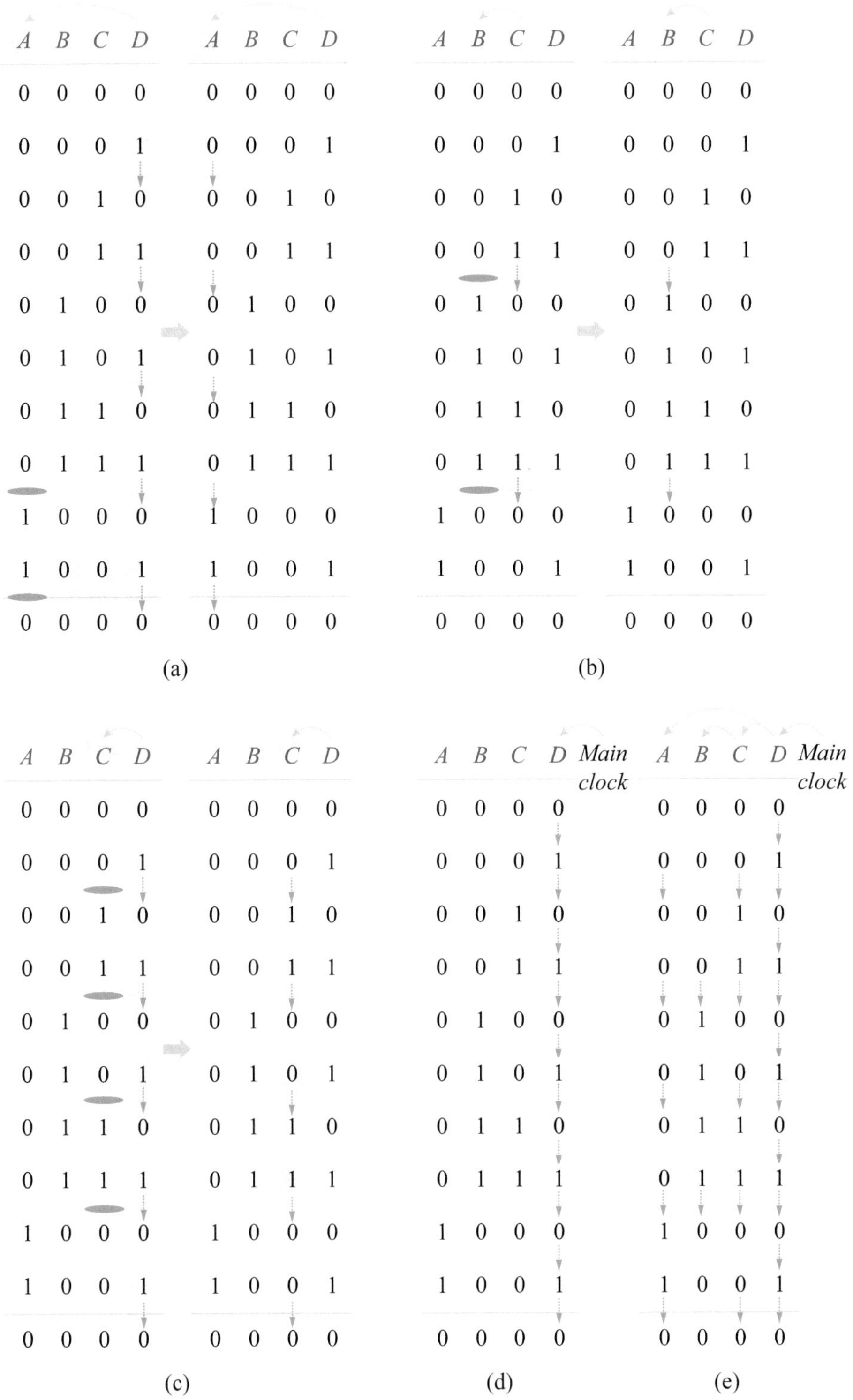

A	B	C	D		A	B	C	D		A	B	C	D		A	B	C	D
0	0	0	0		0	0	0	0		0	0	0	0		0	0	0	0
0	0	0	1		0	0	0	1		0	0	0	1		0	0	0	1
0	0	1	0		0	0	1	0		0	0	1	0		0	0	1	0
0	0	1	1		0	0	1	1		0	0	1	1		0	0	1	1
0	1	0	0		0	1	0	0		0	1	0	0		0	1	0	0
0	1	0	1		0	1	0	1		0	1	0	1		0	1	0	1
0	1	1	0		0	1	1	0		0	1	1	0		0	1	1	0
0	1	1	1		0	1	1	1		0	1	1	1		0	1	1	1
1	0	0	0		1	0	0	0		1	0	0	0		1	0	0	0
1	0	0	1		1	0	0	1		1	0	0	1		1	0	0	1
0	0	0	0		0	0	0	0		0	0	0	0		0	0	0	0

(a)   (b)

A	B	C	D		A	B	C	D		A	B	C	D	Main clock		A	B	C	D	Main clock
0	0	0	0		0	0	0	0		0	0	0	0			0	0	0	0	
0	0	0	1		0	0	0	1		0	0	0	1			0	0	0	1	
0	0	1	0		0	0	1	0		0	0	1	0			0	0	1	0	
0	0	1	1		0	0	1	1		0	0	1	1			0	0	1	1	
0	1	0	0		0	1	0	0		0	1	0	0			0	1	0	0	
0	1	0	1		0	1	0	1		0	1	0	1			0	1	0	1	
0	1	1	0		0	1	1	0		0	1	1	0			0	1	1	0	
0	1	1	1		0	1	1	1		0	1	1	1			0	1	1	1	
1	0	0	0		1	0	0	0		1	0	0	0			1	0	0	0	
1	0	0	1		1	0	0	1		1	0	0	1			1	0	0	1	
0	0	0	0		0	0	0	0		0	0	0	0			0	0	0	0	

(c)   (d)   (e)

그림 6.39   BCD 카운터의 각 F/F 클럭 결정 과정:
(a) A, (b) B, (c) C, (d) D, (e) 최종 결과 및 유효 입력 시점

하면 그림 6.39(b)처럼 된다. C F/F의 천이는 D를 클럭으로 사용하며 결과는 그림 6.39(c)와 같다. D F/F은 매번 천이되므로 메인 클럭을 연결하면 그림 6.39(d)가 되며, 최종 클럭 결정과 유효 입력의 고려 시점은 그림 6.39(e)에서 보듯, A와 C F/F의 클럭은 D에 연결되고 B F/F은 C에, D는 메인 클럭에 각각 연결된다.

4) 상태표에 여기 입력 추가

상기 클럭 결정에 따라 무관항을 먼저 표시하면 표 6.25와 같고 표 6.26에는 T F/F의 여기 입력을 표기하였다.

5) 여기 입력의 간소화

표 6.26의 여기 입력 T_B와 T_D는 모두 1과 무관항이므로 간소화하면 1이 되어 간소화를 수행하지 않아도 된다. 따라서 최소항 0이 포함된 T_A와 T_C에 대해 카노맵으로 간소화하자. 그리고 10 ~ 15는 무관항이며 결과는 그림 6.40에 나타내었다.

$$\text{don't care term} = \sum(0,2,4,6,8,10,11,12,13,14,15), \quad T_A = \sum(7,9) = A + BC$$

$$\text{don't care term} = \sum(0,2,4,6,8,10,11,12,13,14,15), \quad T_C = \sum(1,3,5,7) = A'$$

$$T_B = T_D = 1$$

표 6.25   여기 입력 무관항이 표기된 비동기식 BCD 카운터 상태표

번호	A	B	C	D	T_A	T_B	T_C	T_D
0	0	0	0	0	X	X	X	
1	0	0	0	1		X		
2	0	0	1	0	X	X	X	
3	0	0	1	1				
4	0	1	0	0	X	X	X	
5	0	1	0	1		X		
6	0	1	1	0	X	X	X	
7	0	1	1	1				
8	1	0	0	0	X	X	X	
9	1	0	0	1		X		
0	0	0	0	0				

표 6.26 *T* F/F의 여기 입력이 작성된 비동기식 BCD 카운터 상태표

번호	A	B	C	D	T_A	T_B	T_C	T_D
0	0	0	0	0	X	X	X	1
1	0	0	0	1	0	X	1	1
2	0	0	1	0	X	X	X	1
3	0	0	1	1	0	1	1	1
4	0	1	0	0	X	X	X	1
5	0	1	0	1	0	X	1	1
6	0	1	1	0	X	X	X	1
7	0	1	1	1	1	1	1	1
8	1	0	0	0	X	X	X	1
9	1	0	0	1	1	X	0	1
0	0	0	0	0				

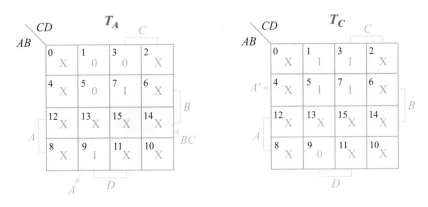

그림 6.40 *T* F/F을 이용한 비동기식 BCD 카운터 설계의 간소화

6) 논리 회로 구현 및 검증

구현 회로를 나타내면 그림 6.41(b)와 같이 표현되고, 검증은 표 6.27에 간소화 결과가 1이 아닌 T_A와 T_C에 대해 상태 방정식 결과를 표현하였다. 그 결과 검증 결과가 여기 입력에 모두 포함되어 조건을 만족한다. 마찬가지로 *T* F/F을 이용한 그림 6.41(a)의 동기식 BCD 카운터 구현 회로와 비교하면 더욱 간단하게 구현된 회로임을 알 수 있다.

비동기식 BCD 카운터의 MSB인 *A* F/F을 보면 9 → 0으로 천이될 때, 그림

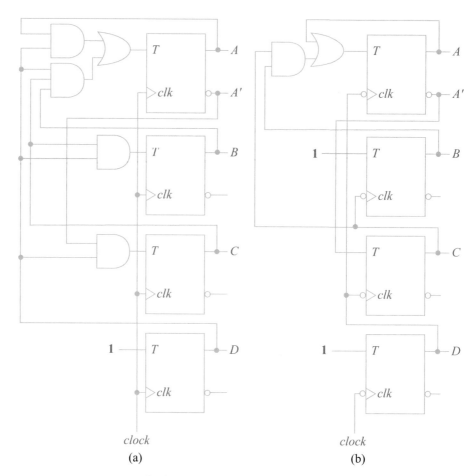

그림 6.41　*T* F/F을 이용한 BCD 카운터 회로도: (a) 동기식, (b) 비동기식

표 6.27　*T* F/F을 이용한 비동기식 BCD 카운터 설계 검증표

번호	*A*	*B*	*C*	*D*	$T_A=A+BC$	$T_C=A'$	T_A	T_C
0	0	0	0	0	0	1	X	X
1	0	0	0	1	0	1	0	1
2	0	0	1	0	0	1	X	X
3	0	0	1	1	0	1	0	1
4	0	1	0	0	0	1	X	X
5	0	1	0	1	0	1	0	1
6	0	1	1	0	1	1	X	X
7	0	1	1	1	1	1	1	1
8	1	0	0	0	1	0	X	X
9	1	0	0	1	1	0	1	0

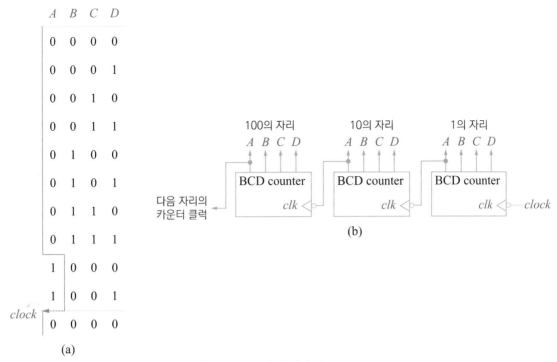

그림 6.42 **비동기식 BCD 카운터의 확장 회로도:**
(a) 다음 단으로의 클럭 발생, (b) 카운터 확장

6.42(a)에서처럼 하강 에지의 파형이 발생되므로 연속적으로 비동기식 BCD 카운터 블록을 확장 연결할 때 다음 단의 클럭으로 동작할 수 있다. 그러므로 이것을 다음 블록 단의 클럭으로 연결하면 손쉽게 확장할 수 있으며, 그림 6.42(b)처럼 한 블록씩 추가되어 원하는 자릿수만큼 만들 수 있다. 동기식 BCD 카운터도 하강 에지에 동작하도록 설계하면 비동기식과 동일하게 MSB를 다음 단의 클럭으로 사용하여 확장을 용이하게 할 수 있다.

BCD 카운터 설계 2(D, JK F/F)

여기에서는 D와 JK F/F으로 비동기식 BCD 카운터를 설계해보자. 클럭 반영 시점까지는 위의 설계와 동일하므로 여기 입력 추가부터 살펴보자.

  D F/F과 JK F/F을 활용한 비동기식 BCD 카운터를 설계하자.

1) F/F 개수 결정에서 클럭 결정과 여기 입력 반영 시점 표시까지

무관항 위치까지 위의 설계와 동일하다.

2) 상태표에 여기 입력 추가

D와 JK F/F의 여기 입력을 추가하면 표 6.28과 같다.

3) 여기 입력의 간소화

이제 설계를 많이 경험했으므로 최소항에 0이 많을수록 간소화가 덜 된다는 사실을 알 수 있을 것이다. 표 6.28의 여기 입력에서 최소항에 0이 없는 $K_A = J_B = K_B = K_C = J_D = K_D = 1$이므로 나머지 여기 입력에 대한 간소화 수행 결과를 그림 6.43과 6.44에 나타내었다.

$$D_A = BC, \quad D_B = B', \quad D_C = A'C', \quad D_D = D'$$
$$J_A = BC, \quad J_C = A'$$

표 6.28 D, JK F/F의 여기 입력이 작성된 비동기식 BCD 카운터 상태표

번호	A	B	C	D	D_A	D_B	D_C	D_D	J_A	K_A	J_B	K_B	J_C	K_C	J_D	K_D
0	0	0	0	0	X	X	X	1	X	X	X	X	X	X	1	X
1	0	0	0	1	0	X	1	0	0	X	X	X	1	X	X	1
2	0	0	1	0	X	X	X	1	X	X	X	X	X	X	1	X
3	0	0	1	1	0	1	0	0	0	X	1	X	X	1	X	1
4	0	1	0	0	X	X	X	1	X	X	X	X	X	X	1	X
5	0	1	0	1	0	X	1	0	0	X	X	X	1	X	X	1
6	0	1	1	0	X	X	X	1	X	X	X	X	X	X	1	X
7	0	1	1	1	1	0	0	0	1	X	X	1	X	1	X	1
8	1	0	0	0	X	X	X	1	X	X	X	X	X	X	1	X
9	1	0	0	1	0	X	0	0	X	1	X	X	0	X	X	1
0	0	0	0	0												

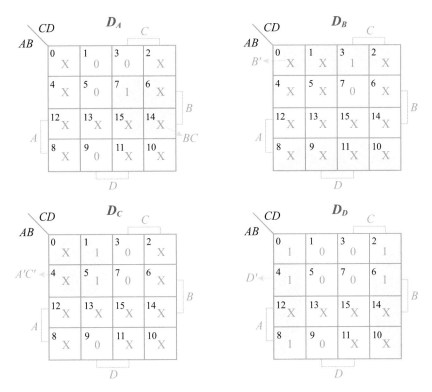

그림 6.43 *D* F/F을 이용한 비동기식 BCD 카운터 설계의 간소화

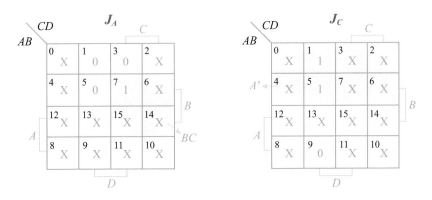

그림 6.44 *JK* F/F을 이용한 비동기식 BCD 카운터 설계의 간소화

4) 논리 회로 구현 및 검증

구현 회로는 그림 6.45이며, 검증표는 표 6.29에 상태 방정식 결과가 1이 아닌 여기 입력에 대해 작성하였다. 결과가 일치함을 알 수 있다.

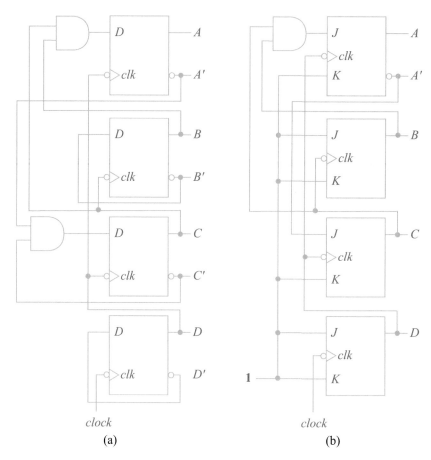

그림 6.45　*D*와 *JK* F/F을 이용한 비동기 BCD 카운터 회로도: (a) *D* F/F, (b) *JK* F/F

표 6.29　*D*, JK F/F의 비동기식 BCD 카운터 설계 검증표

번호	*A*	*B*	*C*	*D*	$D_A=BC$	$D_B=B'$	$D_C=A'C'$	$D_D=D'$	$J_A=BC$	$J_C=A'$
0	0	0	0	0	0	1	1	1	0	1
1	0	0	0	1	0	1	1	0	0	1
2	0	0	1	0	0	1	0	1	0	1
3	0	0	1	1	0	1	0	0	0	1
4	0	1	0	0	0	0	1	1	0	1
5	0	1	0	1	0	0	1	0	0	1
6	0	1	1	0	1	0	0	1	1	1
7	0	1	1	1	1	0	0	0	1	1
8	1	0	0	0	0	1	0	1	0	0
9	1	0	0	1	0	1	0	0	0	0

BCD 하향 카운터 설계(*JK* F/F)

BCD 하향 카운터를 설계해보자. 하위 비트가 0 → 1로 천이될 때, 상위 비트가 변화되므로 하향 카운터의 클럭을 선택하는 데 두 가지 기법을 생각할 수 있다. 첫 번째는 F/F의 보수 출력을 이용하는 방법이고, 두 번째는 상승 에지 트리거링 F/F을 사용하는 방법이다. 두 방법 모두 동일한 결과를 가져오므로 이번 예에서는 두 번째 방식인 상승 에지 트리거링 F/F을 사용해 설계해보자.

 상승 에지 트리거링 F/F을 활용한 비동기식 BCD 하향 카운터를 설계하자.

1) F/F 개수 결정

BCD는 4개의 F/F이 필요하므로 리터럴은 *ABCD*로 설정한다.

2) 상태 천이표 작성

상태표는 표 6.30과 같다.

3) 클럭 결정과 여기 입력 고려 시점(유효한 상태 변화 시점) 표시

이번 설계에서는 자신의 F/F에서 천이가 발생할 때 다른 F/F에서 0 → 1로 상승하는 비트를 찾는 방식에서의 차이만 있다. 따라서 중간 과정은 이전 예제와 같고, 클럭 결정 결과를 바로 그림 6.46에 나타내었다. 하강 에지 트리거링과 동일한 클럭 결정 결과가 나왔으며, 여기 입력이 유효한 경우는 사각형 음영으로 표시하였다.

표 6.30   BCD 하향 카운터의 상태표

번호	*A*	*B*	*C*	*D*
9	1	0	0	1
8	1	0	0	0
7	0	1	1	1
6	0	1	1	0
5	0	1	0	1
4	0	1	0	0
3	0	0	1	1
2	0	0	1	0
1	0	0	0	1
0	0	0	0	0
9	1	0	0	1

A B C D Main clock

1	0	0	1
1	0	0	0
0	1	1	1
0	1	1	0
0	1	0	1
0	1	0	0
0	0	1	1
0	0	1	0
0	0	0	1
0	0	0	0
1	0	0	1

표 6.31   JK F/F의 여기 입력이 작성된 BCD 하향 카운터 상태표

번호	A	B	C	D	J_A	K_A	J_B	K_B	J_C	K_C	J_D	K_D
9	1	0	0	1	X	X	X	X	X	X	X	1
8	1	0	0	0	X	1	1	X	1	X	1	X
7	0	1	1	1	X	X	X	X	X	X	X	1
6	0	1	1	0	0	X	X	X	X	1	1	X
5	0	1	0	1	X	X	X	X	X	X	X	1
4	0	1	0	0	0	X	X	1	X	X	1	X
3	0	0	1	1	X	X	X	X	X	X	X	1
2	0	0	1	0	0	X	X	X	X	1	1	X
1	0	0	0	1	X	X	X	X	X	X	X	1
0	0	0	0	0	1	X	X	X	0	X	1	X
9	1	0	0	1								

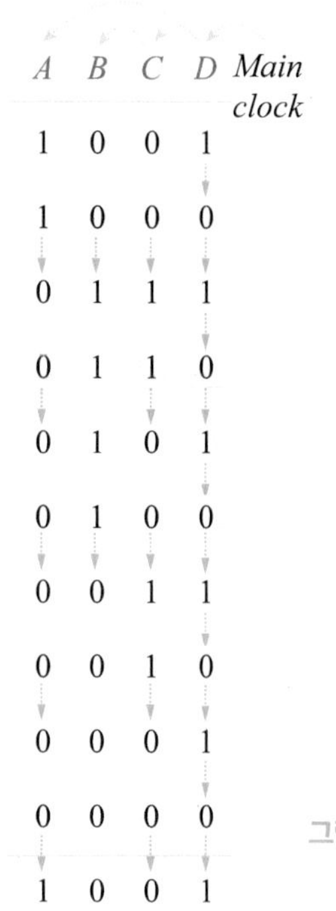

그림 6.46   비동기식 BCD 하향 카운터의 클럭 결정과 유효 입력 고려 시점
(상승 에지 트리거링)

4) 상태표에 여기 입력 추가

무관항과 각 F/F의 여기 입력을 표 6.31에 표기하였다.

5) 여기 입력의 간소화

여기 입력 J_A와 J_C에만 0이 있으므로 간소화를 수행하면 그림 6.47과 같이 정리되고 나머지 입력은 모두 1이다.

$$J_A = B'C' = (B + C)', \quad J_C = A + B$$
$$K_A = J_B = K_B = K_C = J_D = K_D = 1$$

6) 논리 회로 구현 및 검증

구현 회로는 그림 6.48과 같이 표현된다. J_A 입력은 원래는 보수 입력인데, 클럭으로 B와 C의 출력이 사용되므로 결선을 줄이기 위해서 NOR 게이트로 변형하

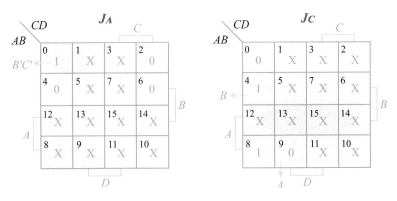

그림 6.47 *JK* F/F을 이용한 BCD 하향 카운터 설계의 간소화

였다. 검증은 표 6.32에 J_A와 J_C에 대해 상태 방정식 결과를 표현하였으며, 검증 결과가 여기 입력에 모두 포함되는 것을 확인할 수 있다.

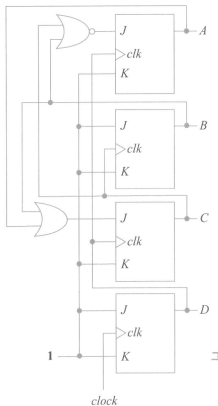

1

clock

그림 6.48 *JK* F/F을 이용한 비동기
BCD 하향 카운터 회로도
(상승 에지 트리거링)

표 6.32 *JK* F/F을 이용한 BCD 하향 카운터 설계 검증표

번호	A	B	C	D	$J_A=B'C'$	$J_C=A+B$	J_A	J_C
9	1	0	0	1	1	1	X	X
8	1	0	0	0	1	1	X	1
7	0	1	1	1	0	1	X	X
6	0	1	1	0	0	1	0	X
5	0	1	0	1	0	1	X	X
4	0	1	0	0	0	1	0	1
3	0	0	1	1	0	0	X	X
2	0	0	1	0	0	0	0	X
1	0	0	0	1	1	0	X	X
0	0	0	0	0	1	0	1	0

랜덤 2진 카운터 설계(T F/F)

6.2절에서 설계했던 정의되지 않은 상태가 포함된 랜덤 카운터를 비동기식으로 설계해보자. 그리고 정의되지 않은 상태가 발생하였을 때, 어떤 상태로 천이되는 지도 확인하도록 하자.

Design Mission $0 \to 3 \to 4 \to 5 \to 6 \to 1 \to 0$으로 순환하는 비동기식 랜덤 카운터를 T F/F을 이용해 설계하자.

※ 설계 과정

1) F/F 개수 결정

카운터의 상태가 6개이므로 3-비트의 저장 장치가 필요하고 F/F의 각 상태를 표기하는 리터럴은 ABC로 설정한다.

2) 상태 천이표 작성

상태의 진행 순서에 맞게 상태표를 표 6.33과 같이 작성하자.

표 6.33 **랜덤 카운터의 상태표**

번호	A	B	C
0	0	0	0
3	0	1	1
4	1	0	0
5	1	0	1
6	1	1	0
1	0	0	1

3) 클럭 결정과 여기 입력 고려 시점 표기

그림 6.49에서처럼 상위 비트 A F/F의 변화 위치와 B F/F의 $1 \to 0$ 천이가 일치하므로 B의 출력을 A F/F의 클럭으로 사용 가능하며, 나머지 F/F의 변화에는 입력 가능한 F/F이 없으므로 메인 클럭 인가를 결정하면 된다. 만약 비동기식 카운터를 설계하려고 할 때, **어떤 출력도 다른 F/F의 클럭으로 사용할 수 없다면 동기식으로만 설계가 가능**하다.

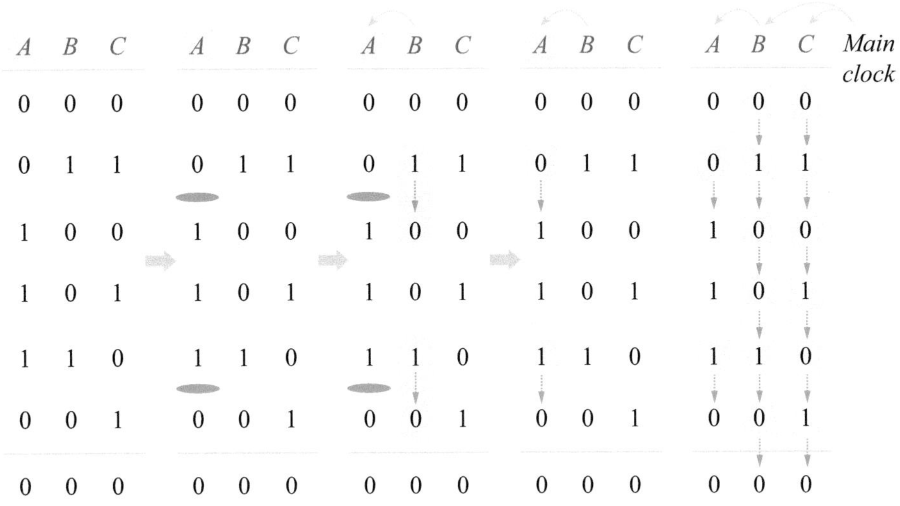

A B C   A B C   A B C   A B C   A B C   *Main clock*

```
A B C    A B C    A B C    A B C    A B C
0 0 0    0 0 0    0 0 0    0 0 0    0 0 0

0 1 1    0 1 1    0 1 1    0 1 1    0 1 1

1 0 0    1 0 0    1 0 0    1 0 0    1 0 0

1 0 1    1 0 1    1 0 1    1 0 1    1 0 1

1 1 0    1 1 0    1 1 0    1 1 0    1 1 0

0 0 1    0 0 1    0 0 1    0 0 1    0 0 1

0 0 0    0 0 0    0 0 0    0 0 0    0 0 0
```

그림 6.49   비동기식 랜덤 카운터의 클럭 결정과 유효 입력 고려 시점

표 6.34 T F/F의 여기 입력이 추가된 비동기식 랜덤 카운터의 상태표

번호	A	B	C	T_A	T_B	T_C
0	0	0	0	X	1	1
3	0	1	1	1	1	1
4	1	0	0	X	0	1
5	1	0	1	X	1	1
6	1	1	0	1	1	1
1	0	0	1	X	0	1
0	0	0	0			

4) 상태표에 여기 입력 추가

무관항은 A F/F의 0, 4, 5, 1 위치에 있으며, 나머지 F/F은 해당 사항이 없다. 각 F/F의 여기 입력을 표 6.34에 표기하였다.

5) 여기 입력의 간소화

T_A와 T_C는 최소항 0을 가지고 있지 않으므로 간소화 결과가 1이며, T_B의 간소화는 그림 6.50에 나타내었다.

이 문제에서 정의되지 않은 2와 7은 무관항이 되어 간소화 결과는 아래와 같다.

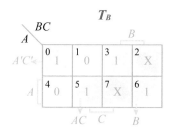

그림 6.50 T F/F을 이용한 비동기식 랜덤 카운터 설계의 간소화

$$\text{don't care term} = \sum(2,7)$$
$$T_A = T_C = 1,$$
$$T_B = \sum(0,3,5,6)$$
$$= A'C' + AC + B$$
$$= (A \odot C) + B$$

6) 논리 회로 구현 및 검증

회로도는 그림 6.51에 나타내었으며, T_B에 대해 검증표는 표 6.35와 같다.

정의되지 않은 상태인 2와 7이 카운터 시스템 오류로 발생되었다면 어떤 상태로 천이될지 각 상태 방정식을 풀이해보자. $ABC = 010(2)$,

$$T_A = 1$$
$$T_B = (A \odot C) + B = 1$$
$$T_C = 1$$

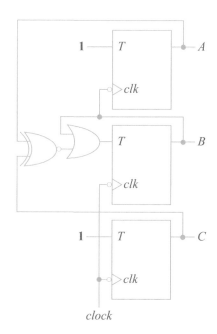

이므로 모든 비트를 토글시켜 다음 상태는 $ABC = 010 \rightarrow 101(5)$이 되며, $ABC = 111(7)$이 발생되었다면, 상태 방정식은

그림 6.51 T F/F을 이용한 비동기식 랜덤 카운터의 회로도

표 6.35 T F/F을 이용한 랜덤 카운터의 설계 검증표

번호	A	B	C	$T_B=(A \odot C)+B$	T_B
0	0	0	0	1	1
3	0	1	1	1	1
4	1	0	0	0	0
5	1	0	1	1	1
6	1	1	0	1	1
1	0	0	1	0	0

$$T_A = 1$$
$$T_B = (A \odot C) + B = 1$$
$$T_C = 1$$

이 되어 위의 경우와 같이 모든 비트를 토글시켜 다음 상태는 $ABC = 111 \rightarrow$ 000(0)이 된다.

간소화 그림 6.50을 보면, XNOR 위치에 1이 있으며 2와 7이 무관항이다. 따라서 그림 6.52와 같이 무관항을 0으로 생각하고 구현해도 결과는 같다.

그림 6.51은 2와 7을 1로 간주해 구현한 것이고, 그림 6.52는 2와 7을 0으로 간주해 구현한 것이다. 그렇다면, 정의되지 않은 상태가 발생할 때 어떤 상태로 천이되는지 계산해보자. $ABC = 010(2)$,

$$T_A = 1$$
$$T_B = (A \oplus B \oplus C)' = 0$$
$$T_C = 1$$

이므로 첫 번째와 세 번째 비트를 토글시켜 다음 상태는 $ABC = 010 \rightarrow 111(7)$이

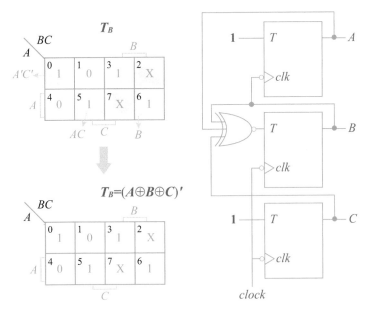

그림 6.52 T F/F을 이용한 비동기식 랜덤 카운터 설계의 대안 회로도

되고, $ABC = 111(7)$이 발생되었다면, 상태 방정식은

$$T_A = 1$$
$$T_B = (A \oplus B \oplus C)' = 0$$
$$T_C = 1$$

이 되이 위의 경우와 같이 첫 번째와 세 번째 비트를 토글시켜 다음 상태 $ABC = 111 \rightarrow 010(2)$이 된다. 그러므로 구현 방식에 따라 정의되지 않은 상태가 발생하였을 경우, 천이도 달라진다. 두 번째 구현의 경우, 정의되지 않은 2와 7이 발생한다면 계속 2와 7로 변경되는 무한 반복 상태에 빠지게 된다.

이 장에서 우리는 순차 회로를 분석하고 설계하기 위한 도구인 상태표, 상태도, 상태 방정식에 대해 배웠고, 이것을 사용하여 동기식과 비동기식의 다양한 카운터를 설계하였다. 특히, 비동기식은 클럭 결정이 무엇보다 중요하므로 설계 시 주의가 요구되지만, 구현 결과가 단순하므로 많이 활용되는 기법이다. 그러므로 다양한 설계 예제를 구현하여 설계 기법에 친숙해지기를 바란다.

1. 순차 논리 회로의 회로도에서 상태 방정식을 유도할 수 있다. ☐ ☐

2. 회로도에서 입출력 변수를 구분할 수 있다. ☐ ☐

3. 상태 방정식에서 상태표를 작성할 수 있다. ☐ ☐

4. 상태표에서 상태도를 그릴 수 있고 상태도에서 상태표를 작성할 수 있다. ☐ ☐

5. 동기식 회로와 비동기식 회로를 구분할 수 있다. ☐ ☐

6. 동기식 2진 및 BCD 카운터를 D, T 및 JK F/F으로 설계할 수 있다. ☐ ☐

7. 동기식 랜덤 카운터를 설계할 수 있다. ☐ ☐

8. 동기식 2진 상하향 카운터 및 병렬 로드 기능의 카운터를 설명할 수 있다. ☐ ☐

9. 순환 및 존슨 카운터의 특징을 설명하고 설계할 수 있다. ☐ ☐

10. 비동기식 카운터의 클럭 결정과 여기 입력이 유효한 시점을
    지정할 수 있다. ☐ ☐

11. 비동기식 2진 및 BCD 카운터를 D, T 및 JK F/F으로 설계할 수 있다. ☐ ☐

12. 비동기식 랜덤 카운터를 설계할 수 있다. ☐ ☐

절취선

학번		이름	

※ 학습 내용 중 보충 설명이 필요하거나 학습 관련 문의 및 건의사항은 무엇인가요?

절
취
선

연습 문제

6.1 9 → 0으로 역 카운팅하는 BCD 하향 카운터를 아래의 도구를 사용해 동기식으로 각각 설계하라.

1) *D* F/F

2) *T* F/F

3) *JK* F/F

6.2 0 → 3 → 2 → 1 → 4 → 7 → 6 → 5 → 0으로 천이하는 동기식 카운터를 *JK* F/F으로 설계하라.

6.3 3-비트 그레이 코드를 순차적으로 출력하는 동기식 카운터를 *D* F/F으로 설계하라.

6.4 0 → 3 → 2 → 1 → 6 → 5 → 0으로 천이하는 동기식 카운터를 *T* F/F으로 설계하라.

6.5 6개의 장치에 enable 신호를 주기 위해 3개의 *D* F/F으로 존슨 카운터를 구현해 사용하려고 한다. 그러면 6개의 서로 다른 상태가 발생할 것이다. 각 상태마다 1이 출력되는 회로를 2-입력 AND 게이트 6개로 구현하는 조합 회로를 설계하여 존슨 카운터에 연결하는 회로를 구현하라.

6.6 0 → 3 → 2 → 1 → 4 → 7 → 6 → 5 → 0으로 천이하는 비동기식 카운터를 *T* F/F으로 설계하라.

6.7 0 → 3 → 2 → 1 → 6 → 5 → 0으로 천이하는 비동기식 카운터를 *JK* F/F으로 설계하라.

6.8 시계를 만들기 위해 mod-60 카운터를 만들려고 한다. 비동기식 6진 카운터와 10진 카운터를 각각 설계하고 블록도를 이용해 각 카운터를 60진 카운터로 표현하라.

참고 문헌

1. George H. Mealy, "A Method for Synthesizing Sequential Circuits," *Bell System Technical Journal*, pp. 1045-1079, 1955.

2. Charles H. Jr. Roth, *Fundamentals of Logic Design*, Thomson-Engineering, 2004.

3. Ali Akhavi, Ines Klimann, Sylvain Lombardy, Jean Mairesse, Matthieu Picantin, "On the Finiteness Problem for Automaton (semi)Groups," *Intetnational Journel of Algebra Computation*, Vol. 22, No. 6, 2012.

4. Edward F Moore, "Gedanken-experiments on Sequential Machines," *Automata Studies*, Annals of Mathematical Studies, Princeton, N.J.: Princeton University Press, Vol. 34, pp. 129-153, 1956.

5. M. Michael Vai, *VLSI Design*, CRC Press, 2000.

6. Joseph Cavanagh, *Sequential Logic: Analysis and Synthesis*, CRC Press, 2006.

7. Ed Lipiansky, *Electrical, Electronics, and Digital Hardware Essentials for Scientists and Engineers*, John Wiley and Sons, 2012.

8. John E. Hopcroft, Rajeev Motwani, Jeffrey D. Ullman, *Introduction to Automata Theory, Languages, and Computation*, Addison Wesley, 2007.

9. Arun Kumar Singh, *Digital Principles Foundation of Circuit Design and Application*, New Age Publishers, 2006.

10. Chris J. Myers, *Asynchronous Circuit Design*, John Wiley & Sons, 2001.

11. Karl M. Fant, *Logically Determined Design: Clockless System Design with NULL Convention Logic(NCL)*, John Wiley and Sons, 2005.

12. R. Katz, G. Boriello, *Contemporary Logic Design 2nd edition*, Prentice Hall, 2005.

13. Sajjan G. Shiva, *Computer design and architecture 3rd edition*, CRC Press, 2000.

14. Diederich Hinrichsen, Anthony J. Pritchard, *Mathematical Systems Theory I: Modelling, State Space Analysis, Stability and Robustness*, Springer, 2006.

15. Hassan A. Farhat, *Digital design and computer organization*, CRC Press, 2004.

16. Michael D. Ciletti, M. Morris R. Mano, *Digital Design 6th Edition*, Pearson Education Ltd., 2018.

7장

프로그래머블
논리 장치(PLD)

학습 목표

❖ PLD의 종류를 이해한다.
❖ 메모리의 종류를 이해한다.
❖ 어드레싱 원리를 이해한다.
❖ 2차원 어드레싱과 어드레스 다중화를 이해한다.
❖ 메모리 확장 방법을 이해한다.
❖ PROM, PAL, PLA의 프로그래밍 원리를 이해한다.
❖ PLD로 조합 회로를 설계하는 방법을 이해한다.
❖ RAM의 구조를 이해한다.

7.1 PLD 개요

프로그래머블 논리

4장 조합 논리 회로 설계에서 6장 순차 논리 회로 설계까지 다양한 설계 문제를 다루어왔다. 대부분의 구현이 AND-OR 게이트의 SOP 형식을 이용한 2-단계 구현 기법으로 원하는 목적에 맞게 동작하는 회로를 만들었다. 만약 산업 현장(field)에서 회로를 설계한다면 논리 게이트나 F/F과 같은 소규모의 여러 부품이 필요하므로 설계 및 제작에 다소 번거로움이 있을 수 있다.

예를 들어, 4장에서 우리가 디코더의 원리를 학습하면서 디코더가 있다면 AND 게이트가 필요 없이 외부에 OR 게이트만 연결하면 원하는 부울 함수를 모두 구현할 수 있다는 것을 알았다. 그렇다면, **AND-OR 게이트 모두를 미리 제작해 둔다면 어떤 게이트도 필요 없이 원하는 논리 회로를 만들 수 있지 않을까?** 이렇게 미리 AND와 OR 게이트 군/배열(cluster/array/matrix)*을 IC로 제작해 사용자가 필요한 부분과 불필요한 부분의 연결을 조작하여 손쉽게 논리 회로를 설계할 수 있게 만든 장치가 바로 **PLD(programmable logic device)**이다.

군/배열

각 게이트 군집(cluster)이 규칙적으로 배열되어 있어 배열(array) 또는 매트릭스(matrix)라고 표현하는데, 주로 배열이라는 용어를 많이 사용한다.

이 장치는 연결 부위가 퓨즈(fuse) 형식으로 되어 있어 약간의 과전류를 흘리면 연결이 끊어지는 방식으로 작동한다. 이렇게 **연결을 유지하거나 끊는 작업을 프로그래밍 과정**이라고 부른다. 또한 이 장치들은 **메모리로도 구현 가능**하고 각 부위의 접근이 **주소 기반법(addressing)**이므로 이 과정을 메모리에 기록하는 과정과 같다는 의미에서 **쓰기(writing) 과정**이라고도 한다.

이 장에서는 이런 프로그래밍 가능한 논리 장치 IC에 대해 다룬다. 상용으로

원리로 쉽게 배우는 디지털 논리회로 설계

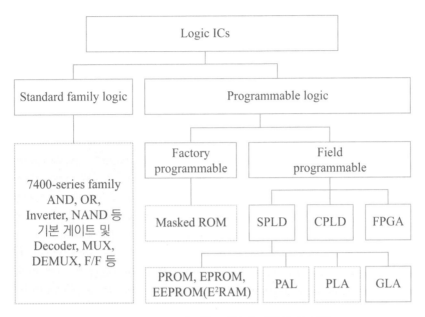

그림 7.1　프로그램 가능 여부에 따른 IC의 분류

판매되고 있는 IC 제품군을 분류하면 그림 7.1과 같이 대략적으로 표준 패밀리 IC와 프로그래머블 IC로 구분된다. 이 밖에 특수 목적용이나 전적으로 주문 제작하는 IC의 분류도 있지만, 이것은 특수한 용도이므로 분류에서 제외하여 정리하였다.

먼저 프로그래밍 가능 여부에 따른 대표적 표준 패밀리 IC에 7400-시리즈 IC가 있다. 4 ~ 6장까지 학습한 모든 게이트와 디코더, DEMUX, MUX 및 모든 F/F 등의 범용 IC가 여기에 속한다. 이들은 주로 소규모 논리 회로 설계에 이용된다. 두 번째 분류는 프로그래밍 가능한 IC들로 반도체 제조사에서 주문형으로 대량 생산하는 factory 형태의 프로그래밍 IC가 있고, 나머지는 전자 제품에 논리 회로를 직접 설계하여 활용하는 IC로 제조회사가 field에서 직접 프로그래밍하는 IC 분류가 있다.

이 절에서 다루는 프로그래밍 가능 IC는 field 프로그래머블 형태이다. 이들 IC들은 다시 SPLD(simple PLD), CPLD(complex PLD), FPGA(field program-mable gate array)로 분류된다. 이 구분은 구조적으로 내부의 블록 간 연결 및 특성 등에서 약간의 차이가 있지만 규모에 따라 소, 중, 대로 분류했다고 생각할 수 있다.

이 장에서는 프로그래밍 가능 IC 중 현장에서 소규모 스케일의 조합 논리 회로를 범용 게이트 없이 구현할 수 있는 **SPLD 분류에 속하는 PROM(program-mable read-only memory)**, **PAL(programmable array logic)** 및 **PLA(program-mable logic array)**에 대해 다룬다. ROM을 학습하기 위해 메모리 어드레싱과 RAM(random access memory)에 관한 부수적 내용도 함께 다룰 것이다. 참고로 그림 7.1의 GLA(generic logic array)는 PLA의 성능을 개선시켜 여러 번 프로그래밍할 수 있는 기능을 갖춘 IC 종류이다.

PLD 장치의 세 가지 종류인 PROM, PAL, PLA는 모두 **AND 게이트 어레이와 OR 게이트 어레이로 구성**되어 있어 **SOP 형식의 논리식을 구현**할 수 있다는 공통점이 있으며, 두 가지 게이트 군의 **조작 가능 여부 차이**에 따라 구분된다. PROM은 OR 게이트 어레이 영역을 프로그램할 수 있고 PAL은 AND 게이트 구역을 프로그램할 수 있으며, PLA는 두 영역 모두 프로그래밍 가능하다. 또한 PAL과 PLA는 F/F을 내장한 제품군이 있어 순차 논리 회로 설계도 가능하다는 특성이 있다. 이것을 표로 정리하면 표 7.1과 같다.

표 7.1 PLD의 종류와 특징

PLD 종류	공통점	차이점
PROM	AND 게이트 array와 OR 게이트 array로 구성 (SOP 형식 구현)	• AND 게이트 array 고정 • OR 게이트 array 프로그램 가능 (Fixed-AND, programmable-OR) • 조합 논리 회로만 설계 가능
PAL		• OR 게이트 array 고정 • AND 게이트 array 프로그램 가능 (Fixed-OR, programmable-AND) • F/F 내장으로 순차 논리 회로 설계도 가능
PLA		• AND 게이트 array 프로그램 가능 • OR 게이트 array 프로그램 가능 (Programmable-AND, programmable-OR) • F/F 내장으로 순차 논리 회로 설계도 가능

7.2 PROM

메모리의 종류

PROM을 학습하기 전에 ROM(read-only memory)에 대해 먼저 알아보자. 메모리는 RAM(random-access memory)과 ROM으로 분류된다는 것을 익히 알고 있을 것이다. 이들은 모두 2진 데이터를 저장할 수 있다는 측면에서는 기능이 같지만, 용도는 확연히 다르다.

다양한 디지털 시스템에서 전원을 꺼도 데이터가 저장되기를 원하는 비휘발성(non-volatile) 메모리*가 필요한 경우가 많다. 예를 들어 펌웨어(firmware), 컴퓨터 부팅 시 구동해야 하는 ROMBIOS 프로그램이나 상용 가전 제품(consumer electronics)의 소규모 프로그래밍 코드 등은 전원을 인가했을 때 초기에 실행되어야 한다.

비휘발성 메모리

비휘발성 기억 장치는 전원이 없어도 저장된 데이터가 유지되는 장치로 ROM과 자장을 기록하는 기존의 하드디스크와 플로피디스크, 그리고 기구적인 홈이나 굴곡 또는 표면 물질의 반사율을 조정하는 CDROM과 같은 광학 장치 및 전하를 충전하는 플래시 메모리 등이 여기에 속한다.

RAM은 전원이 없으면 기억된 데이터가 지워지는 휘발성(volatile) 메모리이므로 이런 환경에서는 사용할 수 없다. 그러므로 한 번 기록하면 영구적으로 데이터를 보존하는 메모리 장치가 필요한데 이것이 바로 ROM이다. 그림 7.2에 메모리의 구분을 간략하게 나타내었다.

먼저 ROM을 살펴보자. ROM은 초기에는 masked ROM이라 불리었다. 반도체 회사에 주문하면 0과 1이 기록된 마스크(mask)라는 판을 만들고, 이를 이용해 주문자에게 IC를 대량 제작 공급하는 방식이었다. 예컨대 가전 회사에서 제품의 동작을 총괄하는 프로그램이 기록된 칩을 만드는 경우, 프로그램을 2진

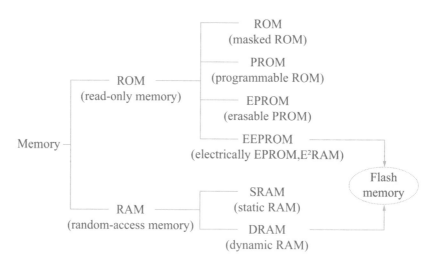

그림 7.2　메모리의 분류

코드로 변환한 뒤 반도체 제조사에 전달하여 대량의 IC를 공급받는 방식으로 주로 이용되었다. 한 번에 많은 IC를 제작해야 하는 구조에 경제적이고 적합한 방식이다. 그러나 한 번 IC로 만들면 수정할 수 없고 프로그램의 버그가 발견되면 제조된 IC 전량을 폐기해야 하며, 변경 사항을 반영하려면 마스크를 다시 만든 후 IC를 제조해야만 했다. 이런 번거로움을 없애기 위해 개선된 방식이 나오게 되었다.

반도체 회사가 빈(blank) ROM을 만들어 공급하고 현장에서 ROM 기록 장치(writer)를 이용해 자신들만의 데이터를 기록하는 방식이 개발된 것이다. 이것이 PROM으로, 앞에서 잠시 언급했지만 약간의 과전류를 흘려 퓨즈를 끊는 방식으로 0과 1을 기록하게 하였다. PROM은 1회 기록 방식(write-once)이어서 작업자의 실수나 변경 사항이 생기면 더 이상 쓸 수 없어 여러 번 기록 가능하고 지울 수 있는 PROM인 EPROM(erasable PROM)의 탄생으로 이어졌다.

EPROM 역시 기록할 때는 ROM writer를 이용하지만, 지울 때는 자외선(UV: ultra violet)에 수십 분 노출하여 데이터를 전부 1로 만들어 지우는 방식으로 작동한다. 여기에는 전하를 충전(charge)할 수 있는 부동 게이트(floating gate)를 가진 FET 트랜지스터가 사용되며, 자외선으로 충전이 이루어져 1이 되고 전기적으로 방전(discharge)시켜 0으로 만든다. 재기록 가능한 이점으로 오랜 기간 다양한 환경에서 이용되었다. 빛으로 지워야 하므로 IC 윗면에 투명 창이 있는 구조로 만들어졌다. 그러다 보니 일상의 자외선으로도 데이터가 지워질 수 있어 기록 후에는 창을 스티커로 막아야 하고, 지울 때는 스티커와 이물을 제거하여 자외선에 노출해야 하는 번거로움이 있었다. 이러한 번거로움을 극복하기 위해 개발된 것이 전기적으로 지우고 쓰기가 가능한 EEPROM(electrically EPROM)이다. 전기적으로 지우고 쓰기가 가능한 특성 때문에 E^2RAM이라고도 불리는데, 읽는 속도는 빠르지만, RAM처럼 손쉽게 쓸 수 있는 방식이 아니라 약간 높은 전압과 전류가 공급되어야 하므로 IC 주변에 쓰기 기능을 담당하는 특별한 회로를 붙여야 하고, 쓰기 속도도 수ms로 매우 느리다. 이 방식 역시 EPROM과 같이 부동 게이트가 있는 FET를 사용하지만 전기적으로 충전과 방전을 조절한다.

부수적으로 휘발성 메모리인 RAM의 종류까지 알아보기로 하자. RAM은 읽기 쓰기에 대한 제한뿐 아니라 횟수에도 제약이 없어 컴퓨터나 정보 기기의 대용량 데이터와 프로그램을 적재하는 용도로 사용되는 메모리이다.

RAM에는 두 가지 종류가 있다. 한 번 기록하면 전원이 공급되는 동안 기록된 값이 계속 변화 없이 정적(static)으로 저장된다는 의미에서 SRAM(static RAM)이라 이름 붙여진 것이 그중 한 가지이다. SRAM은 5장에서 설명한 F/F으로 만들어지는 기억 소자로, 내부는 논리 스위치 역할을 하는 다수의 트랜지스터로 구성된다. 따라서 읽기 쓰기 속도가 빠른 특징을 갖는 반면, 많은 트랜지스터로 만들어지다 보니 발열이 심해 집적도가 낮다는 단점이 있다. 그 결과 고속 접근을 요구하는 캐시(cache) 메모리나 레지스터로 활용된다.

DRAM(dynamic RAM)은 SRAM과 달리 트랜지스터 1개와 전하를 충전할 수 있는 커패시터(capacitor) 소자 1개로 만들어져 구조가 간단하지만, 커패시터의 용량이 너무 작아 수ms에 완전 방전된다. 따라서 전하의 움직임이 항상 동적(dynamic)이라는 의미에서 DRAM이라고 이름 붙여진 메모리이다.

DRAM은 1인 데이터가 방전하기 전에 다시 기록하는 refresh라는 처리를 보통 100ns 이내에 수행해야 하므로 이 과정 중에서는 어떤 읽기 쓰기 요구도 수용하지 않는다. 그 결과 SRAM에 비해 속도가 느리지만, 집적도가 높아 대용량 메모리를 만들 수 있으므로 주로 주기억장치(main memory)용으로 활용된다. 컴퓨터는 수행해야 할 프로그램이 주기억장치에 옮겨져야 실행되게 설계된 정보 기기이고, 최근 들어 프로그램 용량이 점점 커지면서 더 큰 용량의 메모리를 필요로 하므로 DRAM이 컴퓨터 주기억장치에 사용되고 있다.

DRAM의 속도를 높이기 위해 동기화(synchronized) DRAM(SDRAM) 형식이 오래전에 개발되었다. 최근에는 클럭이 high/low일 때 모두 읽고 쓸 수 있도록 데이터 전송률을 2배 올린 DDR(double of data rate) 버전이 5세대(DDR5)까지 발전한 SDRAM이 개발되어 보급되면서 속도가 많이 빨라졌다. SRAM 또한 발열을 줄여, 캐시 위치에 따라 차이는 있지만 L3(level-3)* 캐시는 수십 MByte까지 용량이 늘어났다.

캐시 레벨

캐시는 CPU에서 명령어를 처리하기 위해 주기억장치에서 자료를 가져오는데, 이 시간이 많이 걸려 속도가 저하된다. 이러한 단점을 해결하기 위해 한 번에 주기억장치에서 많은 명령어와 데이터를 가져옴으로써 주기억장치의 참조를 줄여 수행 속도를 높일 수 있도록 CPU와 주기억장치 사이에 캐시 메모리를 두는데, CPU에 가까운 정도에 따라 level-1(L1), -2(L2), -3(L3)로 구분하며, L1의 용량이 가장 적다.

그림 7.2에 표기된 flash 메모리에 대해 잠시 언급하고 넘어가자. 이 메모리는 EEPROM과 DRAM의 장점을 가진 메모리이다. 구조는 EPROM이나 EEPROM과 같이 부동 게이트를 갖는 트랜지스터에 전하를 충전하고 방전하는 방식이지만, 충전 속도가 커패시터에 기록하는 만큼 빠르므로 커패시터 기능을 갖는 트랜지스터라 생각하면 된다. 여기에 저장된 전하는 특별한 환경이 아니면 방전되지 않으므로 비휘발성으로 기록된 정보를 저장한다. flash는 빛이 '섬광(flash)처럼 빠르게 지나간다'는 의미로 데이터를 블록 단위로 빨리 읽고 쓸 수 있다고 붙여졌다.

1-바이트 단위로는 수정이 불가능하지만, 블록 단위로 교체하면 되므로 읽기 쓰기가 자유로우며 한 번에 큰 용량의 데이터를 저장하는 멀티미디어 파일 저장에 용이하다. 이 메모리에는 NAND형과 NOR형이 있으며, 최근 하드 디스크를 대체하는 SSD(solid state drive), 이동식 디스크나 카메라 및 스마트폰 등에서 보조 저장 장치로 많이 활용된다. 1-메모리셀(cell)에 0과 1만 구분할 수 있는 1-단계(1-비트 단계)를 인식하는 SLC(single-level cell) 방식과 00 ~ 11까지의 2-단계(2-비트 단계)인 MLC(multi-level cell) 방식, 3-단계인 TLC(triple-level cell) 방식

표 7.2   메모리의 종류와 특징

구분	종류	특징
ROM (비휘발성)	masked ROM	• 반도체 회사에서 제조, 읽기만 가능
	PROM	• 1회 ROM writer로 쓰기 가능, 수정 불가
	EPROM	• ROM writer로 여러 회 쓰기 가능, UV로 지움(수십 분 소요)
	EEPROM	• 전기적으로 여러 회 쓰기 가능, 쓰기 속도가 느림
RAM (휘발성)	SRAM	• 속도가 빠르지만 발열이 심해 집적 효율이 나쁨, 캐시용
	DRAM	• refresh 처리로 속도가 느리지만 집적도가 좋음, 주기억 장치용
Flash memory (비휘발성)	NAND/NOR형	• 블록 단위로 읽고 쓰기 가능, SLC/MLC/TLC/QLC가 있으며 쓰기 횟수에 제한이 있음(100회~최대 10만회 재기록 가능) • 많은 환경에서 활용되고 있음

및 최근에는 1-cell에 4-비트를 기록할 수 있는 4-단계 QLC(quad-level cell) 방식까지 나오고 있다. 플래시 메모리는 레벨이 낮을수록 속도가 빠르며, 단위 면적당 저장 용량이 작지만 기록 가능 횟수가 크며(최대 10만 회), QLC는 속도가 느리고 최대 100회 정도 읽기 쓰기가 가능하다.

플래시 메모리의 최대 단점이 기록 횟수의 제한에 있지만, ROM이 활용되던 기존 영역들이 플래시 메모리로 대체되고 있다. 예를 들어, 플로피 디스크 보조기억장치나 CD-ROM은 이제는 거의 사용되지 않으며, 컴퓨터의 ROMBIOS 프로그램이 저장되는 IC도 플래시 메모리로 대체되었고 최근에는 하드디스크까지 교체되는 추세이다.

이상의 메모리 종류와 특징을 표 7.2에 간단하게 정리하였다.

PROM의 구조

PROM의 내부 셀 회로도는 그림 7.3(a)와 같이 표현된다. 두 개의 메모리 셀이 있다고 가정할 때, 첫 번째 셀은 퓨즈를 그대로 유지하고, 두 번째 셀은 퓨즈를 끊

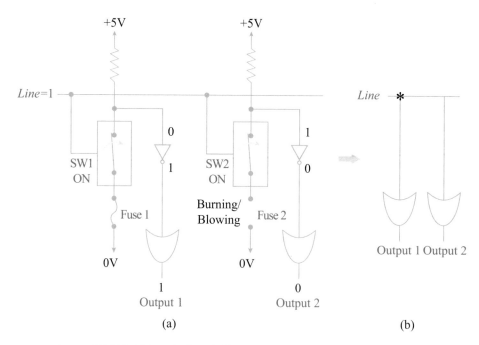

그림 7.3 PROM의 퓨즈 및 메모리 셀 구조: (a) 내부 구조도, (b) 간략화된 구조도

어버린 경우를 보여준다. 프로그래밍 과정에서 퓨즈를 태우거나 날려버린다는
의미에서 버닝(burning)이나 블로잉(blowing)이라는 용어를 사용한다. $line = 1$
이면 각 셀에 연결된 스위치는 모두 ON 되고 퓨즈를 끊어버린 스위치는 5V와 연
결되어 인버터 입력단이 1이 된다. 반대로 퓨즈가 유지된 셀은 0V와 연결되므로
인버터 입력단이 0이 된다. 이후 여러 개의 라인을 공통으로 연결하기 위해 OR
게이트로 입력되는 구조이다. 이런 결선을 간략하게 그림 7.3(b)와 같이 표시하
고 퓨즈가 연결된 셀에는 별표(*)나 x 표기를 하는데, 표기된 부분이 1을 출력하
는 구조이다.

　　　PROM으로 부울 함수를 구현하는 방법을 알아보기 위해 입력 변수가 2개이
고 8개의 부울 함수를 갖는 진리표가 표 7.3과 같이 주어졌다고 가정하자. 이것을
디코더와 위의 단일 PROM 셀들을 연결하면, 그림 7.4(a)는 그림 7.4(b)와 같은
형식으로 표현된다. 그림 7.4(a)의 경우에는 많은 연결이 존재하므로 보통 그림
7.4(b)와 같이 하나의 선으로 연결하고 연결 부위만 별표를 표시한다. 진리표 7.3
을 가로 방향으로 보면 8-비트이므로 1-바이트 데이터이다. 이 맵을 따라 결선을
완성하면 메모리의 쓰기가 완성되며, 퓨즈를 태워버렸으므로 수정이 불가능하지

표 7.3   2-변수 부울 함수의 예

x	y	F_0	F_1	F_2	F_3	F_4	F_5	F_6	F_7
0	0	1	0	1	0	1	0	1	0
0	1	1	0	0	1	1	0	0	1
1	0	0	1	1	1	1	0	0	0
1	1	0	0	0	0	0	1	1	1

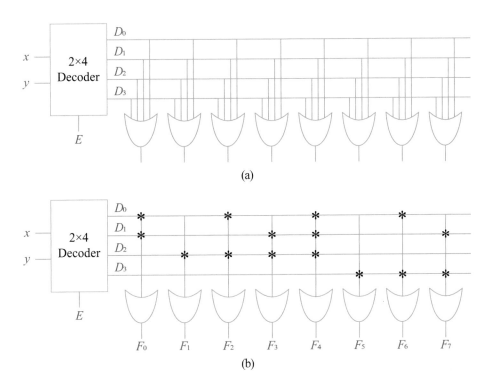

(a)

(b)

그림 7.4   부울 함수가 구현된 PROM: (a) 4×8 비트 PROM 구조도, (b) 프로그래밍된 PROM

만 이 회로도는 항상 진리표 7.3의 결과를 보여줄 것이다.

예를 들어 입력 변수 $xy = 00$이면, 디코더의 첫 번째 라인 $D_0 = 1$이 되고 각 부울 함수를 출력하는 OR 게이트에는 D_0의 입력만 유효하다. 그러므로 퓨즈가 연결된 곳만 1을 출력하며, 결과는 $F_0 \sim F_7 = 10101010$이 되어 $xy = 00$일 때의 모든 부울 함수를 만족한다. 세로 방향으로 $xy = 00, 01, 10, 11$이 입력될 경우, 첫 번째 부울 함수의 출력은 $F_0 = 1, 1, 0, 0$이 되어 부울 함수 F_0를 모두 만족시킨다.

PROM은 디코더와 프로그래밍 가능한 **OR** 게이트 어레이의 조합이며, **디코더**

내부의 **AND 어레이는 변경 불가능한 고정 상태**이다. 그래서 PROM을 **fixed-AND, programmable-OR** IC라고 부른다. 표 7.3과 그림 7.4에서처럼 PROM은 **가로 방향은 메모리 관점에서 데이터를 저장(기록)**한 형태이고, **세로 방향은 부울 함수 관점에서 진리표에 대한 조합 논리 회로를 구현**한 것이다. PROM이나 모든 ROM의 크기 표현은 디코더의 출력 개수 × 비트 수로 표현한다. 예를 들어 1K × 16이라는 표기는 전체 크기가 16K-비트의 메모리 셀이 있으며, 디코더 출력이 1,024(2^{10})개 라인이므로 디코더 입력이 10개 존재하고, 각 라인에 한 워드인 2-바이트 16개의 메모리 셀이 연결되어 있음을 의미한다.

어드레싱 방법

위에서 본 PROM 내부에 있는 디코더의 출력은 각 메모리 위치(주소)를 선택하므로, 앞서 4.10절에서 디코더가 어드레스 디코더로 활용된다고 언급한 것처럼 각 주소(1-라인)의 메모리 셀들을 지정한다. 이렇게 디코더의 출력을 주소에 맵핑하는 과정을 **어드레싱**, 이러한 구현을 **어드레스 디코딩(address decoding)**이라고 부른다. 디코더의 입력 값이 곧 주소인 어드레스이다.

2차원 어드레스 디코딩

그림 7.5(a)와 같이 10-비트의 어드레스 입력이 있고 1K × 8(8K) 비트 메모리가 있다고 가정해보자. 한 번에 10-비트의 10 × 1,024 디코더 구현은 내부에 상당히 많은 AND 게이트가 필요하므로 제작에 어려운 면이 있다. 그림 7.5(b)와 같이 5-비트 어드레스를 사용하는 2개의 5 × 32 디코더를 사용하여 2차원으로 배열하고, 교차점에 8-비트의 메모리 셀을 위치시키면 작은 크기의 디코더로 구현 가능하다. 그리고 주소의 맵핑도 상위 5-비트와 하위 5-비트씩 나누어 연결하면 된다. 이 어드레스 디코딩 방식을 2차원 어드레스 디코딩이라고 한다.

메모리 확장

어드레스 디코딩에 사용하는 디코더는 모두 *CS/CE*(chip selection/enable) 입력을 가지므로 **디코더 확장과 같은 방식으로 데이터 길이를 확장할 수 있고 메모리 주**

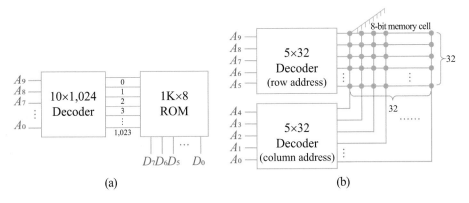

(a)   (b)

그림 7.5 어드레스 디코딩 예: (a) 1차원 디코딩, (b) 2차원 디코딩

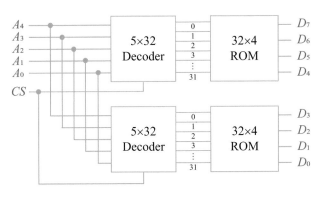

그림 7.6 데이터 길이 확장의 예

소도 확장할 수 있다. 결과적으로 두 가지 모두 메모리 용량이 늘어나 확장된다.

데이터 길이 확장 방식은 그림 7.6과 같이 어드레스 라인과 CS 입력을 공유하고 데이터 라인만 병렬로 결선하면 된다. 데이터 길이가 1-니블(4-비트) 크기인 두 개의 32 × 4 ROM을 병렬 연결하여 32 × 8 ROM으로 확장한 예이다. CS 입력으로 동시에 두 ROM이 선택되도록 디코더가 활성화되며 어드레스 라인을 공유하므로 동일한 위치의 4-비트 데이터가 병렬로 데이터 라인에 읽혀지므로 32개의 8-비트 메모리가 있는 것처럼 동작한다.

다음은 그림 7.7의 32 × 4 비트 ROM에 대한 메모리 주소 확장의 예를 보자. 주소 확장은 enable 입력을 갖는 디코더의 확장과 유사하게 MSB에 인버터를 연결하여 하위 주소 어드레스 디코더에 입력시키고 나머지 주소는 공유한다. 그러면 MSB인 $A_5 = 0$이면 위의 ROM 어드레스 디코더가 활성화되어 0 ~ 31까지의

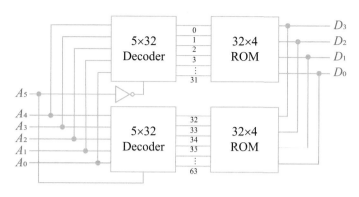

그림 7.7 메모리 주소 확장의 예

데이터를 읽어들일 수 있고, $A_5 = 1$이면 아래의 ROM을 접근해 데이터를 가져올 수 있다. 그러므로 데이터 라인은 같은 비트가 연결되어야 하며, 최종적으로 64×4비트 ROM이 된다. 디코더 확장처럼 2×4 디코더를 사용하면 4개의 메모리 블록을 확장할 수도 있다.

어드레스 다중화

어드레스 **2차원 디코딩**의 예인 그림 7.5는 단순히 **10-비트 어드레스 라인을 모두 사용**하면서 **디코더의 크기만 5-비트씩 줄여 2차원적으로 메모리에 접근**하는 방식이다. 그러나 **어드레스 다중화**는 2차원 어드레스를 사용하는 것은 같지만 **5-비트 어드레스 라인을 공유하는 방식**이므로 5-비트 어드레스 라인만 사용한다. 여기에서 **멀티플렉싱**이라는 용어를 사용하는 이유는 총 **10-비트의 주소가 5-비트의 어드레스 라인을 시간 분할 방식으로 나누어 공유**하기 때문이다.

대부분의 컴퓨터 시스템에서는 메모리 크기가 어드레싱하는 비트 수보다 크므로 어드레스 다중화를 사용한다. 이 경우 2차원 어드레스를 행-방향 주소(row address)와 열-방향 주소(column address)로 구분하고 각 주소를 일정 시간 기억할 수 있는 레지스터를 사용한다. 그리고 각 어드레스가 유효한 기간을 펄스 스트로브(strobe) 신호로 구분하며, 이 스트로브 신호에 의해 각각의 레지스터와 디코더는 enable된다. 대부분 반전 신호를 사용하므로 RAS'(row address strobe)과 CAS'(column address strobe)으로 표현한다.

그림 7.8의 연결 블록도를 보자. 먼저 행-방향 주소가 $RAS' = 0$으로 활성화

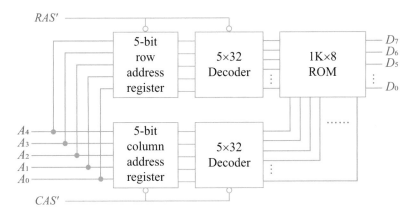

그림 7.8 2차원 어드레스 디코딩의 다중화 예

되면 5-비트 주소가 레지스터에 저장되고 32개 행 중 1-라인이 선택된다. 레지스터는 클럭의 변화가 없으면 현재 상태 값을 저장 및 유지하는 용도이므로 계속 그 주소를 기억한다. 그 다음 열-방향 주소의 $CAS' = 0$이 되면 열 주소 레지스터 및 디코더가 동작해 열 방향 1라인이 선택되어 1,024개 메모리 셀 중 1개 어드레스가 선택되며 해당 8-비트 데이터를 읽는다. 그러므로 이 어드레스 다중화 기법은 5-비트로 10-비트 어드레싱을 가능하게 한다.

이 절에서는 프로그래머블 논리 장치인 **PROM**과 함께 **조합 논리 회로 설계 방법**을 소개했다. **조합 논리 회로 설계**는 부울 함수의 진리표를 그대로 기록하면 구현되므로 설계 방법보다 **PROM의 내부 구조와 원리에 대한 이해**가 중요하다. 아울러 메모리 구조를 처음 소개하고 다양한 **어드레싱 기법**을 학습하였다. 이 구조에 대한 지식이 향후 **컴퓨터 및 고급 디지털 시스템 아키텍처(architecture)를 이해**하는 데 매우 중요하므로 위의 내용을 잘 숙지하기 바란다.

7.3 PAL과 PLA

PAL

PLD 중에서 **PAL**은 **fixed-OR**, **programmable-AND**에 속하는 분류이며, AND

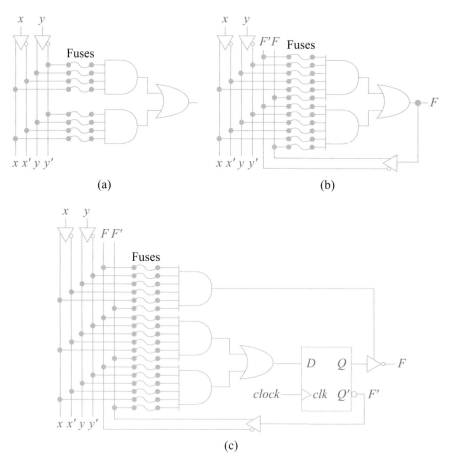

그림 7.9 다양한 PAL 형식: (a) 표준 PAL, (b) 프로그래머블 I/O PAL, (c) Registered PAL

게이트 어레이만 프로그래밍하지만 그림 7.9에 나타낸 것 같이 다양한 종류가 있다.

먼저 그림 7.9(a)는 **표준 PAL 구조로 단순한 AND-OR 논리식만 구현**할 수 있다. 그림 7.9(b)는 프로그래머블 I/O PAL이며, 1차 구현된 부울 함수가 다른 부울 함수에 중복으로 포함되는 논리식이 있는 경우 사용하면 편리하도록 지원하는 구조이다.

프로그래머블 I/O는 출력을 다시 입력으로 프로그래밍할 수 있다는 뜻이며 **구현된 출력이 입력단으로 피드백되는 연결이 추가**된다. 마지막 그림 7.9(c)는 **D F/F과 클럭이 있어 순차 논리 회로를 설계할 수 있게 되어 있는 구조**이다. 또한 프로그래밍된 많은 AND-OR 출력 함수를 서로 영향을 미치지 않으면서 자유롭게 묶을 수 있도록 그림 7.9(c)의 출력단에는 **3-상태 버퍼(또는 인버터)로 구성**되어 있다.

이 3-상태 버퍼나 인버터의 제어 입력은 프로그래밍 가능한 AND 어레이에 연결되어 있으므로 조합 회로의 조건에 맞게 출력을 제어할 수 있는 구조이다. 또한, 앞서 PLD의 구분에서 PROM과 다르게 PAL과 PLA는 순차 논리 회로 설계가 가능하다고 하였다. 두 부류의 특징은 F/F이 포함된 출력 선을 내장하므로 카운터와 같은 순차 회로의 설계도 가능하다.

PAL의 구현 예제로 4장에서 설계하였던 BCD 8421 코드를 3-초과 코드로 변환하는 논리 함수 결과를 PAL로 구현해보자. 설계된 논리식은 다음과 같다. 이 중에서 프로그래머블 I/O의 기능을 쓰기 위해 $B_2'B_1'$이 2곳에 사용되었으므로 이 부분은 부울 함수 출력을 피드백하여 사용하기로 해보자.

$$E_8(B_8,B_4,B_2,B_1) = \Sigma(5,6,7,8,9) = B_4B_1 + B_4B_2 + B_8$$
$$E_4(B_8,B_4,B_2,B_1) = \Sigma(1,2,3,4,9) = B_4'B_1 + B_4'B_2 + B_4B_2'B_1'$$
$$E_2(B_8,B_4,B_2,B_1) = \Sigma(0,3,4,7,8) = B_2'B_1' + B_2B_1$$
$$E_1(B_8,B_4,B_2,B_1) = \Sigma(0,2,4,6,8) = B_1'$$

PAL로 구현된 회로도는 그림 7.10과 같다. 첫 번째 OR 게이트의 출력이 $B_2'B_1'$이며, E_4와 E_2에 사용되었다. 퓨즈가 하나도 연결되지 않은 AND 게이트는 0을 출력하므로 OR 게이트에는 영향이 없다. 그리고 그림 7.9의 회로도는 결선이 많으므로 간략하게 표현해 그림 7.10과 같이 많이 표현한다.

PLA

AND와 OR 어레이 모두를 프로그래밍 가능한 programmable-AND, programmable-OR로 분류되는 PLA의 구조도는 그림 7.11과 같다.

기본 3-블록 PLA는 입력 블록과 AND와 OR 어레이 블록이 있는 구조이므로 각 게이트의 프로그래밍만 할 수 있고 그림 7.11(a)와 같은 구조를 갖는다.

보편적으로 그림 7.11(b)와 같이 **출력의 반전 연산을 수행**할 수 있는 **4-블록을 많이 사용**한다. XOR 연산은 0과 연산하면 자기 자신이 출력되지만, 1과 연산하면 보수가 출력된다. 4단 블록에서 퓨즈를 연결하면 0V에 연결되어 버퍼로 동작하고 퓨즈를 끊으면 보수 출력이 되는 인버터로 동작한다. 그러므로 4단 블록까

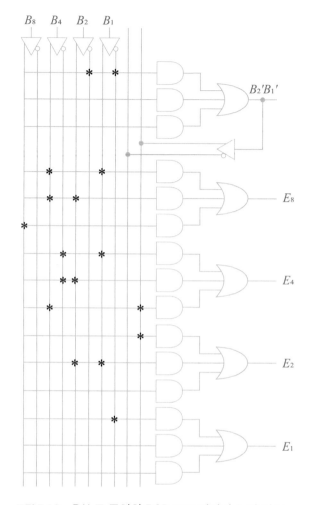

그림 7.10   PAL로 구현한 BCD 코드 변환기 논리 회로

지는 조합 논리 회로만 설계할 수 있는 구조이며, 그림 7.12의 **5-블록 구조는 F/F의 출력을 사용할 수 있으므로 순차 논리 회로까지 설계할 수 있는 구조**이다. 아래의 부울 함수에 대해 PLA를 사용하여 구현해보자.

$$F_1(w,x,y,z) = \Sigma(1,4,9,12)$$
$$F_2(w,x,y,z) = \Sigma(0,2,6,8,9,10,14,15)$$

PLA나 PAL은 보수 출력 기능을 제공해 AND-OR-Inverter 형식으로도 구현 가능하므로, **이 프로그래머블 IC들을 이용할 때는 1을 SOP 형식으로 간소화한 결**

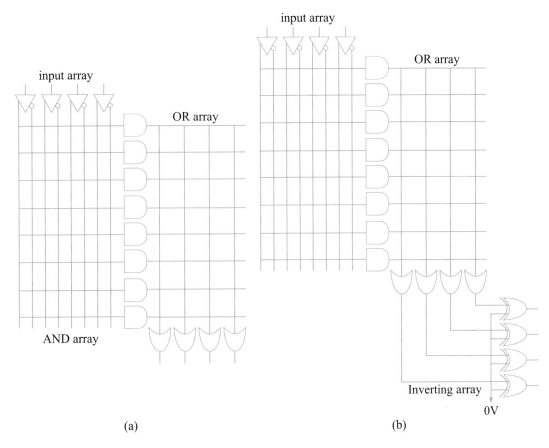

(a)   (b)

그림 7.11   다양한 PLA 형식: (a) 기본 3-블록, (b) 반전 어레이를 가진 4-블록

과와 0을 SOP 형식으로 묶은 결과를 비교하여 더 간소한 구현을 선택하는 것이 좋다. 각 함수의 카노맵을 보면 그림 7.13 및 7.14와 같고, 각 부울 함수의 간소화 결과는 아래와 같다.

$$F_1(w,x,y,z) = \Sigma(1,4,9,12) = x'y'z' + xy'z' : \text{AND-OR 형식}$$

$$F_1(w,x,y,z) = \Pi(0,2,3,5,6,7,8,10,11,13,14,15) = (y + x'z' + xz)'$$
$$: \text{AND-OR-Inverter 형식}$$

$$F_2(w,x,y,z) = \Sigma(0,2,6,8,9,10,14,15) = x'z' + yz' + wx'y' + wx'y$$
$$: \text{AND-OR 형식}$$

$$F_2(w,x,y,z) = \Pi(1,3,4,5,7,11,12,13) = (w'z + xy' + x'yz)'$$
$$: \text{AND-OR-Inverter 형식}$$

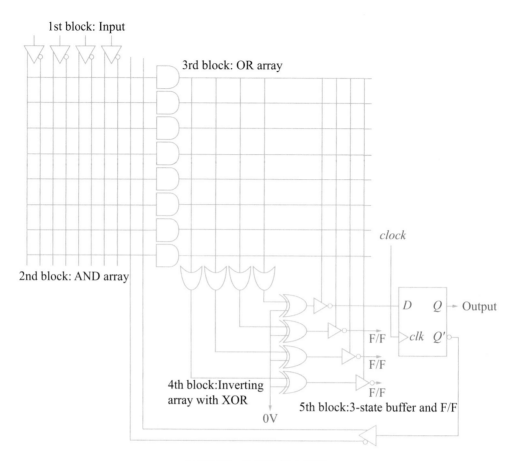

1st block: Input

3rd block: OR array

2nd block: AND array

clock

D Q → Output

F/F clk Q'

F/F

F/F

F/F

4th block:Inverting
array with XOR

5th block:3-state buffer and F/F

0V

그림 7.12   5-블록 PLA 구조

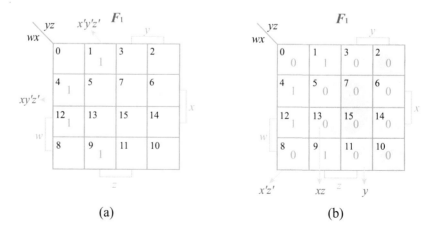

(a)

(b)

그림 7.13 F_1의 간소화 결과 비교: (a) 1의 SOP, (b) 0의 SOP

원리로 쉽게 배우는 디지털 논리회로 설계

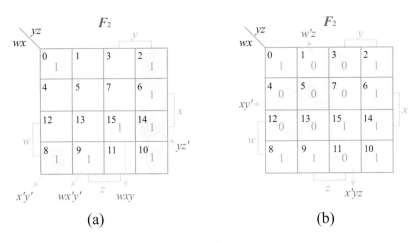

(a)   (b)

그림 7.14 F_2의 간소화 결과 비교: (a) 1의 SOP, (b) 0의 SOP

F_1의 경우에는 1의 SOP로 구현하는 것이 AND 게이트를 하나 적게 사용하므로 효율적이고, F_2의 경우에는 0의 SOP로 구현하는 것이 효율적이라 할 수 있다. 이렇게 구현한 회로도를 그림 7.15에 나타내었다. F_1은 정논리 출력이므로 0V와 연결하였고, F_2는 반전인 부논리 출력이므로 퓨즈를 제거하여 프로그래밍하였다.

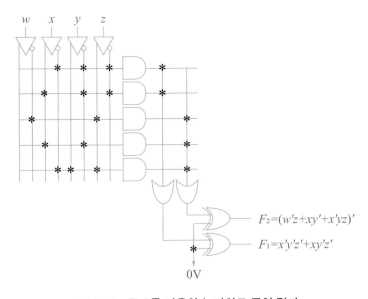

그림 7.15   PLA를 이용한 논리회로 구현 결과

7.4 RAM

메모리 셀과 RAM 구조

RAM은 DRAM과 SRAM으로 분류되며, DRAM은 그림 7.16(a)와 같이 스위치역할을 하는 트랜지스터 1개와 전하를 충전하는 커패시터 1개로 구성된다. 읽기/쓰기 및 refresh를 위한 입력이 있고, 어드레스 라인에 연결된 구조이다. SRAM은 F/F으로 구현되므로 대부분 SR 래치나 D F/F으로 구현되며, 그림 7.16(b)와 같은 구조를 가진다.

제어 신호와 데이터 흐름을 쉽게 이해하기 위해 화살표로 방향을 표시하였다. DRAM은 어드레스 디코더를 통해 출력된 신호($S = 1$)가 해당 메모리 셀을 선택하고 읽기 모드가 활성화되면($read/write' = 1$) 3-상태 버퍼의 반전 제어 신호에 의해 데이터 입력 선은 차단되고 데이터 출력이 3-상태 버퍼를 통해 메모리에 저장된 값을 읽을 수 있다. 쓰기 신호가 비활성화 상태이므로 일정 시간 주기로 refresh 입력이 1이 되면 데이터가 회귀되면서 재기록된다. 이번에는 메모리셀이 선택되고 쓰기 모드가 활성화되면($read/write' = 0$) 데이터 입력이 커패시터에 저장된다.

D F/F으로 구현된 SRAM은 해당 메모리 셀이 선택되고 읽기 모드가 활성화되면($read/write' = 1$) D F/F 출력단의 AND 게이트가 열려 저장된 데이터가 출

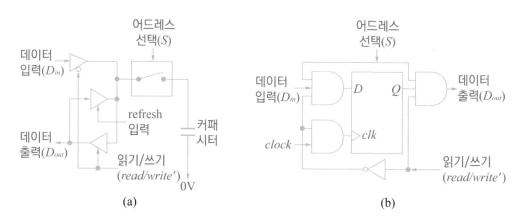

그림 7.16 RAM의 구조: (a) DRAM, (b) SRAM

력된다. 만약 이 상태에서 쓰기 모드가 되면(*read/write′* = 0) 인버터에 의해 클럭이 인가되고 입력 데이터도 통과되어 *D* F/F에 데이터가 기록된다. 그러므로 메모리 셀은 4개의 신호 선으로 그림 7.17(a)와 같이 블록도로 많이 표현하며, 1-비트를 저장하는 셀이어서 2진 셀(binary cell)이라 부른다. 2 × 4 디코더로 구성된 4 × 4 RAM의 구조도는 그림 7.17(b)와 같다.

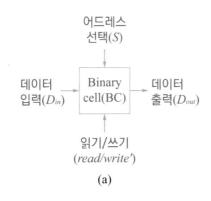

(a)

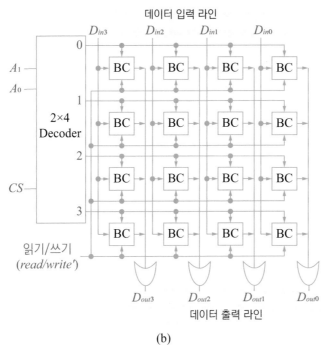

(b)

그림 7.17　RAM 메모리 셀과 4×4 메모리 구성:
(a) 메모리 셀 블록도, (b) 4×4 메모리 구성도

이 절에서는 PLD를 학습하면서 나온 ROM의 메모리 구조와 비슷한 RAM의 구성을 알아보았다. 일반적으로 ROM은 기록된 후 읽기만 하므로 데이터 입력 선이 없고 출력 선만 있지만, RAM은 쓰기와 읽기를 반복적으로 수행하는 메모리이므로 데이터 입력 선이 존재한다. 이 입력 라인을 제외하면 ROM과 같다고 할 수 있다.

1. 프로그래머블 논리 장치를 구분할 수 있다. ☐ ☐
2. PROM, PAL 및 PLA의 공통점과 차이점을 설명할 수 있다. ☐ ☐
3. 메모리의 종류와 특징을 설명할 수 있다. ☐ ☐
4. PLD의 프로그래밍 원리를 설명할 수 있다. ☐ ☐
5. PROM의 구조를 그릴 수 있다. ☐ ☐
6. PROM을 이용하여 조합 논리 회로를 설계할 수 있다. ☐ ☐
7. 어드레싱 방법과 2차원 어드레싱 방법을 설명할 수 있다. ☐ ☐
8. 메모리의 데이터 길이 및 주소 확장을 적용할 수 있다. ☐ ☐
9. 어드레스 다중화를 설명할 수 있다. ☐ ☐
10. PAL과 PLA의 구조를 그릴 수 있고 조합 논리 회로를 설계할 수 있다. ☐ ☐
11. DRAM과 SRAM의 메모리 셀을 설명할 수 있다. ☐ ☐
12. Binary 셀로 구성된 RAM 구조를 구성할 수 있다. ☐ ☐

학번		이름	

■ Feedback

※ 학습 내용 중 보충 설명이 필요하거나 학습 관련 문의 및 건의사항은 무엇인가요?

연습 문제

7.1 메모리 용량이 4G × 8인 ROM의 구조도를 디코더와 메모리 블록으로 표현하고, 어드레스 라인과 데이터 라인의 비트 수를 표시하라.

7.2 *SR* 래치로 SRAM의 메모리를 구성하는 2진 셀 구조도를 작성하고 설명하라.

7.3 전가산기 회로를 PROM으로 구현하라.

7.4 전감산기 회로를 프로그래머블 I/O PAL로 구현하라.

7.5 128 × 8 ROM 4개를 이용해 512 × 8 ROM을 구성하는 블록도를 설계하라.

7.6 128 × 8 ROM 4개를 이용해 128 × 32 ROM을 구성하는 블록도를 설계하라.

7.7 3-비트 2진 코드를 그레이 코드로 변환하는 조합 회로를 3-블록 PLA로 구현하라.

참고 문헌

1. Paul Horowitz, Thomas C Hayes, *The Art of Electronics 3rd Edition Student Manual*, Cambridge University Press, 2015.

2. B. S. Murty, P. Shankar, Baldev Raj, et al., *Textbook of Nanoscience and Nanotechnology*, Springer Science and Business Media, 2013.

3. Christo Papadopoulos, Solid-*State Electronic Devices: An Introduction*, Springer Science and Business Media, 2013.

4. Giovanni Campardo, Federico Tiziani, Massimo Iaculo, *Memory Mass Storage*, Springer Science and Business Media, 2011.

5. Rainer Waser, *Nanoelectronics and Information Technology*, John Wiley & Sons, 2012.

6. Samsung Electronics, "Samsung Electronics Develops First 128Mb SDRAM with DDR/ SDR Manufacturing Option," *Samsung*, 1999.

7. "The first commercial synchronous DRAM, the Samsung 16-Mbit KM48SL2000, employs a single-bank architecture that lets system designers easily transition from asynchronous to synchronous systems," *Electronic Design*, Hayden Publishing Company, Vol. 41, No. 15-21, 1993.

8. *KM48SL2000-7 Datasheet*, Samsung. 1992.

9. Samsung Electronics, "Samsung Electronics Develops First 128Mb SDRAM with DDR/ SDR Manufacturing Option,", *Samsung*, 1999.

10. Roger C. Alford, *Programmable Logic Designer's Guide*, Howard W. Sams., 1989.

11. *Progammable Array Logic PAL10xx Logic Datasheet*, Monolithic memories. 1993.

12. *Programmable logic arrays PLS100/PLS101 Datasheet*, Ultimaker PLA, 2017.

13. Charles H. Jr. Roth, *Fundamentals of Logic Design*, Thomson-Engineering, 2004.

14. M. Michael Vai, *VLSI Design*, CRC Press, 2000.

15. Arun Kumar Singh, *Digital Principles Foundation of Circuit Design and Application*, New Age Publishers, 2006.

16. R. Katz, G. Boriello, *Contemporary Logic Design 2nd edition*, Prentice Hall, 2005.

17. Sajjan G. Shiva, *Computer design and architecture 3rd edition*, CRC Press, 2000.

18. Hassan A. Farhat, *Digital design and computer organization*, CRC Press, 2004.

19. Michael D. Ciletti, M. Morris R. Mano, *Digital Design 6th Edition*, Pearson Education Ltd., 2018.

부록

콰인-맥클러스키 알고리즘
· ·

카노맵 기법은 도식적인 접근을 통해 한 번에 많은 항을 묶으면서 간소화를 수행하지만 **5-변수까지만 적용 가능**한 한계점을 가지고 있다. QMC(Quine-McCluskey) 기법은 최소항으로 표현된 논리식에서 한 번에 한 개의 변수만 다른 항들을 점진적으로 병합하면서 간소화를 진행하기 때문에 **카노맵보다는 번거로운 방법**이지만, 컴퓨터 프로그래밍을 사용해 **6-변수 이상의 부울 함수를 자동화**할 수 있다는 장점이 있다. 그러므로 대부분 수기로 간소화하는 5-변수 이하의 환경에서는 거의 사용하지 않지만 다변수 부울 함수를 다루는 곳에서는 좋은 방법이라고 할 수 있다.

QMC 알고리즘의 원리는 $xy + xy' = x$와 같이 **하나의 변수만 다른 최소항인 경우** 쉽게 간소화되는 원리를 이용해 **반복적으로 결합을 확장**해가는 방식으로 알고리즘은 총 3단계로 구성된다.

	3단계 QMC 알고리즘
단계 1	• 최소항을 2진수로 표기하였을 때 포함하는 1의 개수에 따라 최소항들을 그룹으로 구분
단계 2	• 주항(prime implicant)을 찾는 과정. 1-비트씩 다른 최소항을 1, 2, 4, 8, ⋯, 2^n개로 병합을 확대하면서 묶는 작업을 수행하여 더 이상 확대할 수 없을 때 중지. 중복되지 않은 주항만 포함
단계 3	• 주항 차트를 이용해 유일한 항을 포함하는 필수 주항(essential prime implicant)을 찾는 과정. 최종 간소화 결과 획득

1의 개수에 따른 분류	최소항-$k(m_k)$	w	x	y	z
그룹 0	0	0	0	0	0
그룹 1	1	0	0	0	1
	2	0	0	1	0
	4	0	1	0	0
	8	1	0	0	0
그룹 2	3	0	0	1	1
	5	0	1	0	1
	6	0	1	1	0
	9	1	0	0	1
	10	1	0	1	0
	12	1	1	0	0
그룹 3	7	0	1	1	1
	11	1	0	1	1
	13	1	1	0	1
	14	1	1	1	0
그룹 4	15	1	1	1	1

4-변수의 경우, 2진수로 표시된 수에서 1의 개수에 따라 최소항의 그룹으로 나누는 과정을 표 A.1에 나타내었다. 이렇게 1의 개수에 따라 그룹으로 분류하면, 인접 그룹 간에는 여러 비트 위치에서 다른 경우도 있지만, **1-비트에서 차이가 나는 경우는 인접 그룹에서만 존재**하게 된다. 그러므로 이들을 묶을 수 있으며, 그 결과 1-비트가 제거되어 간소화할 수 있다.

예를 들어, 그룹 0과 그룹 1에서 (0,1)은 (0000, 0001)이므로 LSB에서만 차이가 나므로 묶을 수 있다. 논리식으로 표현하면 $w'x'y'z' + w'x'y'z = w'x'y'$로 표현된다. 이렇게 묶일 경우, QMC 기법에서는 사라진 비트에 하이픈(-)을 추가해 '000-'과 같이 표현한다.

한 가지 예를 더 보자. 그룹 1에서 최소항 1을 그룹 2의 최소항들과 비교하면 (1,3) = (0001,0011), (1,5) = (0001,0101), (1,9) = (0001,1001)은 모두 1-비트가 다르므로 결합해 각각 00-1, 0-01, -001로 표현할 수 있다. 여기에서도 카노맵과 같이 숫자의 차이가 1, 2, 4, 8이 나는 항이므로 묶을 수 있다.

아래의 부울 함수에 두 번째 단계인 주항을 1, 2, 4, 8개 단위로 확장하는 기

표 A.2 Σ(1,3,4,5,7,11,12,13)에 대한 QMC의 주항 추출 단계

1의 개수에 따른 분류	주항의 크기 = 1 (단독 항)					주항의 크기 = 2					주항의 크기 = 4				
	최소항	w	x	y	z	최소항	w	x	y	z	최소항	w	x	y	z
그룹 1	1	0	0	0	1	(1,3)	0	0	-	1	(1,3,5,7)*	0	-	-	1
	4	0	1	0	0	(1,5)	0	-	0	1	~~(1,5,3,7)~~	0	-	-	1
						(4,5)	0	1	0	-	(4,5,12,13)*	-	1	0	-
						(4,12)	-	1	0	0	~~(4,12,5,13)~~	-	1	0	-
그룹 2	3	0	0	1	1	(3,7)	0	-	1	1					
	5	0	1	0	1	(3,11)*	-	0	1	1					
	12	1	1	0	0	(5,7)	0	1	-	1					
그룹 3	7	0	1	1	1	(5,13)	-	1	0	1					
	11	1	0	1	1	(12,13)	1	1	0	-					
	13	1	1	0	1										

법을 적용해보자.

$$F(w,x,y,z) = \Sigma(1,3,4,5,7,11,12,13)$$

표 A.2에 보인 것처럼 2열에 표시된 '주항의 크기 = 1'은 부울 함수에서 진리표 값이 1인 모든 최소항을 그룹별로 표기한 것이며, 이 단계에서는 간소화, 즉 통합을 수행하지 않았으므로 단독 항으로 표시한 것이다. 만약 무관항이 존재하면 여기에 추가한다.

다음 3열을 살펴보자. 3열은 '주항의 크기 = 2'인 열로서 왼쪽의 주항의 크기 = 1인 인접 그룹에서 1-비트만 다른 조합을 묶은 것이다. 첫 번째 행은 그룹 1과 그룹 2에 속하는 최소항 중 통합 가능한 것을 묶은 것이며, 두 번째 행은 그룹 2와 그룹 3의 최소항을 통합한 것이다. 여기에서 중복되는 경우가 발생하면 제거한다.

일반적으로 주항의 크기가 2인 결합에서는 중복이 발생하지 않으며, 주항의 크기가 4 이상인 경우에는 중복이 많이 발생한다. 더 이상 통합을 진행할 수 없고 또 자신의 항이 포함되지 않으면 별표를 표시한다. 단독 항에서 묶일 수 없는 항이 존재할 수 있으므로 잘 확인해야 한다. 먼저 그룹 1에서 단독 항 1, 4, 그룹 2에서는 3, 5, 12 그리고 마지막 그룹 3에서는 7, 11, 13이 모두 다음 '주항의 크기 =

주항/필수 주항(*)	1	3	4	5	7	11	12	13	w	x	y	z	논리식
(3,11)*		○				○			-	0	1	1	$x'yz$
(1,3,5,7)*	○	○		○	○				0	-	-	1	$w'z$
(4,5,12,13)*			○	○			○	○	-	1	0	-	xy'

2'로 확장될 때 포함되었으므로 별표 처리할 곳이 없다. 그런데, 그 다음 단계인 주항의 크기 2에서 4로 확장될 때, (3,11)이 묶인 최소항은 다음 단계에 포함되지 않았으므로 별표를 표시하였다.

마지막 단계인 '주항의 크기 = 4'인 단계에서는 2개의 중복이 발생되어 제거하였으며, 더 이상 다음 단계로 진행할 수 없으므로 최소항 0–1과 -10- 표기만 남고 단계 2)는 종료된다.

QMC의 마지막 단계 3)에서 필수 주항을 찾기 위해 단계 2)에서 최종으로 남은 3개의 주항을 차트에 표기하여 필수 주항을 찾아보도록 하자. 표 A.3은 주항 차트이며, 세로 방향으로 유일한 최소항을 포함하고 있으면 필수 주항이 된다. 여기에서는 모든 주항이 필수 주항이므로 간소화한 결과는 아래와 같다.

$$F(w,x,y,z) = \Sigma(1,3,4,5,7,11,12,13) = x'yz + w'z + xy'$$

위의 QMC 결과와 카노맵 결과를 비교해보자. 그림 A.1은 상기 부울 함수를 카노맵으로 간소화한 결과로, 동일한 결과를 얻을 수 있다.

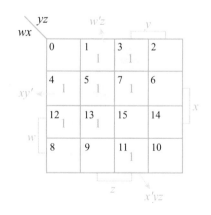

그림 A.1   4-변수 부울 함수 Σ(1,3,4,5,7,11,12,13)의 카노맵 간소화

표 A.4 Σ(0,2,5,7,8,10,13,15)에 대한 QMC의 주항 추출 단계

1의 개수에 따른 분류	주항의 크기 = 1 (단독 항)					주항의 크기 = 2					주항의 크기 = 4				
	최소항	w	x	y	z	최소항	w	x	y	z	최소항	w	x	y	z
그룹 0	0	0	0	0	0	(0,2)	0	0	-	0	(0,2,8,10)*	-	0	-	0
						(0,8)	-	0	0	0	(0,8,2,10)	-	0	-	0
그룹 1	2	0	0	1	0	(2,10)	-	0	1	0					
	8	1	0	0	0	(8,10)	1	0	-	0					
그룹 2	5	0	1	0	1	(5,7)	0	1	-	1	(5,7,13,15)*	-	1	-	1
	10	1	0	1	0	(5,13)	-	1	0	1	(5,13,7,15)	-	1	-	1
그룹 3	7	0	1	1	1	(7,15)	-	1	1	1					
	13	1	1	0	1	(13,15)	1	1	-	1					
그룹 4	15	1	1	1	1										

이처럼 **수기로 간소화를 진행하는 경우 카노맵이 매우 간단하다는 것**을 알 수 있지만, 다변수 상황에서는 컴퓨터 프로그램으로 자동화할 수 있는 QMC가 대안이라고 할 수 있다.

다른 4-변수 예제를 하나 더 연습해보자.

$$F(w,x,y,z) = \Sigma(0,2,5,7,8,10,13,15)$$

표 A.4에 최소항의 그룹별 분류와 주항의 크기에 따른 확장을 나타내었다. 변수가 4개이므로 주항의 크기가 최대 16까지 확장될 수 있으나, 이 예제에서는 주항의 크기가 4개에서 더 이상 진행할 수 없고 주항 차트인 표 A.5를 보면, 모두 필수 주항이므로 간소화 결과는 다음과 같다.

$$F(w,x,y,z) = \Sigma(0,2,5,7,8,10,13,15) = x'z' + xz$$

표 A.5 Σ(0,2,5,7,8,10,13,15)에 대한 QMC의 주항 차트

주항 및 필수 주항	0	2	5	7	8	10	13	15	w	x	y	z	논리식
(0,2,8,10)*	◯	◯			◯	◯			-	0	-	0	$x'z'$
(5,7,13,15)*			◯	◯			◯	◯	-	1	-	1	xz

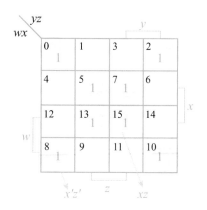

그림 A.2 　4-변수 부울 함수 Σ(0,2,5,7,8,10,13,15)의 카노맵 간소화

위의 부울 함수를 카노맵으로 간소화하면 그림 A.2와 같고, QMC 방식과 같은 결과를 얻을 수 있다.

마지막으로 3-변수에 대한 예제에 대해서도 QMC 방법을 적용해보자. 표 A.6과 표 A.7에 각각 결과를 나타내었다. 여기에서 (0, 1)과 (4, 6)이 최소항 1과 6을 유일하게 포함하는 필수 주항이므로 이들 주항을 선택하면 자연스럽게 (0, 4) 주항은 중복되므로 제거해도 된다. 그림 A.3에 카노맵 결과를 표기하면, 같은 결과가 나오는 것을 확인할 수 있다.

$$F(x,y,z) = \Sigma(0,1,4,6) = x'y' + xz'$$

표 A.6 　Σ(0,1,4,6)에 대한 QMC의 주항 추출 단계

1의 개수에 따른 분류	주항의 크기=1 (단독항)				주항의 크기=2			
	최소항	x	y	z	최소항	x	y	z
그룹 0	0	0	0	0	(0,1)*	0	0	-
					(0,4)*	-	0	0
그룹 1	1	0	0	1	(4,6)*	1	-	0
	4	1	0	0				
그룹 2	6	1	1	0				

주항 및 필수주항	0	1	4	6	x	y	z	논리식
(0,1)*	◯	◯			0	0	-	$x'y'$
(0,4)	◯		◯		-	0	0	~~$y'z'$~~
(4,6)*			◯	◯	1	-	0	xz'

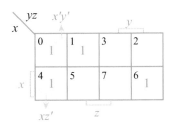

그림 A.3　3-변수 부울 함수 Σ(0,1,4,6)의 카노맵 간소화

원리로 쉽게 배우는 디지털 논리회로 설계

찾아보기